中国自助游系列

无拘无束漫游山水，悠然自得品味人文，随心所欲雕刻时光。

华东自助游

上海

留连外滩建筑

追忆上海滩繁华往事

登临东方明珠

感受大都会今日时尚

全彩地图版

人民交通出版社
China Communications Press

图书在版编目（CIP）数据

华东自助游. 上海 / 人民交通出版社，北京巅峰旅图文化传播中心编著. -- 北京 ：人民交通出版社，2014.4

ISBN 978-7-114-11311-6

Ⅰ. ①华… Ⅱ. ①人… ②北… Ⅲ. ①旅游指南－华东地区②旅游指南－上海市 Ⅳ. ①K928.95

中国版本图书馆CIP数据核字(2014)第056757号

书　　名：华东自助游—上海
著 作 者：人民交通出版社
　　　　　北京巅峰旅图文化传播中心
策划编辑：毛　鹏
责任编辑：李秀平　周小彦
出版发行：人民交通出版社
地　　址：（100101）北京市朝阳区小营北路17号
网　　址：http://www.ccpress.com.cn
经销电话：（010）59757615、59757988
总 经 销：人民交通出版社发行部
经　　销：各地新华书店
印　　刷：北京市凯鑫彩色印刷有限公司
开　　本：880×1230 1/32
印　　张：7
版　　次：2014年4月 第1版 第1次印刷
书　　号：ISBN 978-7-114-11311-6
定　　价：26.00元
审 图 号：GS（2014）92 号
（有印刷、装订质量问题的图书本社负责调换）

本书中国界线按中国地图出版社1989年出版的1：400万《中华人民共和国地形图》绘制

省图及地区图图例

北京	首都
石家庄	省级行政中心
保定	地级市行政中心
玉树市	州 盟 地区行政中心
唐县	县级行政中心
宝山	乡镇
南佐	村庄
	世界遗产
	国家级风景名胜
	自然保护区
	森林公园
	地质公园
	一般景点
	建成高速
	在建高速
大 广 高 速	国家高速公路网名
G45	国家高速公路网编号
秦莱高速 S26	省级高速公路名及编号
	高速铁路
	铁路
	地铁
307	国道及编号
123	省道及编号
	县乡道
	长城
	国界
	未定国界
	省界
	未定省界
	特别行政区界
	外国地区界
	军事分界线
	河流
	湖泊
	运河
	沼泽
	沙漠

城市图图例

	省政府
	市政府
	区政府
	商场
	大厦
	酒店
	学校
	医院
	汽车站
	公司企业
	加油站
	旅游景点
G4	高速公路及编号
	主要过境公路
	主要街道
	次要街道
	地铁、轻轨
	铁路及车站
107	国道及编号
356	省道及编号
	城墙

目录

【上海专题】

【上海旅游】

【上海区县图】

【上海周边】

【苏州市】

目录

解读上海·地理

本文作者：徐枫

在中国1.8万余千米的海岸线上，“摩登之都”上海恰恰处于中间的位置。这座襟江带海的城市，凭借太平洋的广阔和长江三角洲的繁华，创造了一个中国式的城市奇迹。

一、沪生海上

上海位于长江三角洲东部，东濒东海，北界长江，南临杭州湾，南、北、西三面与江苏、浙江两省接壤。上海的形成与三角洲的发育有着直接的关系，大约1000年前，这座城市的西部还沉睡在太湖底，东部则浸没在大海中。4000—6000年前，随着海平面上升，泥沙逐渐淤积形成冈身，将西部的低洼地封淤成陆。

从宝山新陆至浦东黄家湾的长江南岸地带，其成陆与上海大陆地区的成陆过程同步。以盛桥为界，以西北岸段成陆于1700年前，以东南岸段成陆于1700—1000年间。形成之初，长江南岸上海岸段偏在今日岸线之北，当时长江河口段极为开阔，江中仅有若干规模

崇明岛

不大的河口沙洲。唐代之后，尤其是元明时期，河口诸沙迅速扩大、合并，形成巨型的河口沙洲——崇明岛，长江河口段过水断面随之缩窄，加以长江水流在科氏力作用下南偏，导致江流对长江

南岸冲刷加剧，造成长江南岸不断坍进；又由于长江南支河口段长兴诸沙的孕育，其坍没量有自西向东增大的趋势。

杭州湾北岸的涨坍过程，在东晋以前，和上海地区的成陆过程同步淤涨扩展，东晋以后，上海地区陆地继续向东推进，杭州湾北岸则反涨为坍，岸线不断后退，直到明代中期，后退的岸线才受到遏制。

西部湖沼平原区主要包括青浦、松江、金山三县境，在淞南沙冈海岸贝壳沙带海岸形成时已基本成陆。成陆之初，地貌形态是以湖沼为主体的滨海湖沼平原。近2000年来，由于地体下沉、东江淤废、吴淞江萎缩以及海平面变化等因素的综合影响，区内局部地区再次发生较大的水陆演变。

二、两大水脉

上海市所辖的16区1县中，除崇明县孤悬海上外，其余16区均位于平原地带，地势低洼，河网密布，呈现出一派水乡景象。其中，黄浦江与苏州河是上海主城区最为重要的两条河流，被视为申城两大水脉。

黄浦江之晨

黄浦江全长约113千米，发源于上海西南部的淀山湖，东流至市区后，将上海分割为浦东与浦西两大区域，随后在吴淞口注入长江。黄浦江河面宽阔，河况上

东方明珠

佳，既能提供农业与饮用水源，又有极强的航运价值。特别是黄浦江下游河段，河宽水深，终年不冻，是上海港客货码头所在地，并连接上海海港，创造了江海联运的优势。不仅如此，黄浦江还是上海著名的景观河，临江远望，船舶密布，码头林

上海船上酒家

上海夜景

立，一派繁忙、有序的景象。浦江两岸，集中了最能表现上海的城市景观，既有旧上海的万国建筑、里弄风情，又有代表当今沪上风貌的东方明珠、现代建筑。华灯初上后，绚丽的夜景让人顿感现代都市的活力与风采。

苏州河是上海百姓对北新泾以东的吴淞江下游河段的称呼，其流入上海市区后，在外白渡桥附近汇入黄浦江。吴淞江源出太湖瓜泾口，穿过江南运河，流经吴江、苏州、吴县、昆山、嘉定、青浦等县市。苏州河是上海通往江苏南部主要水上交通线和上海市区重要航道。

三、近郊山水

上海作为东方最迷人的摩登都市，所彰显的主要是现代性的城市风格，在自然、生态方面必然会稍有逊色。上海现存的自然山林十分有限，多在沪郊，取自自然风光，稍加人工修饰，营造出世外桃源的氛围。在上海这样一个超级都市，能在近郊寻觅一处亲近自然的去处，已是实属难得。

上海大观园塔

谈到沪郊山水，不得不说到上海西郊的青浦。青浦是上海最有水乡情致的地区，申城最大的湖泊淀山湖就在青浦境内。淀山湖僻处苏沪交界，承接阳澄湖、

太湖之水，湖面东西窄、南北宽，呈葫芦形，面积近63平方千米。淀山湖湖水清澈，湖岸绿树环绕，尤其是东岸栽种有5000余株梅花，冬日怒放时甚是好看。靠岸不远是80年代运用古典园林营建手法重现的红楼梦大观园。环绕淀山湖不远是水乡古镇朱家角，这里曾是明清至民国的重要商市，店铺林立，巷弄幽深，小桥流水，烟火千家，极具江南韵味。

朱家角

上海位于坦荡的太湖平原上，水多山少，仅有的一些小山丘主要分布在松江一带，如佘山、库公山、天马山、薛山、凤凰山、辰山、小昆山、横云山、机山等，史称“松郡九峰”。佘山位列九峰之冠，山分东西，共有山峰12座，海拔均不足百米，着实是中国名山中最迷你的了。东佘山目前已开辟为森林公园，西佘山建有天文台和天主教堂，自然风光与人文景观融于一体，是市民踏青郊游的好去处。

佘山

解读上海·历史

本文作者：徐枫

一、春申封地

上海，亦名申城，与战国四公子之一春申君有关。据说当年春申君被楚王分封到吴国，他在吴地兴修水利，治理河道"黄歇浦"（即今天的"黄浦江"），颇见成效，受到当地人的尊重。

上海又简称"沪"。晋朝时，松江（即吴淞江，上海人俗称"苏州河"）居民发明了一种竹制捕鱼工具，叫做"扈"。因江流入海处称"渎"，松江下游一带被称"扈渎"，后"扈"被改为"沪"。东晋永嘉之乱，晋朝皇室南迁，江南地区开始大规模的开发过程。

二、青龙雄姿

横贯上海东西的早期水道是吴淞江。唐代到宋元时期，吴淞江是上海地区流量最大的河流，也是通往东海的主要航道。历史上作为太湖下游沟通湖海的主要干流，吴淞江的历史远比黄浦江悠久。唐天宝十年，划昆山南境、嘉兴东北境、海盐北境设华亭县。在此之前的天宝五年，在吴淞江南岸已经兴起青龙镇，为"上海第一镇"。当时，苏州、华亭一带的商货多由吴淞江经青龙镇进出，青龙镇遂逐步发展为苏州的外港，是今日上海这一对外贸易大港的前身。

三、由镇到县

早在北宋熙宁年间，"上海"的名称就已存在，它的出现与"上海浦"有关。当时青龙镇所临吴淞江淤浅严重，海上而来的大型船只不得不从上海浦进入上海。上海也因此日益繁华，成为浙西平原与太湖下游一带商货的汇集之处。南宋咸淳年间，上海正式设镇，并设置市舶司管理往

上海豫园

来商货。元朝至元二十八年七月，朝廷批准分华亭东北的高昌、长人、北亭、海隅、新江五乡之地设县。次年，县府正式成立，县治在今黄浦区，县辖地包括今日上海各区、上海县以及青浦、川沙、南汇等地。后来上海设县的这一天（1291年8月19日）被作为上海建城纪念日，距今已有700余年的历史。

新场古镇

四、东南名邑

明代在华亭、上海地区设立松江府。宣德年间，应天巡抚驻苏州，上海县属南直隶松江府管辖。明代的上海商业发达、人口密集，是闻名遐迩的“东南名邑”。上海所属的松江府是国家的财税重地，当时有“苏松税赋半天下”的说法。清初改南直隶为江南省，上海县归江南省松江府。康熙年间，江南省分为江苏省和安徽省，上海属江苏省松江府。清代设苏松太道，是隶属于江苏省的道级行政区划，下辖苏州府、松江府和太仓直隶州。从顺治朝到雍正朝，苏松太道先后以太仓、苏州、上海县为驻地。后来，苏松太道因驻地在上海县，并兼理江海关，故又简称为“上海道”、“沪道”、“江海关道”或者“关道”。

斯沃琪和平饭店艺术中心

上海外滩

五、开埠通商

鸦片战争以后，清政府于1842年签订《中英南京条约》，上海被辟为五个对外通商口岸之一，英国、美国和法国陆续在上海设居留地。1853年，小刀会攻占上

浦江饭店

海县城以后，清政府失去对外侨居留地的控制。次年，上海租界成立自治性质的行政机构——工部局，形成一套类似于政府机构的独立体系，在实质上担任了一种租界市政府的角色。当时的租界主要包括英美租界（今黄浦、静安和虹口、杨浦两区南部沿江地带）、法租界（今黄浦、徐汇两区的核心区域）、公共租界越界筑路区（今长宁区）。开埠以后，上海一跃成为亚洲最繁华的国际化大都市，被称为“十里洋场”、“东方巴黎”、“远东第一都市”、“魔都”。由于租界的存在，上海的核心地带往往能够免于战火，并享有较为独立的地位和充分的国际联系，为后来的繁荣奠定了基础。

上海街景

六、民国风云

民国初年，上海的“华界”（租界以外的闸北和南市）隶属于江苏省，于1930年改称上海市。1921年7月，中国共产党第一次全国代表大会在望志路106、108号（今兴业路76、78号）召开。新中国建立以后，上海市人民政府经过调查核实恢复了中共一大会址原貌，建立了纪念馆，后国务院公布为全国重点文物保护单位。1925年5月30日，日本内外棉纱厂厂主枪杀罢工工人顾正红，上海学生、市民聚集在南京路上的老闸捕房门前抗议，英国巡捕开枪射杀，酿成“五卅惨案”，引发全国性反英运动。1927年“四·一二政变”，蒋介石利用上海流氓头子黄金荣、杜月笙等，袭击工人纠察队，国民党二十六军强行将纠察队缴械，国共第一次分裂。抗日战争爆发后，中国军队在上海附近与日军展开长达3个月的淞沪会战，伤亡惨重。1949年5月27日，上海解放，国民党撤离上海。

上海中共一大会址

上海古猗园

七宝古镇

唐经幢

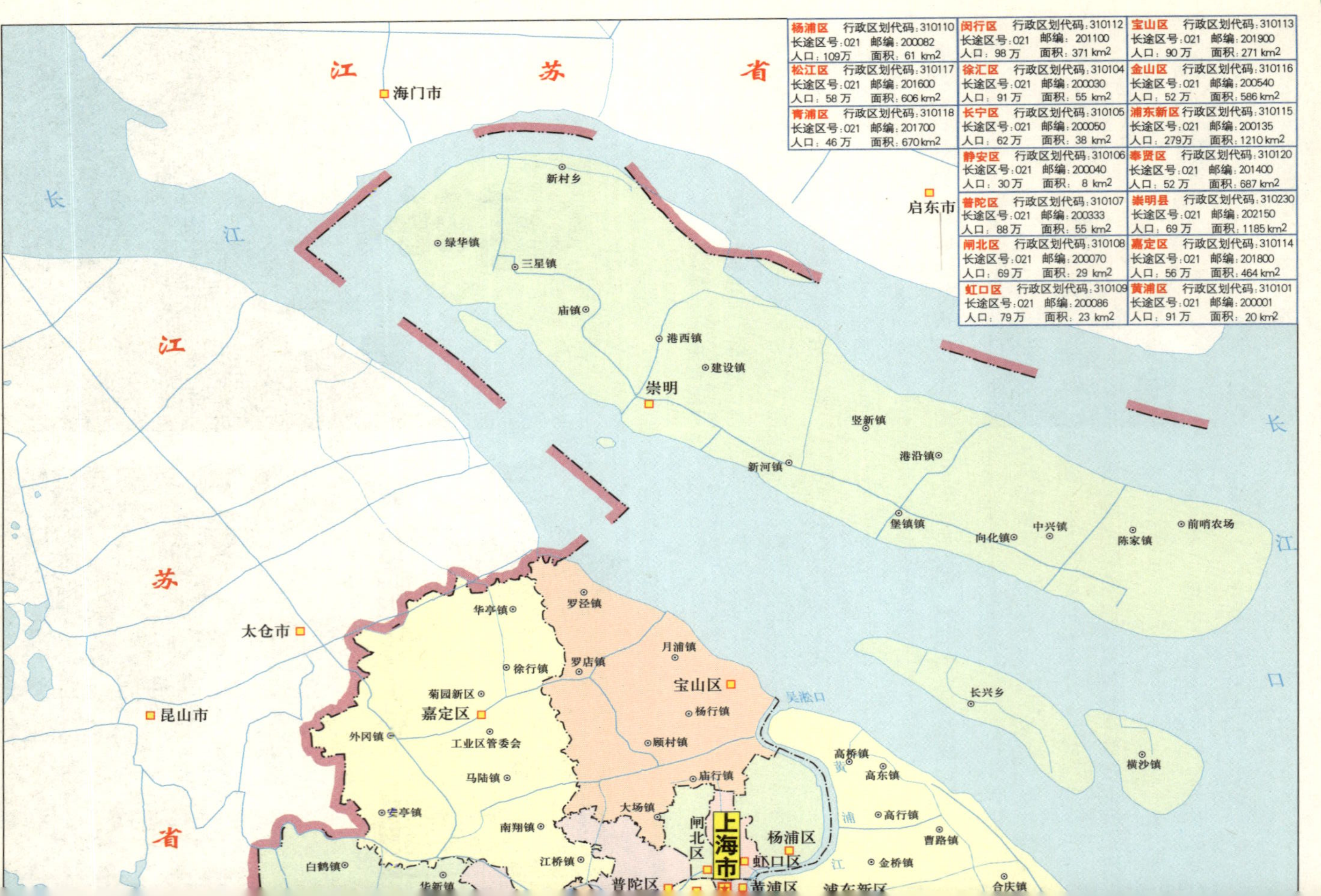

区	行政区划代码	长途区号	邮编	人口	面积
杨浦区	310110	021	200082	109万	61 km2
闵行区	310112	021	201100	98 万	371 km2
宝山区	310113	021	201900	90 万	271 km2
松江区	310117	021	201600	58 万	606 km2
徐汇区	310104	021	200030	91 万	55 km2
金山区	310116	021	200540	52 万	586 km2
青浦区	310118	021	201700	46 万	670 km2
长宁区	310105	021	200050	62 万	38 km2
浦东新区	310115	021	200135	279万	1210 km2
静安区	310106	021	200040	30 万	8 km2
奉贤区	310120	021	201400	52 万	687 km2
普陀区	310107	021	200333	88 万	55 km2
崇明县	310230	021	202150	69 万	1185 km2
闸北区	310108	021	200070	69 万	29 km2
嘉定区	310114	021	201800	56 万	464 km2
虹口区	310109	021	200086	79 万	23 km2
黄浦区	310101	021	200001	91 万	20 km2

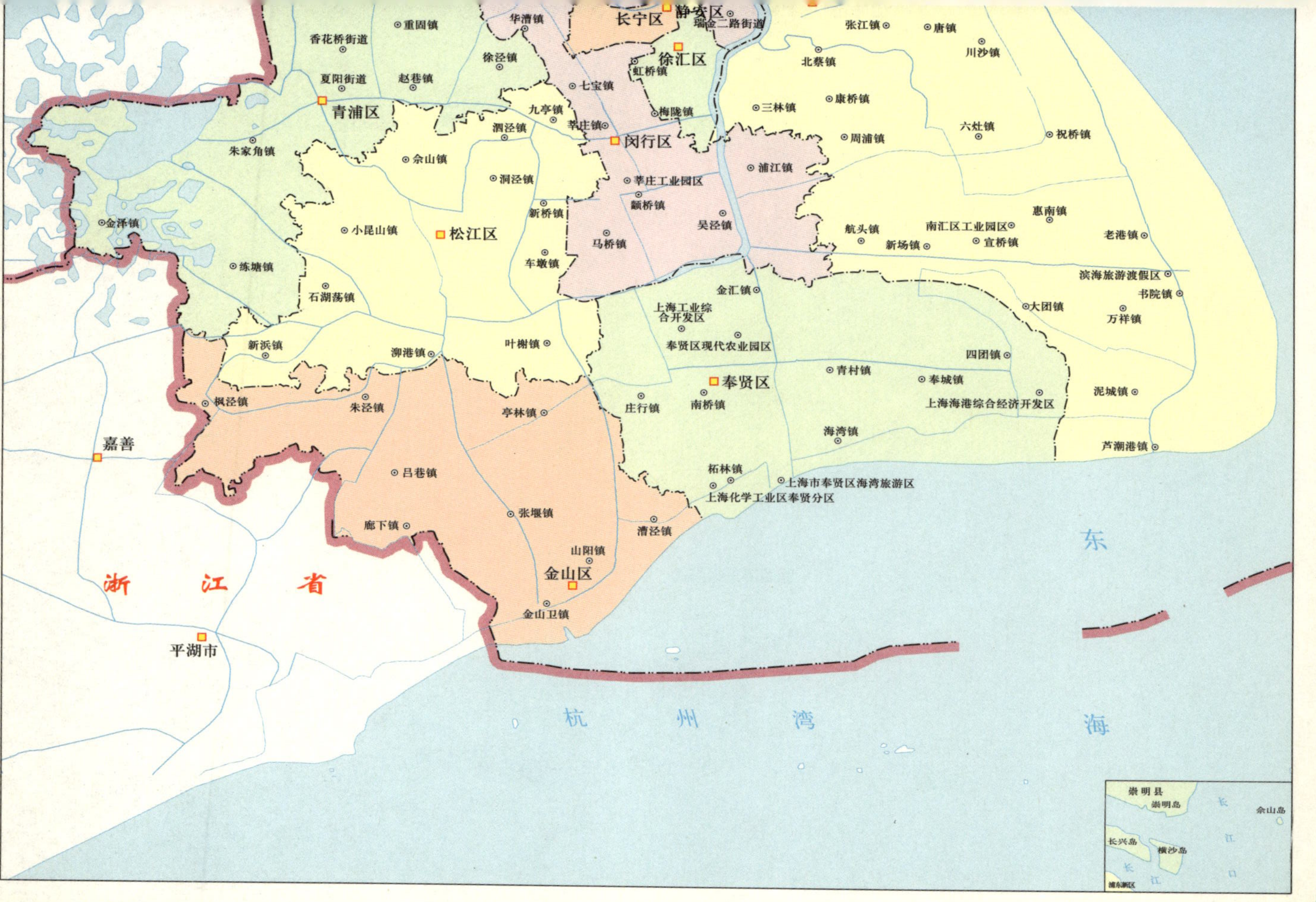

长宁区
静安区
瑞金二路街道
徐汇区
闵行区
青浦区
松江区
奉贤区
金山区
华漕镇
重固镇
香花桥街道
徐泾镇
夏阳街道
赵巷镇
虹桥镇
七宝镇
梅陇镇
九亭镇
莘庄镇
泗泾镇
朱家角镇
佘山镇
洞泾镇
莘庄工业园区
颛桥镇
浦江镇
吴泾镇
新桥镇
金泽镇
小昆山镇
马桥镇
车墩镇
练塘镇
石湖荡镇
新浜镇
泖港镇
叶榭镇
金汇镇
上海工业综合开发区
奉贤区现代农业园区
枫泾镇
朱泾镇
亭林镇
庄行镇
南桥镇
吕巷镇
张堰镇
廊下镇
山阳镇
金山卫镇
漕泾镇
柘林镇
上海市奉贤区海湾旅游区
上海化学工业区奉贤分区
海湾镇
青村镇
奉城镇
四团镇
上海海港综合经济开发区
张江镇
唐镇
川沙镇
北蔡镇
康桥镇
三林镇
六灶镇
周浦镇
祝桥镇
惠南镇
航头镇
南汇区工业园区
新场镇
宣桥镇
老港镇
滨海旅游渡假区
书院镇
大团镇
万祥镇
泥城镇
芦潮港镇
嘉善
浙江省
平湖市
杭州湾
东海
崇明县
崇明岛
佘山岛
长江口
长兴岛
横沙岛
浦东新区

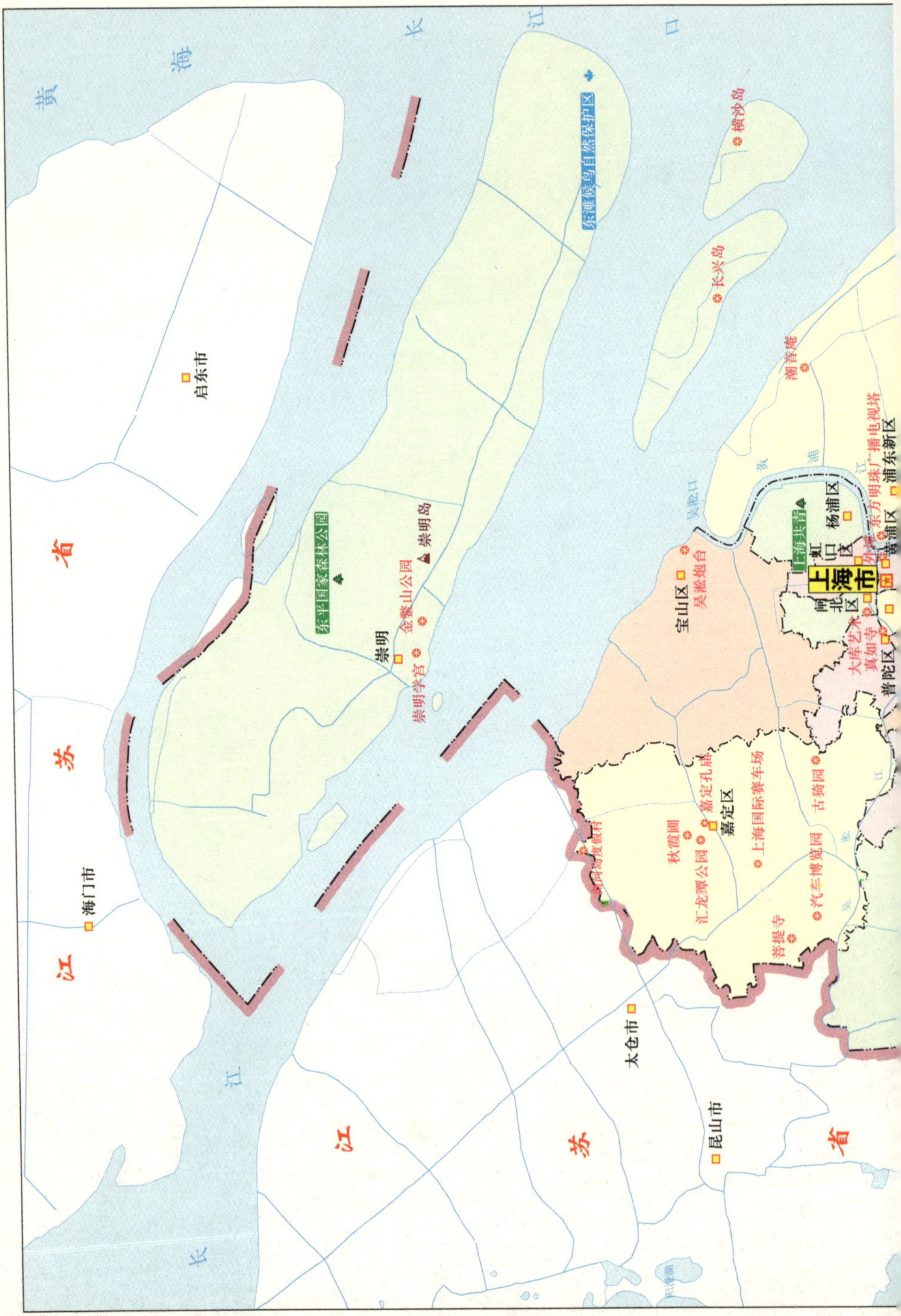

黄海
长江口
启东市
海门市
江苏省
东平国家森林公园
崇明
崇明岛
金鳌山公园
崇明学宫
东滩候鸟自然保护区
横沙岛
长兴岛
潮音庵
吴淞口
黄浦江
东方明珠广播电视塔
浦东新区
上海共青
杨浦区
虹口区
黄浦区
上海市
闸北区
大宁艺术
真如寺
普陀区
宝山区
吴淞炮台
嘉定孔庙
嘉定区
上海国际赛车场
古猗园
秋霞圃
汇龙潭公园
汽车博览园
菩提寺
太仓市
昆山市
长江

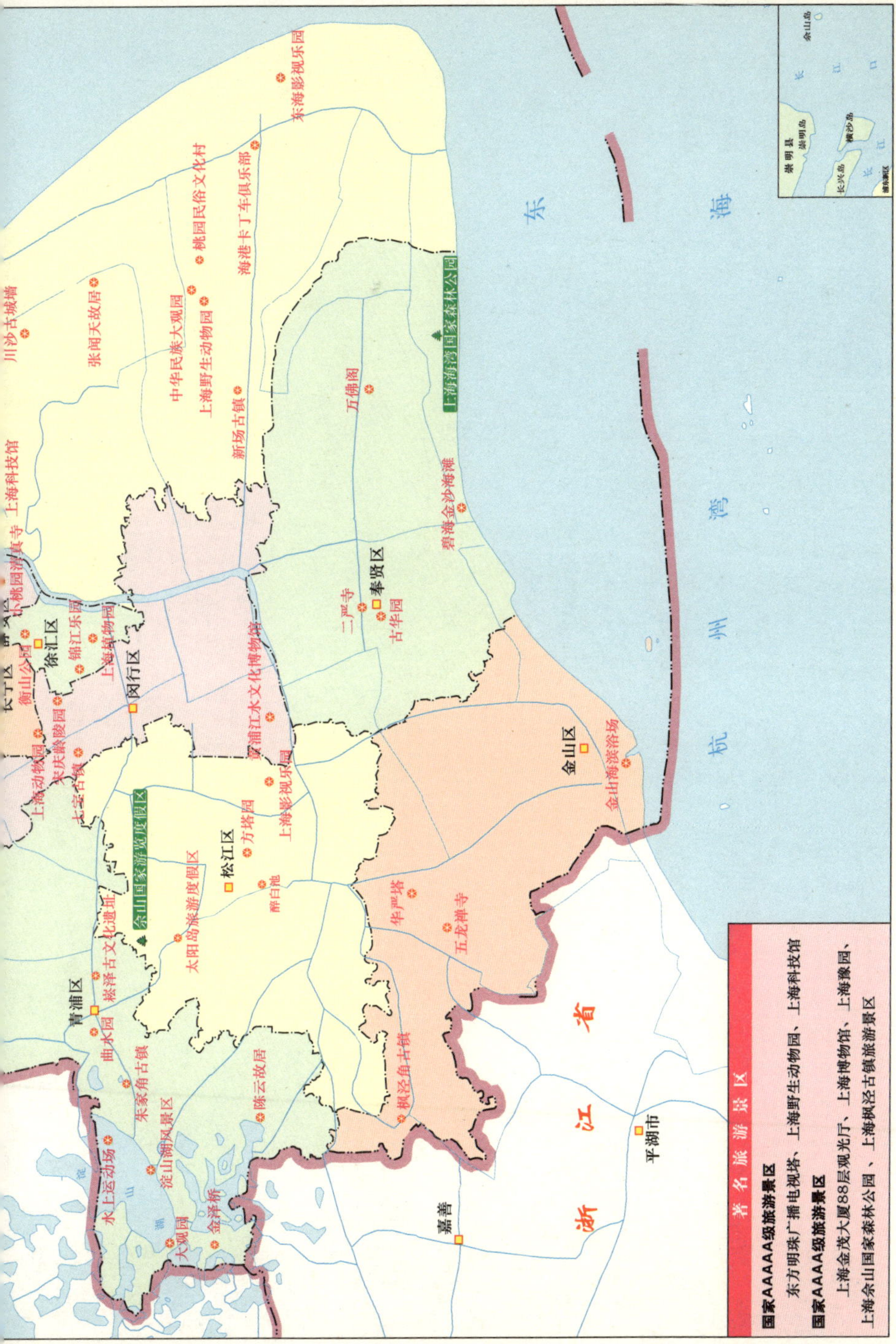

青浦区 水上运动场 曲水园 崧泽古文化遗址 朱家角古镇 佘山国家旅游度假区 淀山湖风景区 大观园 金泽桥 陈云故居 太阳岛旅游度假区 松江区 方塔园 醉白池 上海影视乐园 黄浦江水文化博物馆

上海动物园 衡山公园 徐汇区 宋庆龄陵园 七宝古镇 锦江乐园 上海植物园 闵行区 小桃园清真寺 上海科技馆 川沙古城墙 张闻天故居 中华民族大观园 上海野生动物园 桃园民俗文化村 新场古镇 海港卡丁车俱乐部 东海影视乐园

二严寺 奉贤区 古华园 万佛阁 碧海金沙海滩 上海海湾国家森林公园 枫泾角古镇 华严塔 五龙禅寺 金山区 金山海滨浴场 嘉善 平湖市

浙江省

东海

杭州湾

崇明县 崇明岛 长兴岛 横沙岛 长江口 佘山岛 浦东新区

著名旅游景区

国家AAAAA级旅游景区

东方明珠广播电视塔、上海野生动物园、上海科技馆

国家AAAA级旅游景区

上海金茂大厦88层观光厅、上海博物馆、上海豫园、上海佘山国家森林公园 、上海枫泾古镇旅游景区

上海境内国家高速公路新旧名称对照

新编号	新路线简称	原用名称
G2	京沪高速	A11沪宁高速
G15	沈海高速	A5嘉浏、嘉金高速、A4莘奉金高速
G40	沪陕高速	A14
G42	沪蓉高速	A11沪宁高速
G50	沪渝高速	A9沪青平高速
G60	沪昆高速	A8沪杭高速
G92	杭州湾环线高速	A8沪杭高速

东海
杭州湾
浙江省
平湖市
嘉善
青浦区
松江区
闵行区
奉贤区
金山区
徐汇区
长宁区
静安区
浦东国际机场
东海大桥
杭州湾大桥
淀山湖
上海动物园
上海科技馆
上海野生动物园
上海海湾国家森林公园
佘山国家旅游度假区
金山海滨浴场
南汇嘴观海公园
东海影视乐园
崇明县
崇明岛
长兴岛
横沙岛
佘山岛
长江口

上海及周边自驾游攻略

线路1：青浦二日游

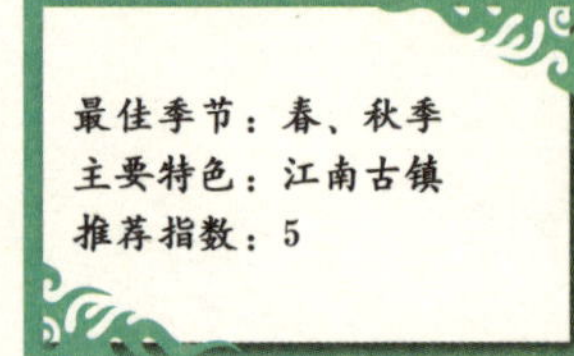

最佳季节：春、秋季
主要特色：江南古镇
推荐指数：5

第一天：早上从上海市区出发，走318国道直到金泽古镇。金泽古镇位于青浦区金泽镇，镇中主要古桥有万安桥、迎祥桥、如意桥等，其中万安桥最大最古老。镇上还有20多座庙宇，其中千年古刹颐和禅寺最古老最大。之后返回到朱家角镇参观大观园。大观园是依《红楼梦》而建造的海派乐园，也是大型生态绿地。晚上于附近宾馆住宿。

朱家角

第二天：畅游淀山湖风景区。下午前往朱家角古镇游览。朱家角古镇位于青浦区朱家角镇，是一座明清古镇。主要景点有北大街、课植园、王昶祠堂、天主堂、井亭港、放生桥等，为上海市郊著名水乡游览胜地。在这里可以充分欣赏明清时期的古建筑一条街，尽情感受江南水乡的迷人景色。晚上可在镇上住宿。

第三天：早起好好体会古镇的清晨风光，拍一些古镇的风光照。之后驾车前往青浦参观曲水园。曲水园是清乾隆时期建造的一座园林，值得一游。之后返回上海市区。

曲水园

线路2：崇明岛二日游

第一天：从上海市区驾车走逸仙路到吴淞，上轮渡可至崇明岛堡镇。沿岛上128省道往东北方向行驶可至东平国家森林公园。之后返回至竖新镇前卫村参观前卫生态村。该村是既具有都市风光、又有田园诗意的海岛第一村，为全国生态农业旅游示范点。晚上可于前卫村住宿。

第二天：驾车向东南方向行走，到东滩候鸟保护区参观。保护区位于崇明县陈家镇，是国际湿地公园，东亚地区最大的鸟类乐园。现开发了湿地公园、瞭望塔、观鸟台、鸟类博物馆等景点。下午驾车返回堡镇后经轮渡返回市区。

最佳季节：四季均可
主要特色：江南园林的精华
推荐指数：5

线路3：苏州园林二日游

第一天：上午从上海赶往苏州，到达后先参观拙政园。拙政园在苏州北隅娄门内，是苏州四大名园之一，也是我国最大的私家园林。园林占地4公顷，其中水面约占3/5，亭台楼阁临水而建，其山岛、竹坞、松岗、曲水布局极佳，被胜誉为“天下园林之母”，实为江南古典山水园林之精品。拙政园中现有的建筑，大多是清咸丰十年（公元1860年）拙政园成为太平天国忠王府花园时重建，至清末形成东、中、西三个相对独立的小园。拙政园为全国重点文物保护单位，世界遗产。下午参观位于苏州阊门外的留园。留园原是明嘉靖年间太仆寺卿徐泰时的东园。清嘉庆年间，刘恕以故园改筑，名寒碧山庄，又称刘园。园中聚太湖石十二峰，蔚为奇观。光绪初年为盛康所得，修葺拓建，易名留园。留园三绝是：冠云峰、楠木殿、鱼化石。留园与拙政园、北京颐和园、承德避暑山庄齐名，为全国“四大名园”之一。晚上于苏州市内住宿。

第二天：先参观苏州四大名园之一狮子林。狮子林至今已有650多年的历史。元代至正二年（公元1342年），元末名僧天如禅师维则的弟子“相率出资，买地结屋，以居其师”。这便是狮子林的前身。狮子林既有苏州古典园林亭、台、楼、阁、厅、堂、轩、廊之人文景观，更以湖山奇石、洞壑深邃而盛名于世，有“假山王国”之美誉。下午前往苏州城西约3.5千米的枫桥镇参观。枫桥镇位于大运河、古驿道和枫江的交汇处，始建于唐代，因唐代诗人张继《枫桥夜泊》诗而闻名。主要参观景点有寒山寺、枫江楼、枫桥大街、枫桥。其中寒山寺是吉祥、消灾的圣地，其现存建筑为清末重建。

苏州园林

最佳季节：夏、秋季
主要特色：水乡古镇游
推荐指数：5

线路4：同里、周庄、甪直三日游

第一天： 从上海市区出发走318国道，至金姚后转行一段县道后可至周庄。周庄镇为明清著名古镇，被誉为“中国第一水乡”。主要景点：沈厅、张厅、迷楼、叶楚楼故居、澄虚道院、全福寺等。周庄镇被列为首批中国历史文化名镇。晚上于古镇住宿，亲身体会古镇迷人夜色。

第二天： 驾车前往同里古镇游览。同里古镇在苏州市南18千米。主要景点：一园（退思园）、二堂（崇本堂、嘉荫堂）、三桥（太平桥、吉利桥、长庆桥）。退思园在同里镇中心，为私家园林，建于清光绪十一年（1885年）。园主伍兰生罢官归里，取“退而思过”之意，之后驾车前往甪直游览。甪直是具有2000多年历史的古镇。镇内河隧道纵横、主街长约2千米，尚存古桥41座，为江南独具特色的水乡小镇。主要景点有叶圣陶墓、沈宅（吴中水乡妇女服饰馆）等。晚上于古镇住宿。

周庄

第三天： 早起欣赏古镇清晨风光后驾车返回上海。

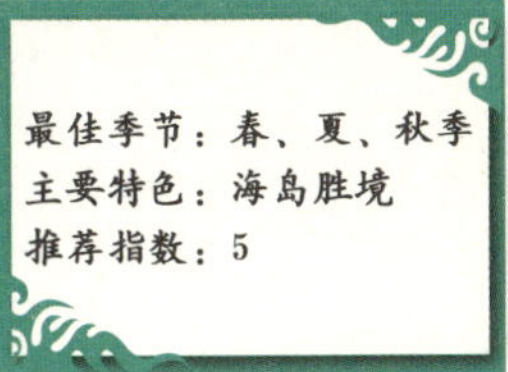

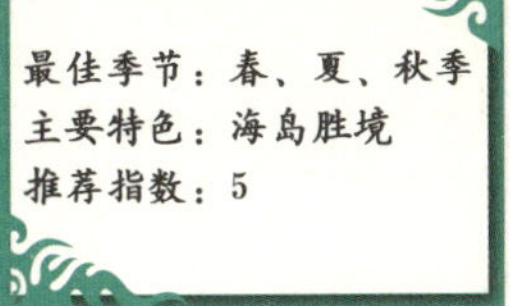

最佳季节：春、夏、秋季
主要特色：海岛胜境
推荐指数：5

线路5：宁波、舟山三日游

第一天：早上从上海出发，走沪昆高速，经杭州湾大桥，中午之前可到达宁波。下午先游览宁波市区的一些景点，如天一阁、月湖等。晚餐后到宁波老外滩欣赏夜景。晚上于宁波市内住宿。

第二天：驾车走329国道经北仑至白峰港口，乘轮渡可直达普陀山。全天游览普陀山。普陀山在舟山市舟山群岛的一个小岛上，传为观音菩萨的道场，中国四大佛教名山之一。现存的普陀山佛寺多为清初建筑，其中最著名的是普济、法雨、慧济三大寺，景点有千步沙、百步沙、潮音洞、梵音洞、西天门、南天门、洛迦山等。1997年普陀山新建了一尊高33米特大观音像，成为普陀山“海天佛国”的新象征。晚上返回沈家门，品尝最为新鲜的各式海鲜。晚上宿于沈家门当地宾馆。

第三天：早上从沈家门坐轮渡到桃花岛游览。桃花岛在舟山岛东南部海中。岛上高山溪洞，碧海金沙，山花烂漫，林木葱翠，风光旖旎。全岛植被覆盖率75%以上，有“海岛植物园”之称。游览完后乘轮渡返回北峰港，沿原路返回上海。

普陀山海边

线路6：无锡三日游

最佳季节：四季均可
主要特色：江南园林的精华
推荐指数：5

第一天：早上从上海出发前往无锡，走京沪高速1个多小时可到。首先游览鼋头渚公园。鼋头渚是横卧太湖西北岸的一个半岛，因巨石突入湖中形状酷似神龟昂首而得名。风景区有充山隐秀、鹿顶迎晖、鼋渚春涛、横云山庄、广福寺、太湖仙岛、江南兰苑、中日樱花友谊林等众多景观，各具风貌。太湖风景区已成为中外驰名的旅游度假休养胜地。鼋头风光，山清水秀，天然混成，为太湖风景的精华所在，故有“太湖第一名胜”之称。郭沫若“太湖佳绝处，毕竟在鼋头”的诗句更使鼋头渚名声传扬四海。还可乘船游湖。晚上宿于无锡。

第二天：首先前往滨湖区参观灵山大佛。大佛高达88米，为国内最大的青铜佛像。灵山大佛景区于1997年建成，占地面积约30公顷，经过几年的发展已成为江南佛教文化的代表性丛林。大佛面对浩瀚的太湖，背后群山环抱，夕阳西下时，整个景区呈现一派祥瑞之气。参观完灵山大佛后驾车走342省道前往宜兴。宜兴被世人称为“陶都”，其紫砂壶闻名海内外。另外，宜兴也以石灰岩溶洞、竹海、茶叶闻名。到宜兴后首先可游览宜兴三大奇洞之一的“善卷洞”。善卷洞位于宜兴市西南约25千米的祝陵村螺岩山上，相传在4000多年前，有位善卷先生避虞舜禅让，在此隐居，因而得名。之后于宜兴城内住宿。下午或晚上可以逛逛宜兴的小商品市场，购买一些紫砂壶馈赠亲友。

无锡鼋头渚

第三天：可前往省庄参观“竹海”风光，欣赏满山遍野的竹林。山中曲径通幽，溪水潺潺，登高远眺，绿浪起伏，满眼生机，有让人回归自然的向往。之后驾车来到宜兴丁蜀镇丁山北路参观宜兴陶瓷博物馆。这里有10个展厅，荟萃了3万余件宜兴生产的古今名陶精品。下午驾车返回上海。

线路7：杭州三日游

最佳季节：春、秋季
主要特色：天堂胜境
推荐指数：5

第一天：早上从上海出发，走沪杭高速，约2个小时可到杭州。首先游览西湖风景区。西湖是以湖光山色与文物古迹交融一体的国家级风景名胜区，被评为世界遗产，面积60平方千米，有90多处各具特色的公园。开放的景区包括西湖老十景和新十景。西湖老十景：断桥残雪、平湖秋月、柳浪闻莺、苏堤春晓、三潭印月、花港观鱼、曲院风荷、雷峰夕照、南屏晚钟、双峰插云。西湖新十景：黄龙吐翠、宝石流霞、龙井问茶、满陇桂雨、九溪烟树、云栖竹径、虎跑梦泉、玉皇飞云、阮墩环碧、吴山天风。当天下午先绕西湖走一走，欣赏西湖老十景。晚上可以欣赏西湖夜景。

西湖风光

第二天：上午先游览灵隐寺。灵隐寺是中国佛教著名寺院，又名云林寺，位于浙江省杭州市西湖西北面，在飞来峰与北高峰之间灵隐山麓中。两峰挟峙，林木耸秀，深山古寺，云烟万状，是一处古朴幽静、景色宜人的游览胜地，也是江南著名古刹之一。下午游览西湖外湖的一些景点，品尝农家院特色美味。晚上宿于杭州。

第三天：上午驾车前往九溪路，游览著名的九溪十八涧。西湖新十景之九溪烟树即泛指这里。九溪十八涧素以“小径屈曲，峰峦夹峙，涧泉琮琮，篁楠交翠”而著称，为西湖西部一大胜境。后又建人工瀑布，使景区秀树带雾，满谷迷蒙，更有“烟树”之趣。游九溪，既可嬉耍于急流清溪，又可尽情享受幽深恬静的山林野趣，实为久困都市烦嚣之人的理想去处。下午驾车返回上海。

九溪十八涧

线路8：镇江、扬州二日游

第一天：早上从上海出发，走沪宁高速约2个小时就可以到达镇江。镇江最著名的旅游景点为三山，即金山、焦山、北固山。可以先游焦山，然后再游金山，有时间的话继续游览北固山。焦山一向以“山水天成，古朴幽雅”闻名于世，因东汉时期焦光隐居山中而得名。焦山是长江中一个四面环水的游览岛屿，“万川东注，一岛中立”，有江南“水上公园”之喻。金山形胜天然，风景幽绝，自古为我国优美游览胜地之一，也是香火极旺之地。晚宿镇江市内。

第二天：早上从镇江出发，驾车约30分钟即可到达扬州。烟花三月（农历）下扬州是最佳选择，此时百花盛开，景色迷人。当然，9月的“二分明月文化节”也是到扬州赏月的极佳时节。可以先游瘦西湖，这是去扬州必游的景点，然后去蜀冈景区游大明寺。下午3：00以后驾车返回上海。

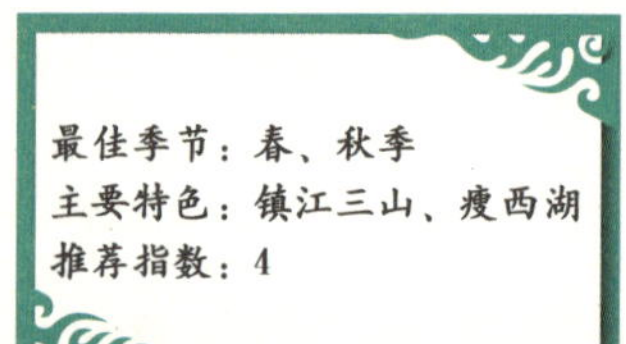

烟花三月下扬州

线路9：西塘、嘉兴、乌镇、南浔三日游

第一天： 上午从上海市区出发，走沪渝高速至枫泾后转行一段县道可至西塘。西塘是一座已有千年历史文化的古镇，号称江南六大古镇之一。西塘与其他水乡古镇最大的不同在于古镇中临河的街道都有廊棚，总长近千米，就像颐和园的长廊一样。古镇占地面积1平方千米，由9条河道纵横交错，将西塘分为8个区块，由27座古桥连通。不管春夏秋冬，古镇始终呈现着一幅“人家在水中，水上架小桥，桥上行人走，小舟行桥下，桥头立商铺，水中有倒影”的不断变幻的水乡风情画。晚宿西塘，可以参与其晚上的娱乐节目。

第二天： 上午驾车去嘉兴，先游南湖，可乘船登上湖心岛。下午粗略地看一下双魁巷与子城后，再和家人驾车前往乌镇游览。乌镇是典型的江南水乡古镇，素有“鱼米之乡，丝绸之府”之称。一条流水贯穿全镇，它以水为街，以岸为市，两岸房屋面向河水，水中乌篷船来来往往，岸边店铺林立叫卖声不绝，好一派迷人的水乡风光。三白酒、蜡染花布、姑嫂饼为乌镇三大特产。主要参观景点有茅盾纪念馆、西栅老街等，晚上可到皮影戏馆，看一场城里看不到的地方戏。晚宿乌镇。

最佳季节：春、夏、秋季
主要特色：江南古镇
推荐指数：5

西塘古镇

第三天： 早点儿起来，好好欣赏一下晨曦中的古镇景色，领略古镇别样的韵味，拍一些相片。然后驾车前往南浔。去嘉业堂的藏书楼看一看平时不易见到的线装书，再步行至小莲庄、张静江故居、百间楼、颖园、通津桥等景点游览。之后驾车返回上海。

西塘古镇

上 海

黄浦江上极富穿透力的汽笛，江畔直刺云天的东方明珠塔，构成了长江入海口上这个传奇城市的两个意象：历史的厚重与繁华。有人说，“两千年历史看西安，一千年历史看北京，一百年历史看上海”，上海，曾经荟萃了多少风云人物，孙中山、宋庆龄、毛泽东、周恩来、鲁迅、李鸿章、蒋介石、宋子文……许多名流的足迹散落在上海，留下一段段耐人寻味的往事。

从百年的高贵走来，作为历史文化名城的上海，有130余处国家级和市级文物保护单位、众多的园林、博物馆、宗教寺院，加上有世界建筑博览会之称的城市建筑群，上海已成长为我国最大的商业、金融中心，甚至西太平洋地区重要的国际港口城市。光荣与梦想在这里汇合，上海博物馆、上海大剧院、城市规划馆，无一不张扬着国际化大都市的广博情怀。

上海外滩

浦东机场候机厅

上海地铁

交通

航空 ■ 上海有两个民用国际机场：虹桥机场、浦东机场，形成了“两大机场、双翼齐飞”的航空枢纽格局。

铁路 ■ 宁沪杭线贯通上海。市区有三个火车站：上海站、上海西站、上海南站。上海站为主站，每天有近80对客运列车进出。

公路 ■ 312（上海—新疆霍尔果斯）、318（上海—西藏樟木）和320（上海—云南瑞丽）3条国道从上海始发通向西部，204国道通过上海串起中国南北海岸。沪宁（A11公路）、沪杭(A8公路)、沪嘉浏(A12公路)、沪青平(A9公路)等多条高速公路连接邻省各主要城市。

水运 ■ 上海地处我国南北海岸线的中点，是世界第三大港和中国最大的港口城市。从上海港出发的客货轮，出海可抵世界上400多个港口。

地铁、轻轨 ■ 上海目前已开通14条轨道交通线路。主要都市景观（浦西的外滩、人民广场、徐家汇、龙华、虹桥、虹口，浦东的陆家嘴、花木）和繁华商业区（南京路、淮海路、徐家汇、不夜城、八佰伴）均分布在地铁沿线。

公交车 ■ 按运营时间分，有日间公交车、2字头的早晚高峰车和3字头的夜班车；按票务方式分，有单一票价1元/人或1.5元/人的无人售票车，还有单一票价2元/人的空调车和多级票价的专线车。

出租车 ■ 有近6万辆出租车，车型以桑塔纳为主。起步价日间14元/3千米，3千米后2.4元/千米，超过10千米变成3.6元／千米，夜间（23:00～次日5:00）起步价18元（3千米以内），3千米后3.1元／千米，超过10千米变成4.7元/千米。

外滩建筑

上海市中心区域

外滩区域

上海博物馆 博物馆是于1993年开建的，花了3年的时间才建成，可见工程的浩大。馆内珍藏的12万件珍贵文物个个都身价不菲，是江南重要博物馆之一。

门票：免费。

交通：地铁一、二号线人民广场站，公交车18路、20路、46路、49路、71路、123路、537路等可到。

外滩建筑 位于黄浦区黄浦江西岸、苏州河南岸。在中山一路西侧，聚集了几十幢各种形式的古典建筑，如著名的中国银行大楼、和平饭店、海关大楼等，素有“万国建筑博物馆”之称。这些建筑已被作为上海的标志建筑物。入夜后的外滩灯火辉煌，景色迷人。从外滩可以东眺浦东新区风景。全国重点文物保护单位。

门票：和平饭店内的博物馆票价50和100元两种。

情人墙 建于黄埔公园至新开河的黄浦江边上防洪墙，绝对是上海人在寸草不生的水泥地上，用精神创造出来的一片浓荫如被的大森林。是上海人最早的爱情精神庇护所。

上海博物馆

黄浦公园　公园始建于1886年，是外滩百年沧桑的见证人。是上海最早的欧式花园，曾记载着“华人与狗不得入内”的屈辱历史。

外滩隧道　外滩隧道全长646.7米，整个过江时间在2.5～5分钟，穿过去就是东方明珠电视塔。是我国第一条越江人行观光隧道以及第一个性文化博物馆。

门票：隧道单程30元，双程40元；博物馆20元。

福州路　绵延1.5千米的福州路，而今静默而苍白。它是海派文化的源头，也是上海出版业的一个前沿阵地。

外白渡桥　充满了刚劲与沧桑气息的外白渡桥已经是个百岁高龄的老人了，建于1907年，在苏州河上一直默默地守望着上海。是我国第一座全钢结构的桥梁，当今中国唯一留存的不等高桁架结构式桥型。

沐恩堂　是上海基督教堂里最美丽的一座，直到现在都是人民广场上的一大景观。

人民公园　公园的旧址是上海跑马场的一部分，后经多次改建，才成为今日高楼林立的商业街头的一块绿地。是人民广场一带的绿色花园。

交通：最方便的无疑是搭乘地铁在人民广场站下，或者搭乘公交车18路、20路、46路、49路、71路、123路、537路等在西藏中路、人民广场站下。

南京路　位于黄浦区南京路东段、外滩至黄河路。被称为十里洋场，这条街商铺林立，人流集中，是国内外著名的商业街。是上海百年历史的缩影，上海的象征之一。

外白渡桥

南京路

上海大剧院

上海美术馆

上海大剧院 上海大剧院位于人民广场西北侧，剧院内有3个剧场，1800座的主剧场，用于上演芭蕾、歌剧和交响乐。拥有亚洲最大、世界上最先进的舞台。

交通：公交车17路、20路、23路、37路、46路、48路、49路、71路、108路、109路、112路、123路、505路、506路等可到。

上海城市规划展示馆 在蓝天下晶莹闪光的上海城市规划展示馆，在外观上与上海大剧院仿佛是一对相互关照的姊妹，但内容上却有着极大的不同。展示馆以“城市、人、环境、发展”为主题，通过现代高科技手段，不仅让人们看到了上海解放以来城市建设的巨大成就，也展示了申城跨世纪发展的宏伟蓝图。是人们了解上海过去、现在和将来的好去处。

门票：30元。

上海音乐厅 其自然音响之佳，曾得到建筑学专家及众多的中外艺术家的认可。

交通：可以搭乘公交2路、17路、18路、123路、112路等，地铁一、二号线等。

国际饭店 在20世纪80年代以前的半个世纪里，一直是上海标志性的建筑。

上海美术馆 是一座功能健全、设施先进、国内外具有一定影响的近代美术博物馆。

上海大世界 始建于1917年，那些小型的戏台，各种戏曲、曲艺、歌舞和游艺杂耍等，曾经带给旧上海多少市民以欢乐。是我国最早且最具影响的室内综合性游乐场所。

交通：可以搭乘公交车127路、71路、48路、49路、1路、17路、18路、23路、980路等线路；隧道：三线、四线、五线、六线等均可到达。

上海大世界

豫园区域

湖心亭茶楼 是上海现存最古老的茶楼之一。

城隍庙 是老上海人心目中的神圣庙宇。

门票：10元。

交通：徒步至豫园只需5分钟，搭乘相同的公交线路，但车站是城隍庙站，也有写坐到老城隍庙的。

城隍庙

沉香阁 沉香阁是一座尼众寺院，旧名“慈云禅寺”。内有一座可以散发香气的观音像。

门票：10元。上观音楼2元。

地址：位于沉香阁路29号，与城隍庙近在咫尺。

上海老街 位于黄浦区南市方浜中路。原有上海最早的钱庄、酒肆、银楼和商行，1998年进行改造。重建的上海老街全长825米，东段沿街建筑大部分保留了清末民国初年的民居特色；西段建筑以明清风格为主。现为旅游胜地。是一条记忆上海昨日时光的街。

东台路古玩街 是上海无一不知、无人不晓的古玩市场。南北两地相映，形成了国内最大的两个专业古玩市场。

交通：自上海老街穿河南中路走过去，也可以搭乘17路、864路公交车抵达东台路。或者是搭乘一号线地铁在黄陂南路地铁站下车后走到东台路的路口。

豫园 位于黄浦区南市旧城，是上海最大的古典园林。始建于明嘉靖三十八年(1559年)，清乾隆二十五年(1760年)重建，为江南著名的古典式园林。园林虽小，但布局精巧，彰显江南园林特色。全国重点文物保护单位。

豫园

文庙 文庙路上的文庙，远自元代建立上海县后就开始建造，同时，也被作为县中秀才读书深造的学府。是上海中心区域唯一的一座祭祀儒家文化创始人孔子的“庙学合一”的建筑。

门票：10元。

交通：搭乘公交车11路外圈在方斜路下，再向东沿文庙路走500米左右即到。

大境阁 大境阁筑于明嘉靖年间，是上海古城墙的一部分。

交通：公交923路的终点站，569路河南南路明星街口的终点站。

小桃园清真寺 原名清真西寺，又名上海西城回教堂。是上海最大的近代伊斯兰教建筑。

门票：5元。

交通：复兴东路小桃园街52号，即福佑路丽水路口，公交66路、306路、929路、969路、980路可达。

白云观 是道教全真派在上海最大的一座道观。

门票：5元。

交通：公交11路、135路、217路、401路、517路、736路、911路、920路、940路、大桥二线、方川线老西门终点站。途经老西门的有17路、18路、23路、24路、569路、715路、781路、782路、864路。

上海自然博物馆 建于1956年，共有24万余件标本藏品。是我国最大的综合性自然科学博物馆之一。

董家渡天主教堂 探寻天主教在上海开埠以后传播史实的根底。是上海最古老的教堂。

交通：可以自城隍庙搭乘324路、581路、65路、736路、305路、928路、303路、801路、868路、910路、570路公交车到董家渡路站下车。

新天地区域

中共一大会址 虽然这里只是一幢普通的民宅，但每天都会有很多来自其他城市的中国游客慕名前来。展出很多中国共产党创立时期的史迹和文物。

门票：免费。

交通：地铁一号线黄陂南路站、旅游10号线、公交2路、17路、24路、36路、42路、109路、126路、146路、581路、781路、864路、869路、933路、911路、920路、926路、932路、945路、隧道八线、大桥一线、淮海路免费观光车可到。

新天地 上海老城厢的精髓与现代夜生活的奢华结合。

上海新天地

上海新天地

上海新天地

复兴公园 复兴公园充满了法兰西情调，公园里碧树参天，非常茂盛。是上海最早开辟的公园之一。

交通：搭乘公交2路、17路、24路、36路、42路、146路、575路、780路、781路、831路、864路、869路、932路、933路、911路、920路、淮海路免费观光车、游7路、10路、隧道八线、大桥一线、原野专线、地铁一号线等均可到达。

孙中山故居 孙中山先生的故居是一座幽静的欧式花园住宅。孙中山与夫人宋庆龄一起居住了5年的地方，市内的陈设均以原物布置。

门票：20元。

交通：位于香山路7号，自复兴公园走过去即是，相距不过百米。

周公馆 思南路51～59号，过去称为义品村，是个名人荟萃之地。这里不仅是周恩来的故居，也是中国共产党当年在上海的主要活动基地。

门票：免费。

交通：自孙中山故居沿着思南路向南走大约50米即到。

圣尼古拉斯大教堂 是上海最美丽的东正大教堂之一。

交通：可以自孙中山故居徒步走过去，两者相距大约50米。

共青团中央旧址 这是一幢砖木结构的老式石库门房子，原是上海共产主义小组的活动场所。中国共产党的第一个通讯社在这里建立并开始编辑发行工作。

交通：旅游10号线、公交2路、42路、146路、911路、920路、926路、945路、淮海路免费观光车可到。

瑞金宾馆 曾是20世纪三四十年代上海的私家豪宅，也记载着政界名流们的趣闻逸事。

交通：搭乘14路、24路、42路、96路、146环线、401南线、786路、304路等公交车在瑞金二路或者是瑞金医院下车。

太原别墅 这座别墅不仅因马歇尔而闻名，更因资深的优雅而存在百年。

交通：搭乘41路、42路、45路、96路、104路、128路、301路、327路、864路等车在永嘉路或者是建国西路下车走过去即可。

邹韬奋故居 是爱国人士邹韬奋的寓所，现为邹韬奋纪念馆。

门票：1元。

交通：搭乘17路、24路、36路、146路、575路、780路、781路、786路、864路、869路、933路、932路、隧道八线、大桥一线等前往。

马勒别墅 一个由梦而引发出来的梦幻般的童话城堡。

交通：可以搭乘24路、104路、304路、71路、49路、127路等公交车在陕西南路下车。

静安寺区域

静安寺 静安寺是上海著名真言宗古刹，静安区即由静安寺而闻名。

静安寺

门票：平时5元，香期2元。

交通：地铁二号线、建设中的七号线在静安寺下，公交15路、20路、21路、1路、37路、40路、48路、45路、62路、71路、76路、94路、93路、127路、202路、506路、824路等车都途经静安寺。

马勒别墅

上海市少年宫 是上海滩最奢华最传奇的一幢大理石大厦，所用大理石全部自意大利运来。

交通：搭乘1路、48路、57路、71路、127路、311路等公交车前往。

静安公园 静安公园就在静安寺的对面，公园不大，但有全上海最大的下沉式绿化广场和树龄达百年的法国梧桐树林荫散步道。是一座开放式的花园式公园。

门票：5元。

交通：搭乘公交20路、21路、37路、71路、76路、127路或者是地铁二号线静安寺下。

上海展览中心 上海展览中心无疑是而今充斥着各种现代高楼大厦的南京西路上的一座最具有时代意义的古老建筑。

徐家汇区域

宋庆龄故居 这处故居是宋庆龄生前居住时间最长的地方。

宋庆龄故居

宋庆龄故居

门票：20元。

交通：搭乘44路、48路、72路、113路、126路、138路、506路、548路、911路、920路、923路、926路、945路、946路、旅游7号线在淮海中路下车。

上海展览中心

上海图书馆 上海图书馆距离宋庆龄故居大约5分钟的路程，沿着淮海中路向复兴西路的方向走即可。是全国第二大图书馆，并列世界十大图书馆之中。

交通：位于淮海中路1555号，去宋庆龄故居的车也途经这里。

衡山公园 衡山公园占地面积1.19万平方米，公园中央有巨大的大草坪，高大的乔木与大块草坪、灌木、花卉，是冬季晒太阳的好地方。

交通：搭乘地铁在衡山路下车，徒步走过去不过几分钟的时间。

国际礼拜堂 曾经一度是上海最大的基督教堂。

交通：从衡山路站出来后向北走不远即是。

徐家汇天主教堂 规模宏大，装饰华丽，被誉为“中国教堂之巨擘”。是“远东第一大教堂”。

交通：可以搭乘地铁一号线在徐家汇站、56路南丹东路终点站下车，122路、732路、770路天钥桥路终点站，途经徐家汇的有2路、15路、42路、43路、44路、50路、72路、93路、205路、401路、548路、572路、593路、806路、814路、820路、824路、830路、847路、864路、872路、920路、923路、926路、927路、931路、946路、大桥六线、机场3线、旅游10号线、徐闵线、徐川线。

徐光启墓地 徐光启是最早建设徐家汇地区的重要历史人物，他的双亲以及他自己在去世后都墓葬在徐家汇的墓地内。

徐家汇藏书楼 从徐光启墓地向北走大约10米，就是藏书楼，是上海早期规模最大的图书馆，现在隶属于上海图书馆。

总董官邸 绿色草坪上坐落的白色宫殿颇似美国华盛顿的白宫，故有“小白宫”之称。

门票：8元。

交通：可以搭乘96路、42路、45路等公交车前往。

上海市城区区域

城西区域

上海动物园 是一个古老的动物园，给无数上海人的童年带来许多温馨和快乐。

门票：40元。

交通：可搭乘公交车57路、91路、505路、831路、911路、92路、游4路前往。

上海动物园

徐光启墓地

龙华寺 位于徐汇区龙华镇，为上海地区历史最久、规模最大的古刹。龙华寺始建于三国年间，现寺为清光绪年间重建。寺前龙华塔高40.64米，为北宋遗留结构。

门票：10元。

交通：可以搭乘41路、44路、104路、718路、734路、809路、304路、933路直达龙华旅游城；路

经龙华旅游城的有56路、111路、326路、714路、720路、770路、847路、857路、932路、沪莘线和轨道交通三号线。

龙华寺

龙华寺

真如寺 真如镇是典型的上海郊区的小镇，上海最古老的寺庙之一的真如寺就坐落在真如镇上。是我国佛教寺院中保存下来的为数很少的元代建筑。

门票：10元。

交通：可搭乘旅游6号线、机场6线、北安线等专线公交车，其他公交车01路、62路、63路、105路、106路、129路、136路、223路、516路、550路、551路、706路、708路、717路、724路、740路、742路、743路、754路、766路、768路、807路、838路、852路、858路、860路、866路等也可到达。

上海植物园 是国内最大的市立植物园。

门票：15元。

交通：龙吴路1111号，乘公交车56路、131路、714路、720路、820路、824路、龙吴线可达。

上海植物园

黄道婆纪念馆 黄道婆，是我国元代杰出的纺织革新家。黄道婆纪念馆不仅是黄道婆长眠的地方，更记载了很多她对我国纺织实业做出的贡献。

门票：免费。

交通：可以搭乘755路、718路、731路、804路、龙吴线等前往。

锦江乐园 锦江乐园是一个现代化的大型游乐园，是让人释放身心大声尖叫的地方。

门票：60元（含二项游乐项目）；100元（含六项游乐项目）。

交通：可以搭乘公交车712路、703路、704路、166路、徐闵线等到锦江乐园下，或者是搭乘地铁一号线虹梅路站下。

银七星室内滑雪场 银七星室内滑雪场，虽然是室内，但是规模目前却是亚洲第一。

门票：2小时门市价178元/人，全天门市价218元/人。

交通：可以搭乘地铁一号线到莘庄站下，然后从南出口下来，下面有班车接送，半个小时1班，准点发车。也可乘七宝1路在华中路七莘路站下车。

七宝古镇

七宝古镇

七宝古镇 优越的地理位置、低廉的花销外加闻名的美食，这个老镇老街逐渐像它的名字一样被人们宝贝起来。已然成为继周庄、西塘、朱家角之后，上海人出行水乡的又一选择。

交通：公交803路、513路、87路、91路、92路、莘北专线均可到达。

刘海粟美术馆 刘海粟是我国当代的艺术大师，为上海的美术教育事业奉献了很多的心血。刘海粟美术馆是一座纪念艺术大师的殿堂，也是一座艺术的殿堂。

门票：免费。

交通：搭乘公交车57路、69路、925路、936路、709路等前往。

宋庆龄陵园 一位伟大的中国女性——宋庆龄长眠在这里。

门票：5元。

交通：可以搭乘公交48路、72路、73路、113路、141路、224路、251路、524路、709路、754路、806路、808路、814路、855路、909路、911路、938路、中卫线、徐华线前往。

上海历史博物馆 它是专门介绍上海近100年来发展史的史志性博物馆。

门票：20元。

交通：可以搭乘公交车72路、73路、251路、911路虹桥路下。

大洋海底世界 是你在城市内接触海洋的一面窗口，是中国第一家大洋海底世界公园。

门票：160元。

交通：可以搭乘公交6路、44路、67路、944路、143路、216路、551路、724路、739路、837路、846路等。

城北区域

多伦路文化街 位于虹口区北部，北临鲁迅公园。建于1911年，1943年改现

上海多伦路文化街

上海多伦路文化街

名。鲁迅、茅盾、郭沫若、叶圣陶等文学巨匠都在此有过文化活动。街道两侧开办了众多的文化馆，如筷子收藏馆、钱币博物馆、奇石馆、藏钟馆等。曾经是左联作家们活动的重要场所，是“中国现代文学的重镇”。

鲁迅故居 这是鲁迅先生辞世的地方，也是他在上海最后的一处寓所。

门票：免费。

交通：自多伦路徒步走过来大约需要5～10分钟。

鲁迅故居

鲁迅纪念馆 鲁迅故居是上海鲁迅纪念馆的组成部分，最初为一体，后又建了新馆。与鲁迅有关的馆藏十分丰富。

玉佛寺 位于普陀区安远路，为国内名刹。建于光绪八年(1882年)，因这里供奉着普陀山高僧慧根从缅甸请回来的一尊玉佛而得名，1918年重建。玉佛高达1.9米，用整块玉石雕成，雕琢精细，色泽晶莹。上海市佛教协会、上海佛学院均设在此寺。两尊具

玉佛寺大雄宝殿

有无限魅力的玉佛，是这座寺庙吸引人的最大原因之一。全国重点文物保护单位。

门票：20元。玉佛楼门票10元。

交通：可以搭乘13路、19路、24路、36路、54路、63路、68路、76路、105路、106路、112路、113路、138路、206路、223路、506路、516路、550路、563路、738路、768路、830路、837路、866路、922路等车即可。

陶行知纪念馆 陶行知是中国伟大的人民教育家。这里不仅是纪念陶行知先生的地方，纪念馆本身也是一组优秀的建筑群。

门票：15元。

交通：可以搭乘公交车78路、112路、159路、510路。

陶行知纪念馆

同济大学校训

上海马戏城 带你走进另一个奇妙而独特的魔幻世界。

交通：搭乘地铁一号线在上海马戏城下车，或者是搭乘46路、95路、114路等公交车。

大库艺术工厂 是集中上海新生代艺术家的地方，是一个使人放松的艺术天地。

交通：搭乘一号线在上海火车站下车后沿着天目西路过长寿路的桥，再过澳门路，就可以抵达莫干山路。

复旦大学 一所百年大学，一个中国知识分子的百年梦想。

复旦大学

交通：可以搭乘329路、139路、133路、59路、960路、942路、828路、854路、850路、812路、966路、川虹专线前往。

同济大学 是一座著名的古老而年轻的学校。

交通：与复旦大学相距很近，徒步大约需要15分钟左右，55路、61路、937路、142路、147路、910路公交车到达四平路同济大学站下车。

上海犹太难民纪念馆 是整个上海有关“犹太难民聚居区”的文字和实物资料最多也最为完整的地方。

门票：50元。

交通：可以搭乘公交车22路、33路、875路前往。

陆家嘴区域

东方明珠电视塔 位于浦东新区陆家嘴嘴尖上。电视塔建成于1994年，通高

468米，居中亚洲第一、世界第三。登上电视塔，可以饱览黄浦江两岸美景，也可俯瞰上海城全貌。

门票：160元。

交通：可以搭乘地铁二号线在陆家嘴站下车，其他如外滩观光隧道、583路、621路、623路、776路、778路、870路、872路、申高线、旅游江园线、82路、85路、581B路、795路、陆家嘴环线、81路、797路、983路、旅游3号线、锦江观光巴士等均可到达。

上海东方明珠电视塔

金茂88层观光厅 位于浦东新区陆家嘴金融贸易中心。建成于1998年，高420.5米，为我国第一、世界第三高楼。在高楼88层设有观光厅，为我国目前最大的观光厅。

门票：120元。

交通：与东方明珠在同一站下车即可。

上海科技馆 走进这座神奇的科学殿堂，你会成为一位充满好奇和探索精神的科学发现者。

交通：可以搭乘地铁二号线，公交640路、794路、936路、983路、593路、788路、638路、815路和隧道四线等多条公交线路，东周线、杨祝线、江园线、旅游江园线可达。

上海国际会议中心 是上海目前最大的无柱形多功能厅，是举办各类国际性会议的地方。

门票：50元。

交通：可以搭乘公交车81路、82路、870路、871路、872路、隧道二、四、五、六线，地铁二号线陆家嘴站下车。

上海国际会议中心

上海海洋水族馆 是目前世界上唯一一个设有长江流域水生物、生态主题展示的水族馆。

门票：160元。

交通：浦东银城北路158号，东方明珠和金茂大厦的旁边。993、陆家嘴旅游环线、地铁二号线可达。

上海大自然野生昆虫馆 这里不仅是昆虫的世界，也是一片大自然的室内田园。

门票：60元。

交通：可以搭乘地铁二号线、旅游三号线、公交81路、82路、85路、870路、872路、隧道三线、隧道四线、隧道五线、隧道六线、申高线、沪华线均可到达。

世纪大道 是世界上唯一以时间为主题的城市雕塑展示街。

交通：搭乘公交794路、788路，地铁二号线，ZX南扬线，申三线、隧道四线等在陆家嘴下车。也可以自东方明珠沿着大道慢慢散步，也是一种享受，适合喜欢现代新事物的人。

三山会馆

三山会馆 始建于清宣统元年（1909年），是上海唯一保存完好的晚清会馆建筑，具有典型的福建建筑风格。于1959年被列为市级文物保护单位，成为上海新的历史文化景观。现为上海市爱国主义教育基地、上海市红色旅游基地、2010年世博会城市文化特色展示馆。

交通：18路、45路、66路、109路、144路、715路、780路、869路、969路、大桥六线等公交路线可达。

上海新国际博览中心 是国内首个集高度功能性和独特的建筑设计风格为一体的展览场所。

交通：搭乘地铁二号线从虹桥机场出发，在浦东龙阳路站下车，而后徒步前行600米可到。此外高速磁悬浮列车往返于浦东国际机场和浦东龙阳路站。

其他景点推荐

上海自然博物馆　徐光启故居　南浦大桥　龙华烈士陵园　杨浦大桥　世纪公园

上海郊区区域

东部郊区

上海野生动物园 动物园分为车入和步入两大参观区，是中国第一个国际级野生动物园。

门票：130元。

交通：上海体育场乘游2线、上海火车站乘远通巴士、上海体育馆公交枢纽站乘远通巴士、上海体育馆公交枢纽站乘万野专线、人民广场乘原野专线直达。

三甲港 对于上海人来说，有三甲港海滨浴场这么一出可以呼吸大海气息的地方实在是一件上天赋予的最好的礼物。拥有着35万平方米的蓝天碧水和绵延1300米的金色沙滩。

门票：旺季50元，淡季38元。

交通：位于华夏东路东首，可以搭乘旅游3号线到川沙后换川三线直达。

华夏旅游文化区 是浦东在大力发展与打造的一个地方。其中吴昌硕纪念馆是旅游区内最吸引人的地方。

门票：5元。

钦赐仰殿 是上海最早的道观之一，享有“千年古观”的美誉。

门票：5元。

交通：乘地铁一号线到人民广场转二号线上海科技馆站下，然后沿源深路北行即到，公共汽车有隧道六线、隧道八线、隧道九线，774路、81路、85路、573路、787路、794路可达。

川沙古城墙 川沙，是浦东新区的一个默默无闻的小镇。凭借此城墙，川沙人民成功地击退了倭寇的多次侵袭。

交通：可以搭乘公交977路、川虹专线、施涝专线、东昌线，旅游3号线前往。

东方艺术中心 是上海最新的一个文化性的标志建筑。

交通：可以搭乘地铁二号线科技馆站直达，或638路、640路、788路、794路、815路、983路、984路、987路、东周线等公交路线可达。

潮音庵 是浦东新区一个重要的佛教场所。

黄炎培故居 这里是咸丰年间举人沈树镛所建的一幢三大进深二层楼宅院。是黄炎培先生的出生地。

门票：2元。

交通：可以搭乘旅游3号线、申川线、东川线。

中华民族大观园 民族园在很多城市都可以看到，而上海的中华民族大观园是我国规模最大、设施最全、表现最为丰富的一个组合体，并按其文化艺术和宗教信仰组成10个民族度假村，成为一个了解各个民族知识的最好地方。集中体现了我国56个民族的民俗、民风、民情。

交通：上海体育场乘游2线、上海火车站乘远通巴士、上海体育馆公交枢纽站乘万野专线、人民广场乘原野专线直达。

滨海旅游度假区 东靠水天一色的辽阔东海，是一处周末休闲的地方。

交通：可自南汇汽车站乘南滨线公交车直达。

上海东方艺术中心

新场古镇

新场古镇 新场原是下沙盐场的南场，是当时盐民用海水晒盐的场所。是一个古老的文化之镇，现在以石桥吸引着游人的前来。

桃源民俗村 村内的一屋一境皆表现了中国农村的生机与淳朴。最著名的南汇桃花节实在是一处佳境。很多人都认为，这里是上海回归乡村与大自然的最佳旅游地之一。

交通：可自上海体育场乘游2线、上海火车站乘远通巴士浦东东昌路渡口、周家渡乘沪南线、周南线直达南汇县城。

芦潮港 芦潮港北与长江口相连，并与太平洋相连，上海所有的远洋、近海船只都必须经过芦潮港才能进入长江。被誉为西太平洋上的好望角。

交通：搭乘公交周南线、南芦线等可达。

东海影视乐园 是上海市广播电影电视局外景拍摄基地，有目前上海最大的使用面积达960平方米的摄影棚。

南部郊区

方塔园 方塔是一坐因袭唐代砖塔的古塔，俗称“方塔”，已有900多年历史，形态结构非常优美。美丽而沧桑的兴圣教寺塔，一直是松江的象征。

门票：25元。

交通：自上海体育场搭乘上海旅游1号线B线、沪松线、沪松高速上海体育馆松江专线、松梅线、人民广场松江专线、文化广场松江专线。搭乘以上车次到松江汽车站下，而后转乘环城四线在方塔园下。

方塔

万佛阁 万佛阁位于奉城镇北街，寺外的弄堂很破旧，但终究抵挡不住这座古老寺庙的气势。是上海颇具规模的古老的比丘尼道场。

门票：10元。

交通：到北蔡坐塘洪线、塘四线、唐邵线；到龙阳路坐龙平芦线在奉城下。

二严寺 又名“佛阁”，始建于元代。如今最珍贵的也许就是寺内的两株宋代雌雄古银杏树。

交通：莘庄地铁站的莘海线、莘邵线，虹梅南路地铁站的南梅线，莲花地铁站的莲庄线，均可达南桥镇。

通津桥 是上海地区为数不多的宋代石拱桥之一。

华亭东石塘 号称“四十里金城”，并有“北有古长城，南有华亭东石塘”之说。

交通：莘庄地铁站莘海线可达柘林镇。

海湾旅游度假区 是中国国内第一个人造海湾，以放风筝为主要游乐项目。

交通：莘庄地铁站莘海线直达。或自奉贤南桥镇坐梅靶线。

醉白池 醉白池布局以池水为中心，池水有600多平方米，四周是非常具有中国特色的曲廊亭榭，十分有意境。是上海著名的五大江南古园林之一。

门票：12元。

交通：旅游一号A线；乘沪松线、沪松高速、松梅线、沪松专线在松江汽车站转环四、环五线至醉白池；沪杭铁路线－松江站下，松江火车站朝北30米即到。

云间第一楼 原为松江府署谯楼，现松江第二中学大门口即是此楼楼基残墙。

交通：自上海市内搭乘至松江的车到松江汽车站转乘环一、环四线，可经过中山东路松江二中。

松江清真寺 松江区不仅是佛教盛行的地方，伊斯兰教也一样盛行。松江清真寺是上海地区最早的清真寺。

门票：6元。

交通：自松江汽车站搭乘环城四线，而后徒步走几十米即到。

唐经幢 唐经幢的历史身份与价值却与如今所在的位置不太协调，没有专人的保护，位于松江县城中山东路小学内。是上海现存最古老的建筑物之一。

交通：乘松江11路、松闵线、松龙线、松卫专线、松亭石专线在方塔南路中山东路下车，步行约76米即到；乘松江4路、松江22路、松江26路、松江11路、松江17路、沪松线在方塔园(中山东路方塔南路)下车，步行约90米即到。

醉白池

云间第一楼

唐经幢

松江圆应塔 在松江区中山西路西塔弄，又名崇恩宝塔、西林塔，是上海古塔中最高大的一座，为宋代建筑风格。

颐园 颐园原来是罗氏的私家园林。保留了很多明代的原物以及建筑，十分难得。

上海影视乐园 已有30多部影片及数百集电视剧在这里拍摄。如果对旧上海的生活感兴趣，或者是对拍摄影片感兴趣的话，那么参观上海影视游乐园将是在上海很重要的一项活动。

门票：80元。

交通：上海体育场每天8:40乘旅游专线车前往。上海西区汽车站、地铁锦江乐园站乘往金山方向的郊区公共汽车到车墩站下即可。

佘山森林公园 位于松江区北佘山镇。山上建有国家森林公园和国家旅游度假区及古建筑多处。分为东西两处的佘山，一处自然生态，一处人文风雅，相得益彰。

门票：30元。

交通：自上海体育场乘游1B线、西区汽车站乘沪陈线、沪佘昆线直达佘山。南浦大桥、上海体育馆、北区汽车站、上海西站有旅游专线车直达。松江、青浦嘉定、金山、奉贤均有巴士直达佘山。

西部郊区

青浦博物馆 现址为原青浦县城隍庙。是一座以古文化陈列为特色的地志性博物馆。犹如一步上海地区远古文明的“编年体史书”。

门票：10元。

交通：市区人名广场附近嵩山路、成都北路有专线车直达。

佘山森林公园

朱家角古镇

朱家角一瞥

朱家角古镇

朱家角一

朱家角古镇 位于青浦区朱家角镇。是一座明清古镇。是上海保存最完好的古老水乡，素有“上海威尼斯”、“沪郊好莱坞”的美誉。主要景点有北大街、课植园、王昶祠堂、天主堂、井亭港廊棚、放生桥等，为上海市郊著名游览胜地。放生桥，始建于明代，重建于清嘉庆十九年(1814年)，全长70.8米，为上海地区最大的石拱桥。

门票：80元。

交通：上海有多处发往朱家角的班车，上海体育场乘游4线可直达朱家角。

大观园景区 位于淀山湖的东岸，分东、西两大景区。是一处既有自然情趣，又有古典人文情怀的仿古建筑群和现代园林。

门票：60元。

交通：自上海体育场乘游4线直达，金陵中路马当路口有强生旅游专线车去大观园。

太阳岛国际旅游度假区 太阳岛国际旅游度假区位于黄浦江上游泖河与太浦河交汇处的泖岛上。是一个具有多功能的度假村。

门票：30元。

交通：自上海体育馆公交枢纽站乘“上太专线”可直达太阳岛。

曲水园 位于青浦区青浦镇。建于清乾隆十年(1745年)，上海古典园林之一。有二十四景，30余亩园林。整体建筑处处暗藏宗教理念。园林玲珑秀美，是上海市五大古园之一。

门票：10元。

交通：嵩山路36号至青浦县城、或者是搭乘沪朱线至青浦县城。

万寿塔 位于青浦镇南，俗称南门塔。是上海地区年龄最小的一座古塔。

交通：自上海体育场乘旅游四号线可直达青浦镇。人民广场也有专线车可达青浦镇。

青龙寺 青龙寺建于唐天宝二年。是一座曾经兴旺一时的古寺，而今只留得梵呗声声。

交通：自上海体育场先乘旅游四号线抵达青浦区青浦镇，再转乘青纪线至旧青浦下；也可以先乘地铁一号线至莘庄后转乘莘纪线至纪王镇，再乘坐青纪线至旧青浦下。

崧泽古文化遗址 这个原始村落，距今约有五六千年，并保存了大量的文物和史迹。是上海地区迄今为止最早的古文化遗址。

福泉山古文化遗址 福泉山古文化遗址地下的灰黑土层以下还有数层土层。在灰色和黄褐色土中发现良渚墓葬18座，墓内陪葬物制作十分精细，是新石器时代的罕见珍品。被誉为上海考古界的“金字塔”。

交通：可自县城包车前往。

桥乡金泽 这里是喜欢古桥的旅行者的世界。镇中主要古桥有万安桥、迎祥桥、如意桥等，其中万安桥最大最古老。镇上还有20多座庙宇，其中千年古刹颐浩禅寺最古老最大。

交通：上海芷江西路249号，芷新长途客运站乘往平望的长途车在金泽下车。

枫泾古镇 枫泾河多、桥多、庙宇多、名人多、里弄多，具有典型的江南风貌，是上海历史悠久的江南古镇，迄今已有1500多年历史，曾是江南四大名镇之一。

门票：50元。

交通：上海莲花路地铁站有莲枫线大巴至枫泾，也可乘莲金线到枫泾。

淀山湖风景区 位于青浦区西15千米，与江苏昆山市交界。湖面面积约6300公顷，河港交叉，扁舟扬帆，为江南水乡风光，是上海最大的风景游览区。景区最大的人文景观为大观园，占地近10公顷，按《红楼梦》所描述大观园景物仿建。1986年建成开放。

交通：搭乘沪青线或自上海体育场乘游4线均可抵达淀山湖。

淀山湖

古猗园

古猗园

古猗园

北部郊区

古猗园　古猗园是一个需要静下心来慢慢体味的地方。位于嘉定区南翔镇。始建于明代，1959年重建。在1931年我国东北国土沦陷时，曾建方亭一座，独缺东北角，以志不忘，故又名“缺角亭”，现为历史遗迹。上海古典园林之一。

门票：12元。

交通：自上海火车站搭乘517路、静安寺搭乘562路、海宁路西藏北路口搭乘822路、上海体育场搭乘游6号A线、北嘉线、翔华线、翔黄专线、虎南线、罗南线等车都可直达。

嘉定孔庙　嘉定区的孔庙位于嘉定镇南大街，始建于南宋嘉定十二年。大成殿的规模在中国排列第四，现在改为嘉定博物馆。对中国书法感兴趣的人，可以在这里看到从唐至清5个朝代的书法碑刻。有“东吴第一”的盛名。

汇龙潭　位于嘉定区南大街孔庙前。明万历十六年(1588年)开始凿潭。1976年辟为公园，主要有奎星亭、双层楼台、石塔、石亭等。因横沥河等五条水流在此汇合，好像中国传统图案“五龙戏珠”。上海古典园林之一。

门票：5元。

交通：与孔庙近在咫尺，徒步前往。

秋霞圃　始建于明弘治十五年，原为明代工部尚书龚弘的私人花园。是上海著名的五大古园林之一。

门票：10元。

交通：嘉定县城不大，可以自孔庙一带搭乘出租车，或者是徒步前往。

法华塔　法华塔，又名金沙塔，位于嘉定州桥老街。始建于宋代开禧年间。古塔、河水、古桥与老街组成了嘉定一道美丽的风景线。

门票：5元。

交通：自嘉定区的任意一个地方可搭乘出租车或者是徒步前往。

吴兴寺 坐落在嘉定区外冈镇，始建于南朝梁天监十年。是一座香火很旺的古老寺院。

交通：上海旅游集散中心搭乘旅游6号A线直达。

浏河岛度假村 浏河岛度假村位于嘉定区唐行镇，面积108公顷，是一个环境独特、旅游设备完善的休闲度假胜地。岛上气候宜人，空气清新，风景秀丽，花果飘香。

交通：嘉定客运中心乘嘉唐华支线直达。

上海国际赛车场 上海国际赛车场位于上海市嘉定区境内，与驰名世界的上海国际汽车城相邻。是具有国际赛事水准的赛车场，并曾承办过多次国际大赛。

交通：搭乘公交517路、562路、22路，北嘉线、沪唐线、旅游6号A线、罗南线、虎南线、翔华线、翔黄线等可达。

云翔寺 云翔寺比较大，但其最值得一看的是寺里的双塔，是上海古塔中的老寿星，建于五代至北宋初年，是中国砖塔建筑中的珍品。

门票：8元。

交通：搭乘公交517路、562路、北嘉线、旅游6号线等可到。

云翔寺

临江公园（陈化成纪念馆） 为缅怀陈化成在鸦片战争中英勇抗敌的英雄事迹，在临江公园建成了陈化成纪念馆。馆内藏有当年陈化成所用的武器、盔甲、大炮等。

交通：可以搭乘公交53路、116路、207路、508路、531路、541路、711路、769路、813路、848路、849路直达。

崇明岛区域

东平国家森林公园 东平国家森林公园很受上海人的欢迎，是周末进行烧烤以及日光浴的绝佳去处。

门票：70元。

交通：北区汽车站乘申崇线、崇明南门汽车站乘南东线、南江线可达东平森林公园。

东平森林公园

东平森林公园

崇明学宫 是现今上海仅存的三座学宫之一，现又称崇明博物馆。

门票：10元。

交通：自上海市区乘游5线、公交51路、116路、522路、728路、848路、849路、码头专线到吴淞码头或乘游5线、公交51路、207路、508路、541路、728路、彭江线、码头专线到宝杨路码头再乘船可前往崇明南门港。

金鳌山 与寿安寺比邻而居，位于侯家镇鳌山村。站在山上的镇海塔上，崇明风光尽收眼底。

交通：崇明县城桥镇，可以搭乘旅游五号线前往。

寿安寺 崇明岛有四大古刹，寿安是其中之一，位于金鳌山南端，始建于南宋。是崇明岛内历史最悠久的古刹，寺内有上海最大的玉制卧佛。

交通：乘申崇班车线到南门，步行约3分钟到南门汽车站，换乘南同专线、南堡专线、南东专线在鳌山收花站下车，坐出租车走江帆路向南到底即到，或者在南门汽车站坐任意公交到东门下，乘出租车沿鳌山路一路向东，约5千米左右即到。

光福寺 始建于清咸丰年间，前身为“武圣殿”，原址在汲滨镇北。是崇明岛上四大古刹之一，复建之后成为岛上的一处旧貌新颜的佛门净土。

交通：可搭乘船只或者是出租车前往，岛上的人没有不知道的。

长兴岛、横沙岛 吴淞口外的长兴、横沙二岛可能是上海自然环境最好的地方，位于崇明岛与浦东新区之间，行政上隶属于宝山区。这里依山傍水，空气清新，绿树成荫，是一个休闲度假的好去处。

交通：上海市区乘游5线、公交51路、116路、522路、728路、848路、849路到吴淞码头乘船可前往长兴、横沙二岛。

东滩候鸟保护区 位于崇明县陈家镇，是国际湿地公园，东亚地区最大的鸟类乐园。现开发了湿地公园、瞭望塔、观鸟台、鸟类博物馆等景点。在观鸟的季节里，可以在这里看到大片鸟群像天上的白云般漂移而至。

交通：可在吴淞码头或宝杨码头乘船到堡镇，然后乘堡前线前往东滩。

崇明岛东滩湿地

文化游

市区游线

复旦大学—鲁迅墓—鲁迅故居—钦赐仰殿—东方明珠塔—上海自然博物馆—上海美术馆—豫园—白云观—上海文庙—中共“一大”会址—孙中山故居纪念馆—上海博物馆—马勒故居—蒋介石别墅—国际礼拜堂—上海图书馆—天主教大教堂—徐光启墓园—张爱玲公寓—静安古寺—M50创意园—真如寺

郊县游线

崇明学宫—寿安寺—古猗园—嘉定古城—秋霞圃—法华塔—北大街—上海民族艺术村—秀道者塔—李鸿章私家花园—醉白池—松江清真寺—方塔园—金山农民画展示中心—川沙古城墙

考古游

博物馆

上海博物馆

整幢建筑为上圆下方的造型，寓意“天圆地方”。四座雕刻拱门，8个仿制的历代石狮、辟邪，让人想到中国的历史，那里蕴藏着一个个充满古代艺术魅力的梦。馆藏珍贵文物12万件，其中尤以青铜器、陶瓷器、书法、绘画为特色。

上海博物馆

门票：免费

地址：黄浦区人民大道201号

交通：乘坐18、23、46、49、71、108、112、123、145、202、505路公交车，隧道四、五、六线，地铁1号、2号线等。

上海历史博物馆

是专门介绍上海百年发展史的史志性博物馆。陈列馆分为国中之国的租界、旧上海市政建设和街景、近代城市经济、近代文化、都市生活、政治风云等六大部分，全面展示了上海在政治、经济、社会、文化、生活等各方面的深刻变化。

门票：20元

地址：虹桥路1286号

交通：748、519、91、709、739、57、757、328路公交车可达。

上海自然博物馆

建筑内部还保持着20世纪的原貌，光是建筑就值得一看。走进大厅，中间是三具由恐龙骨 化石拼起来的标本，两边还有黄河古象的标本和古代猪、鹿的化石拓本，展品主要是古生物和古人类，里面散发着浓厚的生物科学气息和老建筑的历史厚重感。

门票：5元

地址：延安东路260号

交通：乘71、123、01、311、324、145路公交车，隧道三、隧道四、六线到延安东路外滩下。乘地铁1号线转2号线河南中路站下，沿河南中路南行到延安东路左转即到。

遗址

马桥遗址

马桥古文化遗址处在岗身地带上，岗身即古海岸遗迹，为研究上海地区的成陆年代和文化历史提供了确凿的证据，遗址的发现，将上海一带的历史推前了2000多年，对研究上海的古代历史有很高的价值。

地址：闵行区马桥镇东俞塘村

交通：51、52、92、101、702、715、751路公交车均可到达马桥镇，再到俞塘村。

川沙古城墙

凭借此城墙，川沙人成功地击退了倭寇的多次侵袭。城墙上有一座岳碑亭，亭内保存着拓刻岳飞手迹的石碑，是岳飞勉励友人振作抗敌的一首七绝。城墙上另有魁星阁、文笔塔等建筑，掩映于古木繁花中。

门票：古城墙对参观者免费开放，团体参观需预约

地址：浦东新区川沙镇新川路171号城厢小学内

交通：977路公交车，川虹专线、施涝专线、东昌线，旅游3号线。

川沙古城墙

中共“一大”会址

旧址

中共“一大”会址

这是一幢平凡的石库门老楼，漫步展览厅，看着陈列的革命文物、文献和历史照片，仿佛回到了那艰苦卓绝的年代。根据原景复制的栩栩如生的蜡像展厅，人们往往在此驻足：毛泽东慷慨陈词，董必武侧耳倾听，李达会心微笑，栩栩如生的蜡像定格了伟大的一刻。

门票：免费

地址：兴业路76号（原望志路106号）

交通：乘地铁1号线，旅游10号线，2、17、24、36、42、109、126、146、581、781、864、869、933、911、920、926、932、945路公交车，隧道8线，大桥1线，淮海路免费观光车到黄陂南路站下。

共青团中央机关旧址

这是一幢砖木结构的老式石库门房子。1920年8月22日，经陈独秀倡导，俞秀松、施存统、袁振英、叶天底、金家凤等八人在这里宣告上海社会主义青年团成立，俞秀松任书记。1921年年初，中国社会主义青年团成立，这里为团中央机关。

地址：卢湾区淮海中路567弄(渔阳里)6号

交通：旅游10号线、2、42、146、911、920、926、945路公交车，淮海路免费观光车。

寻根游

名人故居纪念馆

李鸿章私家花园

李鸿章为其七姨太——丁香，所建的金屋藏娇之所。砖红的外墙，包覆着稀疏青苔。花园内除了茵茵草坪，还有一小湖，凉风吹来，平静的湖面被吹起了丝丝涟漪。湖畔之船舫随风轻摇，仿佛可见当年丁香的娉婷身影。

地址：华山路849号

交通：48、113、506路公交车均可到达。

宋庆龄故居

孙中山故居

首先映入眼帘的是故居门前的孙中山坐式铜像，掩映于玉兰、香樟之间，先生神态从容坚毅，炯炯目光中充满了希冀。故居是一幢西洋式二层楼房，倾斜的屋顶上伸出矮矮的烟囱。故居的陈设绝大多数是原物原件，并根据宋庆龄生前的回忆，按二三十年代时的原样布置的。

门票：20元，军人免费

地址：香山路7号

交通：乘42、926、911、17、96路公交车。

孙中山故居

宋庆龄故居

故居房前是一大片草坪，四周是终年苍翠的樟树，环境优雅宁静。故居底层是过厅、客厅、餐厅和藏书室。过厅中陈列着林伯渠同志赠送给她的“百鸟朝凤”石刻摆件和外国人赠送的风景油画。客厅不大，但洁净、简朴、高雅，桌上摆着盛开的鲜花，与女主人的气质相称。

门票：20元

地址：淮海中路1843号

交通：44、48、72、113、126、138、506、548、911、920、923、926、945、946路公交车，旅游7号线。

蒋介石故居

1927年12月蒋介石与宋美龄在上海结婚，宋子文买下这座花园洋房，作为宋美龄的陪嫁之物。顺着花园往前走几十步有一汪池水，在一块突兀的假山石上，镌刻着蒋介石亲笔题写的“爱庐”两字，今天依然清晰。

地址：徐汇区东平路9号

交通：地铁1号线常熟路，沿宝庆路向南到东平路即到；地铁1号线衡山路，沿衡山路向北行到东平路即到；93、96、45、42、2、320路公交车。

鲁迅故居

这是一幢红砖红瓦的三层建筑，底层围墙内有个小天井，鲁迅先生曾在天井内亲手种植了桃树、紫荆花等植物。二楼南面1间是鲁迅卧室，糊着半透明彩花纸的南窗下，是先生的书桌。窗边的日历和梳妆台上的时钟，永远标记着一个时刻——1936年10月19日凌晨5时，先生在这里与世长辞。

鲁迅故居

门票：免费

地址：山阴路大陆新村9号

交通：上海市内乘18、21、47、51、52、70、79、97、100、101、134、139、217、222、939、502、942、508、937、529、531、537、541、552、579、592、597、828、848、853、854、863、875路公交车，游10路，机场四线，虹川专线都可以到达。

张爱玲公寓

常德公寓是一幢被粉刷成粉色的大楼，已经陈旧得有些发黑，墙面上镶嵌着咖啡色的线条，使这幢大楼看上去越发古旧。当年，张爱玲就是在这个公寓里，听到电车开过去的声音，市场里喧闹的声音……或许，还有静安寺的暮鼓晨钟。

地址：常德路195号

交通：可以坐地铁2号线到静安寺站；机场2号线到城市航站楼，921、20、57、37、76、148路公交车到静安寺站下。

吴昌硕纪念馆

馆内设“吴昌硕艺术生平展”展室，分“根植沃土”、“磨历艰难”、“盛名沪上”和“树帜华夏”四个部分，展出图片79幅，画集、书刊20多本。并展出吴昌硕及其弟子、传人和其艺术研究人士的书画作品，以及生前所用的文房四宝、书信、诗稿用具等。

门票：10元

地址：上海浦东新区华夏公园内

交通：旅游3号线、张川线、徐川线、方川线等均可到达。

刘海粟故居

这是一幢法国早期独立式四层楼花园住宅，沿街筑有高高的围墙。庭院内置有一些小盆景，四周墙上爬着攀缘植物，一到春天，满目苍翠。室内是柳安木地板配以柚木护壁，天花板上的石膏花饰十分精致，另外，室内还设有考究的壁炉。

地址：上海复兴中路与重庆南路的交会处

交通：在重庆南路上的公交车在刘海粟故居附近有站点的有780、781、36、786路，桥一线、隧道八线等；在复兴中路上的公交车线路有：96、17、304、24路。

张爱玲公寓

■ 墓园

黄道婆墓

元代始建，几度沧桑。墓院内设两层台梯，占地1000多平方米，花岗岩石铺地。墓冢加砌五十厘米高的大理石护圈，墓碑前置长条形石质供桌，三面白色围墙，整个墓地简洁、素朴、庄重。墓地四周种植松柏、黄杨、盘槐、罗汉松等树，并围以花窗滴瓦围墙。

地址：徐汇区华泾镇东湾村(乌泥泾镇旧址)13号

交通：50、56、111路公交车均可抵达。

徐光启墓

走过绿草如茵的碎石路，绕过碧水芳草荷兰式伞亭的小湖，便是树木扶疏，肃穆幽静的徐光启墓地。墓前竖一尊徐光启半胸一品官服花岗石雕像，墓东侧建有徐氏手迹碑廊，是《几何原本序》、《葩经嫡证序》等部分手迹。整个墓地简洁而又不失庄重典雅。

地址：上海市徐汇区南丹路的光启公园内

交通：2、43、93、732路公交车均可到达。

徐光启墓

鲁迅墓

石墙下长出的绿苔与四周葱茏的松柏一起围成了一个静谧的所在。一个花岗石砌成的墓，墓后石墙上有毛泽东的镀金手书“鲁迅先生之墓”，墓栏里安放着灵柩的墓椁，上面铺着光洁坚固的花岗石，一旁的两棵松柏是鲁迅夫人许广平及其孩子周海婴亲手栽下的。

地址：虹口区东江湾路146号鲁迅公园西北隅

交通：明珠线虹口足球场站、18、52、139、939路公交车、机场四线鲁迅公园终点站。

邹容墓

墓区占地1亩余，坐北朝南，中间是一座高2.4米的塔形墓标，上书“邹容之墓”四字。墓后有章太炎所书“赠大将军巴县邹容墓”墓碑。墓碑后是石屏，东西两边各有一座石亭。东边石亭内矗立着一座高近3米的“赠大将军邹君墓表”石刻，由章太炎撰文，于右任丹书。

地址：徐汇区华泾镇西

交通：乘718、804路公交车直达。

邹容墓

宋教仁墓

墓在公园西部，占地约9亩．墓道入口处两根饰有白色蘑菇云状的天蓝色灯柱，分列左右，中间是白色花岗石路面，墓呈半球形。墓前石碑镌刻“宋教仁先生之墓”，墓顶安放一脚踩恶蛇的雄鹰雕塑，墓园正中立宋教仁全身坐像。四周龙柏、玉兰环立，庄严肃穆。

地址：闸北区共和新路闸北公园内

交通：乘46、95、108路公交车。

学府游

古代书院

崇明学宫

出崇明南门码头，仅走二三百米，便能望见学宫那层层叠叠的古建筑群。二座石柱牌楼古朴沉稳，上书“德配天地，道冠古今”。学宫最大的建筑是大成殿，这是祭祀孔子的地方，东庑西庑是孔子72高徒的宿舍。

门票：10元

地址：鳌山路696号

交通：市区乘游5线、51、116、522、728、848、849路公交车、码头专线到吴淞码头或乘游5线、51、207、508、541、728路公交车、彭江线、码头专线到宝杨路码头再乘船可前往崇明南门港。

著名大学

复旦大学

复旦吸引人的地方很多：朝霞映射下的曦园，流水石桥的燕园；还有夕阳西照时相辉堂前的草坪。校园本部的旧式教学楼都建得宽大敦厚，楼体的颜色以砖红暗黄为多，就连花圃里在春天开出粉白小花的野草也都漫淡生长，意态恣然。

地址：上海市杨浦区邯郸路22号

交通：139、59、942、866、133、854、118路公交车、大桥五线等。

同济大学

创建于1907年，早期为德国医生在上海创办的德文医学堂，取名“同济”意蕴合作共济。校园内绿树成荫，鸟语花香，是全国知名的花园单位，并有一批不同年代建成的各具特色的建筑与园林，如20世纪50年代的庭园式建筑工会俱乐部，60年代的远东第一大无立柱礼堂，90年代的逸夫楼“德国中心”等。

地址：上海市四平路1239号

交通：乘6、22、59、124、401、874、940路公交车。

上海交通大学

创办于1896年、以南洋公学为前身的上海交通大学，是我国历史最悠久的高等学府之一。一个世纪以来，形成了“起点高、基础厚、要求严、重实践、求创新”的优良传统。

地址：上海市闵行区东川路800号

交通：乘593、920路公交车、大桥六线，地铁1号线均可到达。

复旦大学

上海交通大学

宗教游

道教

上海城隍庙

上海城隍庙，可谓名扬天下，与豫园毗邻，又称老城隍庙，是上海道教正一派主要道观之一。正门为四柱三门，飞檐牌楼上塑有八仙，门旁有石狮一对。大殿翠瓦朱檐，峥嵘璀璨，香火极盛。城隍庙还是购物的好去处，这儿不仅有小商品、土特产和特色商品市场，而且有大型综合商场和名点小吃。

上海城隍庙

门票：10元

地址：黄浦区方浜中路（安仁街旧校场路间）

交通：乘11、42、64、66、126、926路等公交可到达。

钦赐仰殿

相传是三国时东吴孙权为其母所建，山门前建有双层卷檐牌楼，气势宏伟；正殿飞檐斗拱，雕刻精美。大殿檐下有爱新觉罗·毓蟾所书的“钦赐仰殿”匾额。每逢农历初一、十五或其他道教节日，四方信众接踵而至，香烟缭绕，热闹非凡。

门票：5元

地址：浦东新区浦东源深路476号

交通：81、85、981、870、571路公交车，隧道6号线等。

白云观

来到白云观，庙门口竟有些西洋的拱形样式，门口挂着朴素大方的木牌“上海市道教协会”。进了山门，楼下前殿是灵官殿，正中供着道教的护法神王灵官，神像右手持鞭，左手掐灵官诀，很是威武。两边供着四位明代铸造的神将，神态端庄，栩栩如生。

门票：5元

地址：老西门西林后路100弄8号

佛教

静安寺

一进寺门，便有一种灵气环绕的感觉，据说在这里许愿可是相当的灵验。静安寺山门两侧，和平钟、太平鼓雄踞左右，遥相呼应，晨钟暮鼓祈福国泰民安。寺内藏有珍贵文物，如明朝洪武大钟、南北朝的石刻佛像以及祝枝山、文徵明、吴昌硕和张大千的作品。

静安寺

门票：平时5元，香期2元

地址：静安区南京西路1686号

交通：公交车20、37路，地铁2号线。

餐饮：静安寺素斋久负盛名，主要特点为鲜嫩爽滑，香味俱佳，代表菜有茄汁明虾，三鲜海参，草船借箭，炸青梅等。

真如寺

是我国佛教寺院中为数很少、保存下来很少的元代建筑。正殿进去后的银杏树黄灿灿地映着眼睛，与后面的古塔和蓝天相呼应，煞是好看。寺里有大量的石刻，很有味道。寺院始建于元代，古色古香中透着丝丝的雅致。

门票：10元

地址：真如镇后山门5号

玉佛寺

一座仿宋殿宇建筑，布局严谨，结构谐调，气势宏伟。寺内中轴线上，依次为天王殿、大雄宝殿、玉佛楼（方丈室），左右两侧有卧佛堂、观音殿、铜佛殿和斋堂，错落有致。每逢初一、十五或佛教传统节日，善男信女接踵而至。

门票：进寺20元/人，玉佛楼10元/人，陈列馆10元/人

地址：上海市区北侧的安远路江宁路口

交通：19、63、76、112、113路等公交车。

沉香阁

沉香阁旧名“慈云禅寺”，内有天王殿、大雄宝殿、观音阁、伽蓝殿和应慈法师纪念堂等。阁前有四柱三门重檐牌楼，上有沙孟海所题的“沈香阁”三字。沉香阁以供奉“沉香观音”而闻名，原有的观音像已毁于十年浩劫。现观音阁中供奉的是后来香港信徒们所捐赠的海琼水沉香木的如意轮观音像。

门票：10元

地址：黄浦区沉香阁路29号

法华塔

每层塔内设有楼梯，拾级而上可眺望全城景色。塔顶上有个像葫芦般的东西，叫“宝瓶”，象征佛界之宝。塔身四方各开一扇小窗，小窗上部和两侧分别有一尊金刚，周围饰以彩带祥云。整座塔身呈白色，十分俊秀雅致。

门票：5元

地址：嘉定区嘉定镇南大街183号

伊斯兰教

小桃园清真寺

原名清真西寺，又名上海西城回教堂。是一座四座园顶的具有西亚伊斯兰建筑风格的清真寺。主要建筑为呈正方形的大礼拜殿，殿顶平台中央有四角望月亭，竖有伊斯兰教标志望月杆。上海解放后经多次修葺，现已恢复昔日壮观，成为上海和各地来沪的伊斯兰教教徒举行宗教活动的重要场所。

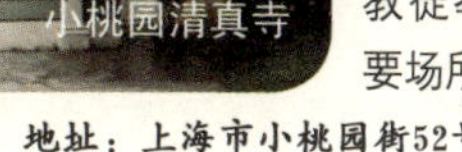

小桃园清真寺

地址：上海市小桃园街52号

松江清真寺

一座融合中国宫殿式古典风格和阿拉伯风格的伊斯兰教寺院。寺内的墙体令人印象深刻，前有叠石碧树，且远观如重峦叠嶂，树石尺度适宜，石后仿佛云雾缭绕。黑白建筑与江南给人的灰色截然不同，在阳光下，树荫中，很是阳刚。

民间宗教

上海文庙

第一进分为上下两院，下院正中的泮池保存完好，池上有桥，桥孔嵌有石龙首和狮头。第三进为大成门、大层殿和两座钟鼓楼构成的四合院。大成殿前有两根居石透雕的龙柱，柱上盘绕着两条镂空的云龙，一鳞一爪一须，细致的刻画，生动传神。

门票：周日书市1元，参观文庙10元，儿童5元

基督教

徐家汇天主教堂

徐家汇天主教堂是上海最大的天主教堂，是鸦片战争后上海第一座天主教堂，是中国第一座按西方建筑风格建造的教堂，当年曾誉为远东最壮观宏伟的天主教堂。为中世纪哥特式建筑，平面呈长十字形，正面向东，两侧建钟楼，高耸入云。每天清晨都有多台弥撒，逢周日与宗教节日，教友济济一堂，仪式盛大。

门票：免费

地址：徐家汇蒲西路158号

沐恩堂

沐恩堂位于西藏中路九江路口，面对人民广场，属基督教美国卫理斯教派，又名“慕乐堂”。该建筑外观是美国学院复兴哥特式。砖木结构。大堂西南角有塔楼地座。塔楼顶部安装着5米高的霓虹灯十字架。夜光下分外夺目，成为人民广场的一大景观。

开放时间：平时不对外开放，星期日7：00、9：00、14：00、19：00做4次礼拜，游人可进去参观

地址：西藏中路316号

交通：地铁1号线人民广场站。

圣母大教堂

1931年日本侵略我国东北后，那时外籍东正教徒从全国集中到上海，曾建有7个教堂。新中国成立后外籍侨民纷纷离境，东正教徒逐渐减少。仅存新乐路教堂依然保存十分完好。

地址：徐汇区新乐路55号

国际礼拜堂

透过欧式铁栅栏向里眺望，就能看到它典雅的清水红砖。不知有多少人凝视过这座已有80年历史的建筑，又每每在教堂钟声敲响时进入大门，在礼拜堂后排座位上静静地坐一会儿。该堂每星期日上午分两次举行礼拜，每逢圣诞节和复活节都举行盛大的音乐仪式。

门票：星期日礼拜时可免费参观

地址：徐汇区衡山路53号

徐家汇天主教堂

圣母大教堂

建筑游

古代建筑

龙华塔

龙华塔相传是三国东吴（公元222～265年）孙权为孝敬他的母亲而建，故又名报恩塔。塔高40.40米，砖木结构，七层八面，每层飞檐高翘，角挂风铃，姿态雄奇，造型美观，玲珑剔透。当年人们登塔远眺，可见黄浦江江帆点点，烟波浩渺，江南秀丽景色尽收眼底。

地址：上海徐汇区龙华镇

交通：73、87、41、44、104、733路公交车等。

古典园林

豫园

曲曲折折的小径，错落似有序似无序的庭院楼阁，灌木，青墙，低矮的假山，处处透着江南古典园林的秀气。园里的围墙蜿蜒起伏，顶上饰以龙头，并用瓦片组成麟状，一堵墙如巨龙游动。园内还保存着相当数量的古树名木及明清家具、名人字画、泥塑砖雕等文物珍品。

门票：淡季30元，旺季40元。

地址：黄浦区安仁街132号

交通：乘11、126、926、66、42、64路等公交车可达。

豫园

豫园龙墙

松江方塔园

已有900年历史的方塔塔身瘦长，塔檐宽大，犹似一位身着长裙，亭亭玉立的少女。清代松江诗人黄霆这样盛赞："近海浮图三十六，怎如方塔最玲珑。"园中凿池叠山，湖水曲绕，塔影波光，古树挺拔，与古老建筑相映成趣，典雅、朴实、宁静。

门票：25元

地址：松江区中山东路235号

交通：松梅线、沪松线、旅游1号线等可达。

秋霞圃

是中国江南著名的古典园林，位于上海嘉定区嘉定镇东大街，东邻秋霞公寓，西毗陆俨少艺术院，南连东大街，北依启良路。秋霞圃是一座具有独特风格的明代园林，由三座私家园林明代龚氏园、沈氏园、金氏园和邑庙（城隍庙）合并而成，全园面积45.36亩。该园分为四个景区：桃花潭景区（原龚氏园）、凝霞阁景区（原沈氏园）、清镜塘景区（原金氏园）及邑庙景区。秋霞圃布局精致、环境幽雅，小巧玲珑，景物与色彩的变化都不大，好像笼罩着一层淡淡的秋意，让人充满着诗情画意的遐想。

门票：10元

地址：嘉定镇东大街314号

醉白池

历经300余年，至今仍保存有堂，轩，亭，舫，榭等古建筑，并保持着明清江南园林风貌。园林布局以一泓池水为中心，环池三面皆为曲廊亭榭，晴雨均可凭栏赏景。园内古木葱笼，亭台密布，古迹甚多，有四面厅、乐天轩、疑舫、雪海堂、宝成楼、池上草堂等亭台楼阁及邦彦画像石刻、历史艺术碑廊、“十鹿九回头”石刻、《赤壁赋》真迹石刻、《难得糊涂》石刻等艺术瑰宝，还有树龄在三四百年的古银杏、古樟树，年龄在百年以上的牡丹。醉白池是上海地区五大古典园林中最古老的园林。

门票：12元

地址：松江区人民南路64号

交通：旅游1号A线、松梅线、松沪线、沪松线，旅游专线。

古猗园

园名取诗经“绿竹猗猗”之意。浮筠阁巧雅轻盈而景色清幽，绘月廊曲径通幽而典雅别致，清幽脱俗的幽赏亭在月光下犹如广寒宫一般，从逸野堂经小云兜穿谷南行，有一座三面依水的鸢飞鱼跃轩，圆形的轩门如明月初升，入门凭栏，一泓湖水明净如镜。

西洋建筑

马勒别墅

行走在繁华的陕西南路上，有座建筑一定会把你的视线从飞闪而过的林立楼宇中牢牢吸引：一座古朴雅致带着尖顶的老洋房如梦如幻，尖尖的屋顶好像童话里的城堡，黄棕相间的外墙在阳光的照耀下散发着迷人的光泽。

门票：免费

地址：上海陕西南路30号

交通：可以坐24，104，41，128公交车，延安中路下。

现代建筑

世博会中国馆

坐落于世博会规划核心区，世博轴东侧，从世博园区浦东主入口一进场就能看到这座宏伟的建筑，是上海世博会中永久保留的展馆。世博会后，中国馆将作为我国中华历史文化艺术的展示基地，而地区馆将转型为标准展览场馆。中国馆展示内容分为三个层次：即49米层核心展区“东方足迹”、41米层体验展区“智慧之旅”、33米层功能展区“绽放的城市”。分别从核心展示、动感体验、未来畅想3个层次演绎城市发展中的中华智慧，表现世博会“城市，让生活更美好”的主题。

交通：园内有公交车，共布设3条地面公交线路，分别为世博越江线、世博大道线、龙华东路线。浦东区还有小的观光游览车，10元/次。还有就是越江地铁和越江轮渡。

世博会中国馆

东方明珠塔

11个大小不一、高低错落的球体从蔚蓝的天空中串联至如茵的绿色草地上，而两颗红宝石般晶莹夺目的巨大球体被高高托起，颇有“大珠小珠落玉盘”的意境。入夜后，遥望东方明珠塔，则是华灯齐放、色彩缤纷；而在塔上俯瞰都市夜景，更是一派流光溢彩。

交通：地址在浦东世纪大道1号，明珠巴士81、82、870、871、872路公交车，隧道2、4、5、6线，轮渡有陆金线、泰公线。

艺术区

M50创意园

昔日斑驳废弃的旧仓库，终于褪去灰姑娘的面纱，摇身一变成了上海创意文化的聚集地，人们亲切地唤它“M50”。老爵士乐的现场演奏，20世纪30年代旗袍的翩翩风情、默片时代、城市印象DV撩开了这个美妙的夜游场所的帷幕。

门票：免费

地址：上海莫干山路50号

交通：76、105（昌化路）、13、63、941、166、922（长寿路、江宁路）、19、68、112（江宁路）、802、64、41、95、104、506、955路公交车，隧道三线，机场五线（新客站），地铁1号线（靠近上海火车站），轻轨明珠线（靠近中潭路站）。

M50创意园

M50创意园

艺术馆

杜莎夫人蜡像馆

蜡像馆中最早期的作品现在依旧在展出，包括了在法国大革命期间被迫制作的死亡面具以及砍下苏格兰玛丽女王的头颅的断头台。游客们在此还可以看到也许是史上最早的电动模型：绰号为睡美人的路易十五的情妇在睡眠中自然呼吸。

门票：150元

地址：上海市南京西路2～68号新世界商厦10楼

交通：地铁1、2号线人民广场站。

上海美术馆

步入端庄的大厅，仰望凝重精美的梁柱，再沿着宽敞的楼梯拾级而上，抚摸着三十年代的铜铸马头，浏览着艺术家的精美之作，定会领略到新旧上海的历史变迁，感受到引人入胜的文化魅力。

门票：成人20元，学生5元

地址：上海市南京西路325号

交通：乘20、37、112、921路公交车到成都路下。

上海美术馆

◎特色名菜◎

八宝辣酱

著名的上海特色菜之一。以八种禽、肉、菜果为主要原料,通过拌、炒烹饪而成。味道香中带辣,故名“八宝辣酱”。由于菜的原料多样,因此颜色丰富,润泽光亮,鲜香微辣,咸甜适中。

烂鸡烩鱼翅

上海菜中的一道烩菜。据说,一位厨师在烧白斩鸡时不慎将鸡烧酥掉在汤锅内,他急中生智,将煮烂的鸡剔骨撕成丝,与鱼翅同烩。鲜美的鸡汤和糯软的鱼翅相映生辉,一道名菜由此产生。

红烧扇形甩水

上海传统特色菜之一,本菜是取鲩鱼的“活肉”部位——鱼尾烹制而成,色泽酱红,形如折扇,色香味形皆美。

糟香醉河鳗

糟香醉河鳗是上海传统特色菜肴,在清炖河鳗的基础上运用糟香醉卤调味制作而成。河鳗酥软嫩滑、醉味淡雅,经冷藏更使其清凉爽口,是一道风味独特的上海菜。

上海美食

上海纳百家之长,既有各地菜系,也有清淡素雅、浓油赤酱的本帮菜,讲究烧、生煸、滑炒、蒸,口味适中。近年来,这里的饮食不但讲究色、香、味、形,也有保健食疗。各式药膳、绿色菜和一些传统的蔬食菜点深受中外宾客的欢迎。各地小吃同样汇集上海,品种繁多,南北兼具;应节适令,因时更变。今天,上海有1800多家点心店(摊)。点心花色品种丰富多彩,仅每天早餐点心品种就有300多样。还有许多精制的特色点心,不可不尝。此外,世界各地的异域风味美食也选择在上海登陆中国,遍及大街小巷。

美食街

上海作为一个融合了东西方文化的大都会,在餐饮上也真正做到了海纳百川。在云南路、乍浦路、黄河路、吴江路以及北新泾路都能看到众多外国美食与上海的本帮菜馆交相辉映,让很多来这里的游客对上海人的口福羡慕不已。

云南路

上海人下馆子去得最多的要数云南路了。不仅长安饺子楼、金陵酒家、三和楼菜馆、老正兴菜馆等日渐兴隆,并且弄口过街楼下也开始设摊供应消夜,成为沪上闻名的美食街。曾经有人戏言:“步入云南路,口福,口福,淌下口水无数。”

交通:地铁1号线人民广场下,步行至上海大世界即到。

正兴酱方

乍浦路

虹口著名的美食街,紧邻市级商业街四川北路,这里会聚着各地特色菜肴的饭馆、酒楼,是沪上中产阶层宴请、聚会的首选。

交通:63、100、848、948路公交车。

黄河路

从南京路拐进,你会感觉进入了一条酒池肉林,高大密集

的餐馆门牌在向你频频招手。你已经进入了一条生猛实惠的餐饮超市。

交通：地铁1号线到新闸北路，出站即是黄河路。

吴江路

在静安区，南京路至泰兴路，是以休闲、小吃、娱乐为主要特色的休闲小吃街。这条路的美食是有口皆碑的，没有一个上海人不知道的。吴江路上素以小吃闻名，不过近几年也开出了不少中西文化结合的餐馆。

交通：地铁2号线，20、927路等公交车。

美食广场

正大广场

随着浦东人气的日益旺盛，正大广场也成了除了八佰伴之外的一个标志性建筑，各式各样的菜系纷纷在此招兵买马，火拼一场。当然，要是没揣够银子，自然要被踢出来的，不如去八佰伴附近。

交通：地铁2号线，7、19、36、51、52、729、801、959、962路公交车。

八佰伴

你可以在美食广场吃面吃到想吐，也可以在周边找个小店，约三五知己，随便聊聊，当然价格不会很贵，自然如果要菜品质好的话，还要你慧眼识英雄，否则也是一次性消费了。

交通：隧道夜宵线、82、130、339、454、583、584、607、773、783、818、938、961、995路公交车。

美食老号

说到上海小吃和点心，正所谓数不胜数了，生煎、小笼、条头糕、青团、葱油拌面等，多到不行。上海那些老字号的小吃、点心店也很多，如绿波廊、王家沙、小杨生煎等都是非常出名的，几乎在上海，是每个人都知道的。很多老字号的美食店铺也在经历了历史的洗刷之后仍然历久弥新，深受美食爱好者的追捧。

1. 上海老饭店

黄浦区福佑路242号

原名“荣顺馆”，创办于1875年。饭店位于豫园，是上海菜的发源地，这里名厨云集，菜以选料精细，风味醇正而著称，善制鸡鱼鲜，山珍海味。长于红烧、生煸、炒蒸等技法，主

明火煮鲈鱼

“明鲈”是90年代上海新创的时兴吃法，是在传统暖锅的基础上发展起来的。成菜装入锅内，上台后放在固体酒精炉上边烧边吃。菜肴始终保持滚烫，还可以自行调节咸淡、掌握酥烂。明火煮鲈鱼汤汁浓白如乳，味厚爽滑，酸辣适口。

沪式白斩鸡

类似粤菜“白切鸡”，因烹鸡时不加调味白煮而成，食用时随吃随斩，故称“白斩鸡”。成菜色泽金黄，皮脆肉嫩，滋味异常鲜美，久吃不厌。

◎风味小吃◎

南翔小笼馒头

又叫南翔小笼包，为上海郊区南翔镇的传统名点，素负盛名。南翔馒头形态小巧玲珑，皮薄呈半透明状，一两八只，以特制的小竹笼蒸熟，故称“小笼馒头”。蒸熟的小笼包，馅嫩汁浓，蘸醋吃，更觉其味无穷。

鸽蛋圆子

形似鸽蛋。采用上好白糯米，经洗、浸飞磨飞榨、揉磨煮等工序，馅用白糖、桂花、薄荷等原料制成。鸽蛋圆子质地糯软滑润，香甜可口，是夏令应时特色小吃。

擂沙团

将各种汤团滚上特制的赤豆粉而成。馅心品种有鲜肉、豆沙，芝麻等，具有清香、软糯、爽口及携带方便的特点，是上海襄阳路永嘉路口乔家栅点心店的名点之一。

排骨年糕

上海人十分喜爱的一个小吃品种。排骨香脆鲜嫩，年糕香糯可口、其汤汁浓色艳，人们见了就不禁食欲陡生。供应排骨年糕最闻名的有四川路福州路口的“小常州”和西藏路金陵路口的“鲜得来”点心店。

蟹壳黄

用油酥加酵面做坯，做成扁圆形小饼，面上撒一层芝麻。贴在烘炉壁上烘熟，“形圆色黄似蟹壳，味美油香、皮酥脆”。馅心有葱油、鲜肉、蟹粉、虾仁和白糖、玫瑰、豆沙、枣泥等。

眉毛酥

外皮酥松，形似眉毛，咬一口眉毛酥，里面的笋丝、香菇丝和肉丝缠绵在一起，勾

要名菜有八宝辣酱、糟钵头、椒盐排骨、虾子大乌参等。

电话：021-63111777

交通：11、64、126、569、736、801、831、932路公交车、旅游7号线。

提示：历史上，上海老饭店曾接待过包括马耳他总统在内的不少中外贵宾。

2．功德林

黄浦区南京西路445号

由杭州城隍山常寂寺维均法师的弟子赵云韶于1922年创立于上海。饭庄装饰典雅，端庄古朴，“观音厅”、“罗汉厅”共有佛像顶，并饰以佛教壁画，风格独具，环境颇有几分禅意，是设宴聚餐、修身养性的理想场所。传统菜肴看着没什么花头，尝起来还真是很到位，特别推荐素鸭、蟹粉豆腐、糟熘鱼片。

蟹粉豆腐

电话：021-63270218

交通：20、37路公交车，南京西路站下，步行5分钟；轨道交通1号线人民广场站人民广场出口，步行2分钟；轨道交通2号线人民广场站新世界出口，步行2分钟。

3．梅龙镇酒家

静安区江宁路77号梅陇镇广场六楼

创建于1938年，现址在南京西路江宁路口。酒家因明代正德皇帝“私访梅龙镇上酒店”之传说而得名。昔日它是上海文化艺术界知名人士聚会佳地，“越剧十姐妹”的结拜盛宴即在此举行，如今它已成为一家以美味川菜吸引中外宾客的、享誉海内外的著名酒家。推荐招牌菜：梅龙镇鸡，龙眼豆腐，芹黄鹌鹑丝，酱爆茄子，香酥鸡，龙凤肉，陈皮牛肉等。

电话：021-62556688

交通：地铁2号线（南京西路站），15、20路公交车。

4．新雅粤菜馆

上海南京东路719号

该店创建于1926年，是上海饮食业中规模最大、设施最好的一家大饭店。总建筑面积达8500余平方米，集港粤风味特色菜肴、喜庆寿宴、高档宴请、中西点心、羊城风味餐厅、四季火锅、豪华KTV包房为一体。特色名菜有鲜滑大虾仁、炒杂碎、脆皮　鱼、烤乳猪、冬瓜盅、烟熏鲳鱼、烧金钱鸡等。

电话：021-63224393

交通：地铁1号线（人民广场站）。

饕餮食肆

过一点点芡，有点湿漉漉的感觉，酥皮轻脆细致，咬下去，酥皮与馅交融在口中。以城隍庙绿波廊餐厅精制的最佳。

高桥松饼

用精白粉、熟猪油、绵白糖、赤豆、桂花为原料精细加工而成，滋味甜肥，松酥爽口，为高桥四大名点（松饼、松糕、薄脆、一捏酥）之一。淮海中路瑞金路口的高桥食品厂门市部专营高桥点心。

5. 小南国

浦东新区陆家嘴西路168号正大广场5楼

如果宴请本帮菜，小南国还是首选。菜做得很精致，味道也好。清蒸鲥鱼细腻鲜美，入口即化；蟹粉豆腐真材实料，蟹粉的浓郁和豆腐的清香搭配得恰到好处。分店众多，世茂滨江店环境最好。

电话：021-32089777

交通：地铁2号线陆家嘴，1、81、85、795、797路公交车。

6. 陆家庄

浦东新区杨高南路2875号

十分出名的本地菜馆，能将大众家常菜烧出不一样的口味。价格适中，装修也如菜式一般平易近人。肉皮汤、白斩鸡、三黄鸡及八宝辣酱都值得推荐。

电话：021-68367717

交通：572、780路公交车。

7. 苏浙汇

卢湾区茂名南路127号

本帮菜有一手，用料新鲜，精工制作。最出名的要算清蒸鲥鱼，味道极其鲜美；蜜汁火方也不错，火腿的鲜、冰糖的甜、方肉的糯、桂花的香搭配得恰到好处。环境古典雅致，服务热情周到。

电话：021-54037028

交通：41、42、128、146、911、920、926等路公交车。

清蒸鲥鱼

8. 知味馆

上海市长寿路831号

主营杭州菜，餐位千余个，就餐环境优雅。全店分设大小宴会厅、散席厅、高中档包厢30间。除传统名菜东坡肉、西湖醋鱼、虾爆鳝、龙井虾仁、馄饨神仙鸭等外，还有以“西湖十景”命名的十款名菜：如柳浪闻莺、花港观鱼、三潭映月、断桥残雪等。

电话：021-52987768、52988850

交通：40、63、94、105、837、922、941路公交车。

东坡肉

9. 扬州饭店

上海市福建中路345号（近南京东路）

以经营淮扬风味菜点而著称于世。以鸡火干丝享誉沪上。其

水晶虾仁

他特色菜还有白汁鳜鱼、水晶虾仁、狮子头等。近几年扬州饭店厨师运用“莫家菜”的烹调方式，以传统特色菜为代表，首创了包括冷盘、热菜、点心在内的二十几道“莫家蟹粉菜”等。

电话：021-63225266、63225410

交通：地铁2号线（南京东路站）。

10．渝信川菜

静安区成都北路333号招商局广场3楼

生意最好的几家川菜馆之一，不订位子的话永远都要等。口味非常正，就像在四川吃到的那种感觉。环境也很好，暗红色的装饰渲染着一股辣的气氛，每个桌子都是隔开的，没有嘈杂的感觉。推荐菜有：水煮鲇鱼、馋嘴蛙、口水鸡、夫妻肺片、蒜泥白肉、泡椒兔丁。

电话：021-52980438

交通：地铁2号线（南京西路站）。

11．辛香汇

黄浦区金陵东路500号亚龙国际广场4楼

生意特好的川菜馆，主厨是传说中的魔鬼厨头，会做传统川菜，菜的调味品严格按照克数操作。改良过的川菜，比较受欢迎。推荐菜有馋嘴牛蛙、水煮鲇鱼、盆盆基围虾。

电话：021-64702777

交通：地铁1号线（人民广场站）。

12．佛跳墙

莲花路1555号

以福建风味在上海市独树一帜，该店用料精细，讲究火候、汤菜保持原汁原味。最为人所称道的是“佛跳墙”一味，据说是用独门秘方特制而成，不可不尝。

交通：92、120、752、763、735路公交车。

提示：这里有外面很难尝到的鱼鳔，好这口的可以去尝试下香爆鱼鳔煲。

13．俏湘阁

上海浦东新区崂山路592号宝安大厦1楼(近潍坊路)

不大的空间被错落有致地分成若干区域，颇为雅致的陈设在暗暗的灯光下显出一片低调的华丽。出品的湖南菜辣得爽，鸳鸯鱼头特入味，柴禾香干很出彩。价格也比较合适。

交通：地铁2号线（世纪大道站），451、798、795崂山路潍坊路公交车。

14．东北人

卢湾区陕西南路3号（延安中路口）

装修大红大绿，很有东北特色。服务员都打足了东北牌，进门就跟你大哥、大姐的招呼，感觉很不错。还能坐上东北土炕。出品的东北菜既有所改良，又不失本味。招牌菜有小鸡炖蘑菇、拉皮、酱骨架等。

电话：021-52288288

交通：71路，陕西南路站下，步行5分钟。

水煮鲇鱼

小鸡炖蘑菇

15. 新疆风味饭馆维吾尔餐厅

徐汇区宜山路280号（南丹路、蒲汇塘路间）

羊肉串、大盘鸡、烤全羊、馕包肉……味道都很正。奶茶也非常好喝，又浓又香，堪称茶味与奶味的完美结合。服务那可是相当热情，清一色的维吾尔族小伙，进门就是“英语上海话一起来”，歌舞表演的时候会拉你上去一起HIGH，爱热闹的朋友不妨去看看。

电话：021-64689198

交通：93、830、732宜山路公交车。

馕包肉

16. 新旺茶餐厅

淮海中路138号

港式茶餐厅，便捷、快速、舒适。冰火菠萝油外壳热热的、酥酥的，夹着冰冰的、爽滑的黄油片，真的是一种奇妙的组合；鲜虾云吞做得很地道，皮很薄，内里的虾仁新鲜、个大、肉厚；艇仔粥熬得火候正好，鲜美绵稠，咸淡适中。除了人多，没什么好挑剔的。

电话：021-63756357

交通：地铁1号线，黄陂南路站，步行5分钟。

■ 异域餐厅

作为海纳百川的上海，世博会的召开给上海带来世界各国风情的同时，也带来了最原生态的各国美食。虽然世博会已经结束，但很多异域餐厅却在上海的大街小巷竞相开业了。

17. 玛满矿餐厅

南京西路1168号中信泰富广场4楼417铺(近地铁南京西路站)

以泰国菜为特色的一家餐厅。整个餐厅的装修十分奢华，泰式的塑金佛像，门框、走廊、桌椅都很有异域风格。再加上灯光的照射，把整个餐厅照得金光闪闪的，透出当地人民的人文气息。吃饭的时候还能欣赏到泰国本土的舞者的歌舞表演，餐厅菜肴品种多样，烹饪精致考究，口味独特。比较讲究菜式的精美。餐厅管理一流，服务热情周到，有宾至如归的感觉。

交通：15、21路公交车，地铁2号线（南京西路站）。

18. 首尔韩国烧烤

桂林路402号

一家以韩式烧烤为主营项目的特色餐饮企业，正宗的韩国料理，服务员还会说韩国话，感觉很好。这里的五花肉又嫩又香，蘸上酱、包上生菜真是美味。

电话：021-54977117

交通：224路公交车，桂林路站，步行5分钟。

19. 德大西菜社

上海市南京西路473

老上海有名的西餐馆之一，具有德式风味的西菜社。底层是咖啡部，供应西式点心。二楼供应西菜，以德大牛排闻名上海。其他名菜有腓利牛排、汉堡牛排、法国牛排、匈牙利鸡、意式烩鱼及虾仁色拉等。每年冬季，该店还供应日本式火锅司盖阿盖，可以说是该店的一种创新。

电话：021-63213810

交通：地铁2号线（南京东路站）、17、20、37、49路公交车。

上海娱乐

“火树银花不夜城”，夜上海是流动的风情，是跳跃的节奏，建筑的外墙彩灯，勾勒出了整个城市的轮廓，跳跃的霓虹灯，点缀了都市的灵魂，典雅的路灯，是窃窃私语的情人……当华灯初上时，夜上海尽在灯红酒绿中，夜总会、KTV、迪斯科、酒吧、咖啡馆等各种娱乐场所，来自四面八方的客人，开始他们的另一种生活。

如果你是追星族，上海大剧院的高雅节目、体育场的名人演唱会、各大电影院的最新电影定能让你一睹为快；如果你是泡吧族，上海真可谓“杂七杂八”，无奇不有：网吧、陶吧、布吧、箭吧、玩具吧……足以满足你的猎奇心。

茶馆

1. 老上海茶馆

上海老街（方浜中路385号）

茶馆在“茶”帜林立的上海老街上，拾级而上，沿着狭窄的楼梯走上去，楼梯口靠墙一侧立着一个古色古香的账台，账台上有一台老式的电话机。整个墙面上，大大小小的镜框里是一幅幅旧上海各个时期出版的地图。老上海茶馆是一个绝对不容错过的茶馆，不仅仅因为它的茶，更因为在这里你能看到老板收藏了多年的宝物，一些关于旧上海的物事。

电话：021-53821202

交通：11、22、64、66、126、736、920、930、932路公交车。在福佑路或者复兴东路（上海老街）。

2. 流金岁月茶坊

都市路3825号好爱广场120室

透过不大的门头，似乎步入时光隧道，这恰与旁边的地铁出口形成对照。踏着幽静的光带，仿佛步入远逝的年代：古树、小桥、小山、流水、茶坊。首先迎接你的是几位盈盈少女，穿着打扮素雅大方，恬淡古朴。悠扬悦耳的古曲仿佛从渺渺的空间细细而轻轻地飘来，烦躁驿动的心情立刻平静下来。在这能品尝到全国各地的名茶：西湖龙井、碧螺春、君山银针、祁门红茶、安溪铁观音等。

电话：021-54436880

交通：地铁1号线、703路、闵莘线、莘海线等。

◎地方曲艺◎

沪剧

上海的本地戏曲，至今已有220多年的历史了，是由本地花鼓戏发展起来的。唱法用上海乡音演唱，内容通俗易懂，唱腔自然亲切，是很受上海市民喜爱的剧种。

◎不可错过的景点◎

东方明珠塔

坐落于黄浦江畔浦东陆家嘴嘴尖上，塔高468米，与外滩的万国建筑博览群隔江相望。位居亚洲第一、世界第三的高塔和左右两侧的南浦大桥、杨浦大桥一起，形成双龙戏珠之势，成为新上海的象征。

地址：在浦东世纪大道1号

门票：一般买100元（263米观光厅），180元（三个球）；城市历史陈列馆35元（买东方明珠135元的门票，可免费参观）。

交通：明珠巴士870、871、872路公交车，81、82，隧道2、4、5、6线，轮渡有陆金线、泰公线。

金茂大厦

位于上海浦东新区，与著

3. 一茶一坐

兴业路123弄6-7号1楼单元5号

所谓“茶香不怕巷子深”，位于新天地的“一茶一坐”并不惹人眼，感觉上是比较闲淡的独处一隅，然后店铺装修也以暗色调为主，现代都会典雅的高格调空间，透出淡淡的中国元素。

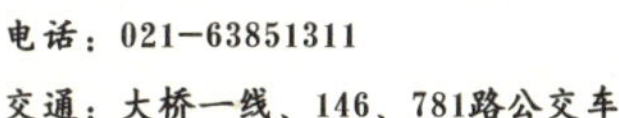

电话：021-63851311

交通：大桥一线、146、781路公交车。

咖啡厅

4. 宾诺咖啡

黄浦区黄陂北路190号大剧院售票口处

纯正的美国自由休闲人文与极致完美的咖啡艺术，宾诺咖啡始终带给人们休闲、浪漫、独特的西方人文氛围。自助式服务是它的一大特点，在泛着异香的空气中，享受把心情融入口中的快感。宾诺咖啡各店均设置自助台，依客人口味，调配咖啡风味，变化随意，自成一格。

电话：021-63721088

交通：23、49、109、123、324、925、935路公交车。

5. 上海咖啡馆

愚园路384号

一家有着百年历史的老店，它的西点及咖啡不但味道鲜美，醇香扑鼻，而且在上海地区来说，都是一个讲得响的牌子。虽然面积不是很大，但座位排得并不十分紧凑，显得挺幽静。明亮的灯光，加上墙上颇有品位的油画，呈现出几分典雅的氛围。价格上的优势吸引了不少工薪阶层的青睐，花不多的钱，就能品尝一杯清香扑鼻的咖啡，聆听优美动人的轻音乐，再与几位友人谈天说地，真是一件惬意的事。

电话：021-62123503

交通：1、44、62、323、562、923路公交车。

上海小资情调咖啡店推荐

城市在进步，上海人显得愈加忙碌，形形色色的快餐式咖啡，如星巴克、costa、香啡缤，随时买了随时走。可就是这样，懂得享受的上海人还是一心地推崇那些情调绝佳的咖啡店，尽力

名的外滩风景区隔江相望。大厦总高度为420.5米，是目前世界第三、中国第一高楼，地上88层，地下3层，裙房6层，大厦里有办公楼、金茂凯悦大酒店、观光厅等。

门票：88层观光厅120元，儿童60元，学生凭学生证90元。

交通：地铁2号线，81、82、870、871、872路公交车，隧道3、4、5、6线等。

豫园

著名的江南古典园林，始建于明代，有七个景区。其中三穗堂景区的三穗堂建于清代。原名“乐寿堂”，是主人接待欢宴宾客之地，后用于文人绅士庆贺圣典和“宣讲圣谕”的场所。它建于清代，五间大厅，属园内最高大宽敞的建筑。仰山堂大假山是豫园“镇园之宝”。这是明代著名叠山家张南阳的杰作，享有“江南假山之冠”的美誉。

地址:黄浦区安仁街132号

门票：40元（旺季），30元（淡季）。

交通：11、42、64、66、126、926路等公交车可达。

外滩

有人说“外滩的故事就是上

海的故事”。外滩建筑群北起苏州河口的外白渡桥，南至金陵东路，全长约1500米。著名的中国银行大楼、和平饭店、海关大楼、汇丰银行大楼再现了昔日“远东华尔街”的风采，这些建筑虽不是出自同一位设计师，也并非建于同一时期，然而它们的建筑色调却基本统一，整体轮廓线处理惊人的协调。无论是极目远眺或是徜徉其间，都能感受到一种刚健、雄浑、雍容、华贵的气势。

交通：如果是要从虹桥机场坐出租车到外滩，50~70元。车程45分钟到1个半小时。市内到外滩的车相当多，如21、37、55、123、910路等公交车。

去享受难得的悠闲。真的想要体会上海小资们的品位，不妨到这几家上海最具小资情调的咖啡厅坐坐，一定能让你在浓郁的咖啡香中，领略另一面的上海。

老麦咖啡馆——上海最有情调的咖啡店

徐汇区桃江路25号甲（桃江路宝庆路路口，近衡山路）

木质的窗棂、自制的菜单、涂鸦的留言板、世界旅行收集的纪念品、老照片与旧唱片等，这就是老麦的世界。点一杯老麦招牌咖啡，一块提拉米苏，沉醉在老麦营造的世界里，你甚至可以与空气谈恋爱。

推荐：老麦咖啡、蓝莓奶昔

老麦咖啡

小小花园——别名：LE PETIT JARDIN

徐汇区康平路220号（天平路与华山路之间）

洒满阳光的天井，异国风情的欧式复古家具，随意摆放的英文书，桌上每日不同的鲜花，呼唤服务员的响铃，永远睡眼朦胧的可爱猫咪……小小花园总是让人一言难尽。食物虽是简简单单的几样，但无论是咖啡还是巧克力蛋糕都能品出店家的用心。

推荐：咖啡、Cheese、熔岩巧克力蛋糕、布朗尼

Vienna Café——维也纳街头Café风

卢湾区绍兴路25弄2号（近瑞金二路）

推开Vienna Café的白框木门，恍若置身于欧洲的某个街边Café小店。点一份维也纳风味的巧克力香蕉蛋糕，敦实醇厚，口感层次丰富，甚至能在其中品出淡淡朗姆酒的味道。

推荐：巧克力香蕉蛋糕、维也纳传统蛋糕、维也纳咖啡

巧克力香蕉蛋糕

The Living Room——上海最纯正的英伦下午茶

静安区华山路480号（近乌鲁木齐中路）

如果要问上海哪里能喝到最正宗英伦下午茶，那答案一定是The Living Room。小店开在华山医院对面，厚重的实木家具，怀旧而稳重的色调，搭配舒缓优雅的英伦音乐，可称得上是英伦贵族般的格调！

推荐：伯爵茶、咖啡、白布朗尼、冻芝士

伯爵茶

拿铁

Rosée De Matin

彰武路48号(近四平路)

咖啡厅就坐落于钢筋混凝土环绕的同济联合广场中央。周围虽然熙熙攘攘，但咖啡厅却独独透射出一丝优雅。进门处被八排不同种类的咖啡豆所装饰，非常独特。店面很大，法式酱红色玫瑰花纹的桌椅，仿文艺复兴时期的油画，宫廷式的吊灯，处处凸显贵族气息。Rosée De Matin，“早晨的甘露”之意，就是将咖啡喻为甘露，将它的新鲜和优质演绎到了极致。

提示：为了讲究纯粹，不串味，店家坚持不做简餐，只有几款解馋的小点心，所以不适合用餐时间光顾。

Gz Café——别名：格子咖啡

静安区南京西路1025弄162号(近江宁路)

藏在弄堂里的格子咖啡，仅用一道门，就隔绝了世俗的喧闹。原木的桌椅、柔软的靠垫、旧式的吊扇、舒缓的Bossa Nova和一只常年瞌睡状态的猫咪。这样的景象总是让人想起下午茶时的慵懒和惬意。

小贴士：店内不时开展饼干DIY课程和电影放映活动。

推荐：latte、手工饼干、芝士蛋糕

DIY饼干

手工饼干

芝士蛋糕

酒吧

上海夜景

当华灯初上，夜上海尽在灯红酒绿中，夜总会、卡拉OK厅、酒吧、咖啡馆等娱乐场所热闹非凡。在这里你可以尽情地高歌、舞动身体，释放自己。酒吧是上海一道独特的风景线，规模不等、风格异的酒吧遍及上海的每个角落，就像繁星飘洒在夜空，将午夜的上海装扮得无比妖娆多姿。

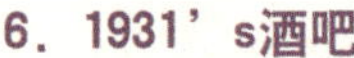

6．1931's酒吧

上海市茂名南路112号

酒吧的主人努力保存着旧上海的几丝辉煌印记，装饰主要以旧上海风情为主，墙上挂着许多20世纪30年代的日用品，老电话、留声机、明星海报……使得小小的酒吧有点像上海的旧里人家，坐在这里，你可以感觉到老上海全盛时期的几分流风遗韵。

电话：021-64725264

交通：94、146路公交车。

7．东方魅力酒吧

上海太仓路169弄上海新天地内

位于新天地里，是由谭咏麟、成龙、曾志伟等香港知名艺人所开，虽然里面驻场的只是一般歌手，但说不定哪天就可能碰到来上海度假的天皇巨星。如你不喜欢喧闹的气氛，也可以到2楼的露台，这里不仅安静许多，而且还可以抬头望天，看看自然界中真正的明星。

8．九重天酒廊

浦东世纪大道2号

位于金茂君悦的87楼，距离地面330多米，号称“世界最高的酒吧”。酒吧的夹层里有种很高的椅子，2米高的人坐上去脚也不会碰到地面，桌子是绿色透明玻璃的，坐在这喝酒的人有一种悬浮感。九重天里大多会放一些轻音乐，有时也放爵士乐，因为这里应该是个很安静的地方。

迪厅、夜总会

9．金色年代夜总会

上海市淮海中路918号8楼

地处市中心白金商圈，作为上海顶级的夜总会，曾被美国《时代》周刊撰文介绍。“金色年代”拥有25间大小包房和一个大堂。豪华的设施，精美的布置，让每一间包房都洋溢着贵族气息。大堂的音响灯光设备完善，拥有上海知名的大型交响乐团，每天从19：00开始，各档精彩节目轮番上演。

10．金玉兰娱乐城

上海市打浦路1号金玉兰广场

是上海一家大型娱乐中心。超过百间风格各异的KTV包房，由著名设计师经典设计规划。娱乐城集专业歌舞表演、KTV为一体，拥有顶级音响及最先进的电脑点歌系统。演歌台具中西合璧优雅氛围，大型华丽歌舞秀更是引领上海演绎表演

新潮流。

11. 麦迪森视听歌城

西藏南路169号

沪上知名的中高档KTV之一，有大小包厢90余间。包厢音响设施先进齐备，歌曲翻新速度快，工作人员服务周到，更特别的是麦迪森拥有同行中首屈一指的录音棚设备，能为你录制专业化个人专辑，满足你做明星的梦想。

歌剧院

12. 上海歌剧院

静安区常熟路100弄10号

成立于1956年11月，前身为上海歌剧舞剧院和上海乐团。历年来剧院曾数十次派艺术使者出访五大洲30多个国家和地区，是开展中外合作交流、体现上海都市形象的艺术窗口。

交通：40、45、49、93、94、830路公交车。

13. 雅庐书场

上海市顺昌路315号

建于1920年的雅庐书场，是上海市区内仅存的两家专业书场之一。这个仅有300余个座位的书场一直坚持上演评弹，门票2.5元/张。观看早场演出的观众可获免费热茶一杯，其余场次每杯0.5元，所有场次热茶均可免费续杯。

交通：109、17、24路公交车。

14. 上海大光明电影院

上海市南京西路216号

始建于1928年，享有“远东第一影院”的美誉，曾是中国第一家宽银幕电影院，第一家立体声电影院、第一家四星级电影院。影院已使用数码立体声放映设备，具备国际一流立体声设备，放映音响效果令人满意。2002年，又引进了数字放映设备，成为世界最先进的数字放映影院之一。

上海大光明电影院

游乐园

上海的娱乐生活相当丰富，各大主题公园、乐园中现代化的设施和自然风光，令人烦恼尽消，心情愉悦。正在建设的迪斯尼乐园让更多人期待上海之行。

15. 上海锦江游乐园

上海虹梅路201号

创建于1984年，是上海最早游戏的现代乐园。分成“陆上世界”和“水上世界”两大部分。内设单环滑车、球幕电影、星球大战等项目在内的40多个游乐项目。其便利的交通、优美的环境和富有娱乐性、惊险性、刺激性的游乐项目受到游客欢迎。

交通：地铁1号线至锦江乐园站，50、122、131、704B、712、729、735、747、757、755路公交车，沪闵线、卫梅线、松梅线、徐梅线等，沪杭甬高速公路线和铁路沪杭线直接到达乐园。

16. 上海大世界游乐城

上海市西藏路、延安路交叉口

始建于1917年。这里曾经是旧上海最

吸引市民的娱乐场所，以游艺杂耍和南北戏曲、曲艺为其特色。今天的大世界游乐中心由“游乐世界”、“博览世界”、“竞技世界”、“美食世界”四部分组成，推出了八大系列的游乐项目。特别是“竞技世界”中的“大世界擂台”及吉尼斯纪录擂台赛引来了全国各地的游客。

17. 上海影视乐园

松江区车墩镇北松公路4915号

已建成的全布景式的“南方街道”和实景式场地景“30年代南京路”、“上海里弄民居”，为影视创作提供了理想的拍摄场景，也为人们重睹旧上海五光十色的风情开辟了全新的途径，已有30多部影片及数百集电视剧在这里拍摄。

■ 体育场馆

体育馆夜景

18. 上海体育场

天钥桥路666号

可容纳8万人，是上海举行田径、足球等大型体育赛事的最佳场地。没有比赛的空当，这里常有演出团队、流行歌手举办大型演出。

交通：43、72、864、401、927、42路公交车、地铁1号线万体馆下。

提示：2008年的夏天，作为北京奥运分赛场，这里举办了九场奥运足球赛事。

上海体育场

19. 上海体育馆

漕溪北路1111号

上海体育馆

1975年建成使用，是国内首家剧院式体育馆。容量12000人。设游泳馆、羽毛球馆、乒乓球练习馆、排球馆、室外网球场、室外三人制篮球场和健身广场等，可满足多种健身的需求。体育馆四周绿荫环绕，与8万人体育场相映成趣。

交通：42、43、72、401、864、927路公交车，地铁1号线万体馆下。

上海体育场火炬

上海购物

上海毫无疑问是一个购物天堂，在这能享受到最贴心放心的购物乐趣。不论是在大商区富丽堂皇的百货公司，还是在街边精巧别致的个性小店，细细寻觅自己的心头喜好之余，用脚步丈量这个城市，移步换景之际，用眼睛进行发现城市之美的动心旅程。如服装、化妆品等商品要买自不必说，还要记得去淘淘竹刻、织绣、草编、面塑、木雕等精致美丽的工艺品。民族特色浓郁的豫园商城，新崛起的徐家汇商城、浦东新上海商业城以及“上海的陆上门户”——嘉里不夜城，共同打造了上海的商业形象。要想买点物美价廉的小商品，就去城隍庙福佑路，那里会使你有意想不到的收获；如果想买点漂亮时髦的衣服，可以去襄阳路服饰市场考验一下自己的眼光。

步行街、商业街

在上海购物，地铁是既方便快捷又能一网打尽的交通方式：1号线沿线的陕西南路站位于淮海路的精华地段，徐家汇站的地铁商场人气十足；2号线的南京东路站、南京西路站、静安寺站串起了南京路的过去与现在。上海的步行街和商业街组成了上海的主要几个商圈，徐家汇、人民广场、正大广场、中山公园、五角场以及浦东新上海商业城、上海火车站地区的不夜城等等，点亮了上海商业氛围的灯塔。

南京路

不管是否要购物，中华商业第一街南京路都是外地游客必逛的一条街，且不说在其中的名店、老店中可以尽览上海的特色商品，单是一路走来，就仿佛走入从历史到现代的店铺进化博物馆。而且每到夜晚，南京路就变成了灯的海洋，争奇斗艳的霓虹灯宛如一条五光十色的灯河。

金陵路

鞋帽店及五金交电、装潢礼品店多，是它的一大特色。走在金陵东路商街上，除了商店前的骑楼能为你遮雨蔽日之外，人行道与车行道间的绿化带也会使你赏心悦目。绿化丛中设有彩色的塑料座椅和小茶几，可供游人途中小憩。

◎工艺品◎

上海织绣

分刺绣、抽纱、机绣、绣衣、印花品、地毯和艺术挂毯七大类。以顾绣最为著名，至今已有四五百年历史。上海地毯以工艺细腻、图案典雅著称，有手工羊毛地毯，丝织地毯等。艺术挂毯则能较好地表现油画、中国画的艺术效果，用作室内装饰，更显其高贵大方。

上海绒绣

我国新兴的工艺美术品之一，产品分欣赏和实用两大类，以色彩丰富、层次清晰、造型生动、形象逼真而深受国内外群众的欢迎。

上海雕刻

分为木雕、玉雕、漆雕、石雕等类别。上海是我国木雕工艺的重点产区，按其材料可以分为红木、白木、黄杨三大类。上海玉雕中最具特色的是传统的炉瓶玉雕，它造型稳重典雅，纹饰古朴精美，在玉雕行业中独树一帜。

金属工艺

主要有金银摆件、首饰、各种金属器皿和珐琅工艺品等品种。金银摆件是上海传统工艺品，制作精巧，辉煌华丽，具有很高的艺术欣赏价

值。上海的金银首饰，造型新颖，工艺精湛，尤以嵌白金镶和养珍珠镶等饰品最富特色。

上海面塑

已有百余年历史，开创者当推被人称为“面人赵”的上海著名面塑艺术家赵阔明。他的创作题材广泛，内容以传统戏剧和神话传说为主。作品人物形象逼真，神态生动，色彩鲜艳丰富，被称为“立体的画，无声的戏”，在国内外享有很高声誉。

嘉定竹刻

历史悠久，早在明清时代就是上海地区的著名工艺品。嘉定竹刻主要有平面雕和立体雕两种。立体雕以竹根为主，平面雕以扇骨、笔筒、花瓶等为主。

嘉定黄草编

嘉定区的徐行乡是驰名世界的黄草之乡，这里出产的黄草，具有光滑、柔软、坚韧等特点，用黄草编织的草制品既美观大方，又轻巧适用，是上海的传统特产。

◎土特产◎

上海大白兔奶糖

喜欢吃糖果的人对上海冠生园的大白兔奶糖都不会陌生，作为老字号名

淮海路中环广场

淮海路

淮海路

淮海路

高雅的淮海路已有100年历史了，街心花园、法国梧桐，还有雁荡路上的露天咖啡馆，有着浓厚的海派情调。淮海东路有一百货大楼群，上海广场、香港广场、美美百货等，比较热闹的是太平洋百货，俗称“淮太”。

四川北路

上海开埠以后最早建成的几条马路之一，是仅次于南京路、淮海路的上海第三大商业街，是一条现代化的“平民商业大街”。改建后的四川北路利用周边人文景观建设起来的现代文化旅游和娱乐设施的特色，加上进驻的一批著名商贸企业，吸引着越来越多的国内外游客。

会稽路

即民俗古玩街，在这里能找到封建时代读书人参加科举考试时用来放笔墨纸砚及日用品的“考篮”，放珍贵手稿的“枕箱”等。有各种新旧玉器、名人字画、扇子、册页。总之，过去年代上海人生活中的用品，你都可能会在这里见到。

福州路书街

汇集了各种书店及文化用品商店。诸如上海书店、外文书店、上海科技书店、古籍书店、上海旧书店等大型专业书店都云集于此。此外还有许多著名的文化用品商店，如杨振华笔墨庄、艺苑真赏社、美术用品商店等。

■ 商铺老号

1. 老介福

上海市南京东路257号

开创于1860年，一家以经营呢绒、绸缎而蜚声海内外的名特企业，以其上乘可靠的商品质量称誉沪上百余年。今天的老介福商厦除经营传统的名牌呢绒、高档丝绸等商品外，还增加了高级时令服装、箱包皮革制品、福字牌高档礼品等上万个花色品种，商场内还设有咖啡屋、快餐部等。

老介福

牌，大白兔奶糖制作精良，不粘不腻，不易粘牙，入口就是一股浓浓的奶香。

松江鲈鱼

松江特产，自魏晋以来就闻名全国，仅产于松江县西门外秀野桥下。据《松江县志》记载，天下鲈鱼皆两鳃，唯松江鲈鱼为四鳃，且巨口细鳞，鳍棘坚硬。用鲈鱼制作的名菜，有被誉为“东南佳味”的金韭玉会、鲈鱼羹等。

枫泾丁蹄

已有100多年历史，采用黑皮纯种“枫泾猪”的蹄子精制而成。这种黑皮猪骨细皮薄，肥瘦适中。丁蹄煮熟后，色泽红亮，肉嫩质细。热吃酥而不烂，汤质浓而不腻；冷吃喷香可口，别有一番风味。

水蜜桃

据说上海最早栽培水蜜桃的人是天文学家徐光启的儿子徐龙兴，上海水蜜桃以皮薄、汁多、香浓、味甜赢得海内外欢迎。除了有玉露水蜜桃、陈圃蟠桃等品种外，还有早熟的“早生”、“雨化露”和中熟的“白风”、“凤露”以及晚熟的“白花”等。

上海梨膏糖

据传始制于唐朝名相魏

徽，距今已有1300余年历史。他将草药磨成粉末同梨汁一起煎熬，给其久病的老母服用，后来这种方法竟相流传，成为疗效食品梨膏糖。现在，上海梨膏糖更加品种繁多了，有采用杏仁、山楂、川贝等中药材加工制成的止咳梨膏糖，还有姜汁、薄荷、胡桃等各种花式梨膏糖。

2. 上海文物商店

上海市黄浦区广东路192号

原名“上海市古玩市场”，始建于清末光绪年间，是一家专营文物艺术品的百年老店。作为中国最大的古玩商场，经销的品种繁多，花色齐全，有陶瓷器皿、珠宝玉器、漆木竹雕、铜锡制品、景泰珐琅、各种鼻烟壶、名人字画、印章端砚等。

3. 上海永安百货

上海市黄浦区南京东路635号

创建于1918年，是百联集团的下属企业。永安坐落于被誉为“中华商业第一街”的南京路步行街中心，分五个营业楼面，是以经营个性化、品牌化、特色化的中高档服饰类商品为主的经典百货商店。

电话：021-63224466

交通：311、K509路公交车。

4. 上海妇女用品商店

淮海中路479号

始建于1956年，是国内创建最早的女士用品专业特色商店。商店经营化妆护肤用品、时装、羊毛、羊绒系列、皮鞋、包袋等六大系列女士用品。

■ 购物中心

上海第一百货商店

5. 上海第一百货商店

上海市延安路546号

也被称为中百一店，第一百货，坐落在黄浦区南京东路，西藏中路东北角。是新中国成立后的第一家国有百货零售企业，商店共有8个楼面，经营日用百货、服装、棉织品、皮具鞋类、家具等大类4万余种的商品。

电话：0571-5177868

交通：13、48、55、56、151、517、155、555、900路公交车延安新村下。

上海太平洋百货

6. 上海太平洋百货（徐汇店）

上海武林广场1号

位于著名的徐家汇商业中心区，上海繁华的商业中心之一，有着四通八达的交通。徐汇店与地铁徐家汇店连通，地下一层、地上八层。既可尽情购

上海新世界商厦

物，又可享受休闲、餐饮、娱乐等活动。

7. 上海新世界商厦

上海市南京西路2–68号

地下2层，地上12层，商厦设施一流，氛围独特，汇集名品十万余种，涉及九个大类，是一座集购物、旅游、餐饮、娱乐、休闲等多功能为一体的现代化综合百货商厦。被称为“商海中的航空母舰”。

8. 上海春天百货商城

上海市虹口区四川北路521号

在四川北路、武昌路的繁华街口，有一幢格调高雅的商厦，临街玻璃墙上镶嵌的一座大钟，不时吸引着路人的视线，它就是春天百货，商城以综合百货为主，同时兼容娱乐、服务等。购物环境宽敞舒适，设施先进，统一实行电脑网络管理。1～6楼营业大厅布局各具特色。

电话：021–63570090

交通：17、21、65、66、19路公交车可达。

9. 松江东方狐狸城

松江区新浜镇

设计风格简洁，外表十分壮观，已然成为沪杭高速沿线的一道风景线。远远就看见高高的招牌立在高速公路的两侧，一张狐狸的脸，一双摄人的眼，让人印象深刻。3层楼的建筑，购物环境是几家中最舒适的。1、2楼包括世界品牌服饰和化妆品牌，这儿货品很多，牌子比较年轻化，而且价格实惠，适合工薪一族。

10. 宝大祥青少年儿童购物中心

上海市南京东路673–699号

沪上规模最大的专门服务于青少年的购物中心。从地下室至6楼，经营的商品和服务项目包括：运动系列、童装、婴幼儿用品、玩具、文具、礼品、音像、图书等，荟萃了一大批国内外著名的品牌商品。

特色商铺

11. 静安小亭服装市场

上海市愚园路68号

上海著名的华亭路拆迁后，个体户纷纷进驻静安小亭服装市场，市场完整地保持了原华亭路时尚、潮流和价廉物美的特色。主要批发和零售服装、鞋帽、箱包和小饰品等，是一个轻松、安全、舒适的购物场所。

电话：021–62711164

交通：有地铁2号线，15、20、21、45、57、113路等多条公交车到达。

12. 老街旗袍馆

方浜中路366号

如果经过这家店铺，可能以为它很小。其实不然，顺着楼梯上去，原来楼上还有一间大约30平方米的旗袍展示馆。店里的旗袍样式很齐全，有棉质的、单丝绸的和真丝绸的等，是喜爱旗袍的女士青睐的地方。

收藏品市场

13. 兰馨珠宝文物商店

上海市卢湾区长乐路398号A

一家经营珠宝首饰、书画印章、古代文物和仿古工艺品的专营商店。这里有贴地阳雕的清乾隆年间的白玉如意，晶莹剔透；有独一无二的少女跳巴勒图像的天然翡翠挂件；田黄玉、祖母绿等各种宝石应有尽有。兰馨店店如其名，文化氛围浓郁，置身店中，让人有一种如兰花飘香、祥和温馨的感觉。

14. 城隍庙市场

黄浦区福佑路

出了名的小商品市场，过节用的装饰、纽扣、古董、小吃、小玩意儿、长毛绒，你在其他地方搞不定的，去城隍庙就对了。还有，不熟悉路的人，尽量和几个朋友一起去，这是极其容易迷路的地方，走着走着就找不到尽头了，看着看着，就摸不到回家的路了。

城隍庙市场

书市

上海书城

15. 上海书城

上海市福州路465号

位于具有百年历史的福州路文化街，与上海博物馆和上海大剧院遥相呼应，1～6楼用于图书零售，7楼为展览中心。是上海有史以来第一家超大型零售书店，经营全国500多家出版社的各类图书、音像制品等。

电话：021-63522222

交通：17、49、123路等公交车。

上海购物攻略

上海的购物之行可以用“四街四城”来描述：南京东路、南京西路、淮海路、四川北路、豫园商城、徐家汇商城、浦东新上海商业城、嘉里不夜城。

由于特殊的地理位置和历史背景，上海在近现代史上一直是洋人富贾的聚集地，各种高档进口、国产商品丰富多样，素有“购物天堂”的美称。它城市格局的小，与辉煌气派的大形成着鲜明的对比，到了上海除了欣赏大都市的风光外，就是去疯狂地购物一番了……

高雅的淮海路上，名店与专卖店云集，在这里可以看到时尚的最前沿，走在路上的青年男女让你觉得走进了一本活生生的“世界时装之苑”；平民商业街四川北路，商店鳞次栉比，商品琳琅满目，物美价廉，一直是上海老百姓的最爱；这里的百年老街、特色商店、名品专卖各领风骚。

如果你想买精品，打开地图你就会明白最值得一逛的地方都被两条地铁线贯穿起来。地铁1号线：从徐家汇到淮海中路是购物的首选线路。那里有世界名牌、顶级商品；如果你想买些物美价廉的小商品，就去城隍庙附近的福佑路，那里会使你有意想不到的收获！上海小姑娘最喜欢逛的七浦路服饰一条街，时髦新潮的衣服，饰品和鞋子能让人看花了眼也挑花了眼，而且会还价的话价格便宜到不可思议，一定要去！但要注意：1.讨价还价，50%起还价；2.多多比较，才不后悔。

上海商品尤以服饰闻名，拥有众多自己的品牌，许多中高档服饰质量款式不逊于海外精品，而价格却相对低许多，因此到上海来的游客不必多带衣物，返回的时候却能够满载而归。

上海的名街

上海的街，是一种风景、一种风情、更是一种文化。

文艺青年最爱去多伦路，幽雅的画廊、前卫的艺术馆鳞次栉比，还不时会有知名艺术家举行讲座和讨论会。

衡山路梧桐满街、绿荫如盖，白天是一条幽静清雅的小街，到了晚上就摇身一变成为酒吧林立、人流如织的热闹繁华之地。

城隍庙上海老街，展示的是一幅“清明上河图”景象，小贩的叫卖声，古街古巷古屋，到处充满了江南小镇的气息。

雁荡路经典的建筑、露天的酒吧、别致的茶坊、幽静的咖啡厅，是不少上海年轻白领的最爱。

长乐路、陕西南路的小店是时髦女郎百逛不厌的圣地，也是白天美女出现频率最高的地点。

田子坊是那些追逐艺术品位的小资们常去的地方。其实它只不过是泰康路上的一条旧弄堂。从原本在老厂房中开创的艺术街，到现在越来越多的艺术家的进驻，现在的田子坊出现了更多的个性商店、设计室和工作室。

衡山路

城隍庙

长乐路小店

长乐路蓝印花布馆

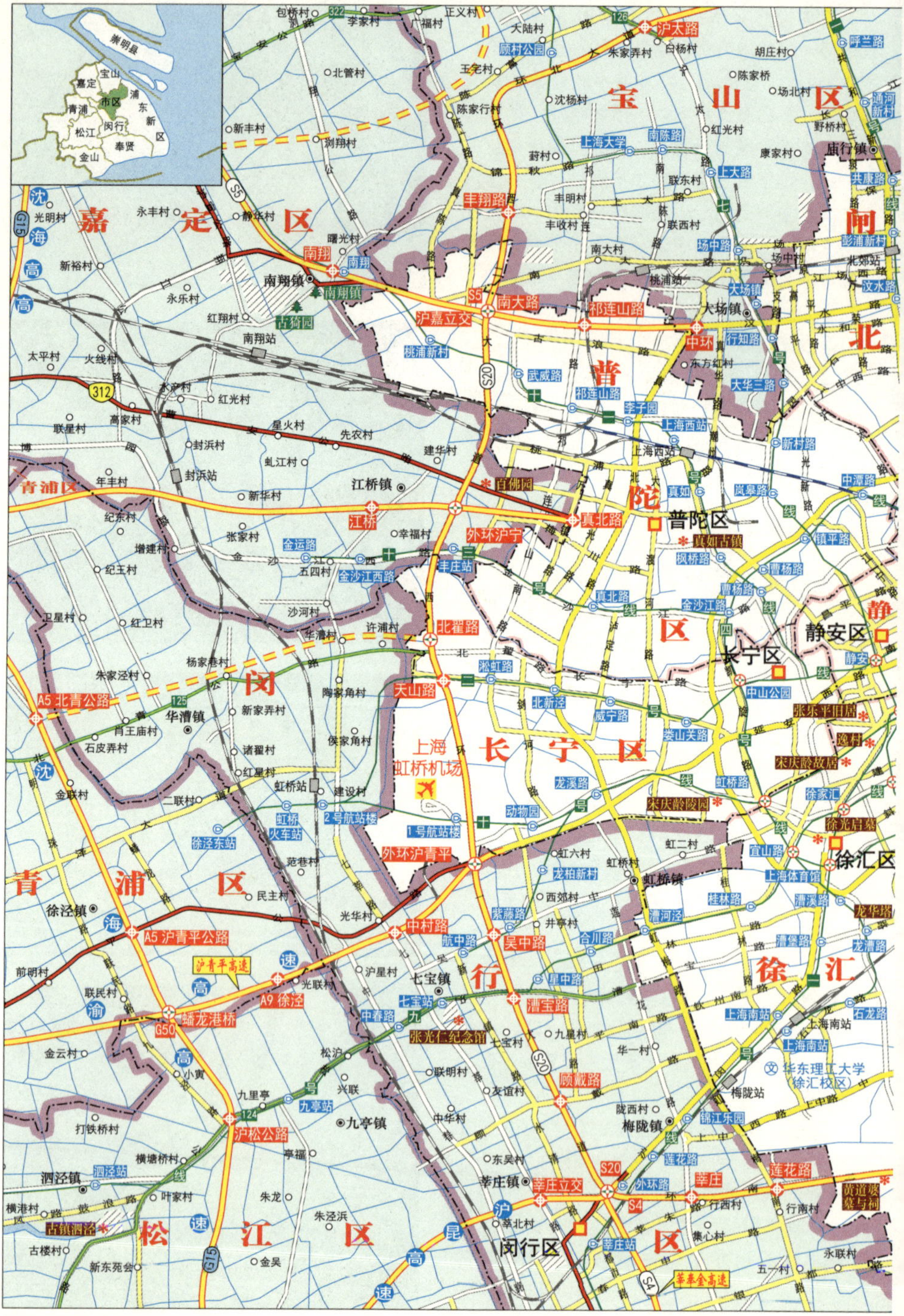

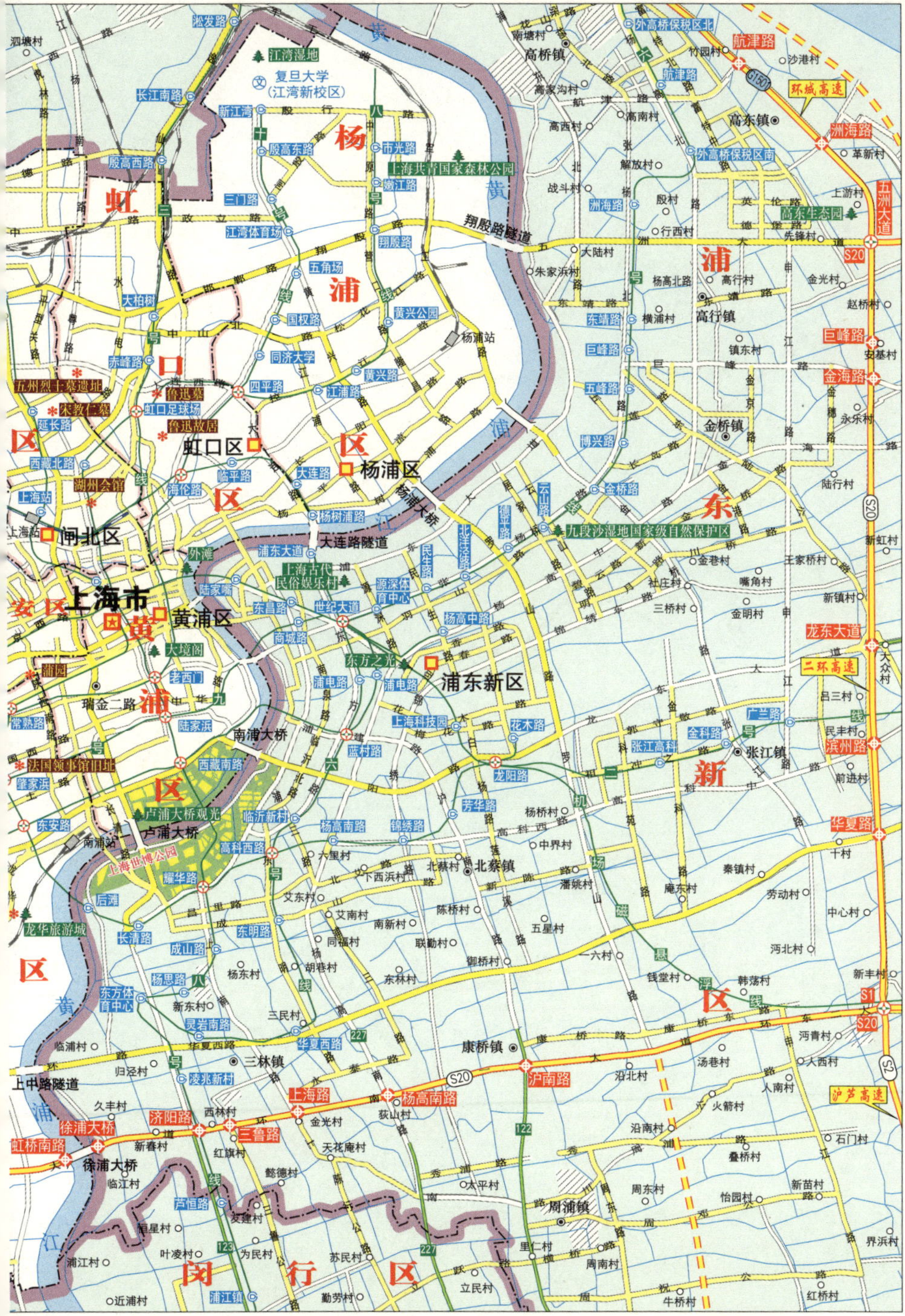

虹口区
杨浦区
闸北区
黄浦区
浦东新区
闵行区
上海市
复旦大学（江湾新校区）
江湾湿地
上海共青国家森林公园
翔殷路隧道
杨浦站
杨浦大桥
大连路隧道
外滩
陆家嘴
东方明珠
上海古代民俗娱乐村
九段沙湿地国家级自然保护区
高东生态园
大境阁
豫园
南浦大桥
卢浦大桥
卢浦大桥观光
上海世博公园
南浦站
龙华旅游城
上中路隧道
徐浦大桥
上海站
五卅烈士墓遗址
鲁迅墓
鲁迅故居
湖州会馆
法国领事馆旧址
外高桥保税区北
外高桥保税区南
环城高速
二环高速
沪芦高速
五洲大道
龙东大道
高桥镇
高东镇
高行镇
金桥镇
张江镇
北蔡镇
康桥镇
三林镇
周浦镇

崇明县
宝山
嘉定
浦
东
新
区
青浦
市区
闵行
松江
奉贤
金山

苏昆太
嘉浏高速
339
338
小桥村
张桥村
新闸村
浏河镇
闸北村
东仓村
何桥村
浏南村
花北村
G15
沈
涞桥村
三港村
洋桥村
红庙村
双塘村
联华村
浏河镇
洙泾村
陆渡村
北新村
横沥村
太仓
陆渡镇
毛桥村
连俊村
华亭镇
联三村
唐行村
华亭村
江
太仓经济开发区
三里村
安新村
339
太仓市
伏虎村
塔桥村
曹王村
科教新城管委会
娄西村
钱桥村
321
石林村
204
石皮村
胜泾村
徐行镇
徐行村
苏
朱桥
朱桥
永丰村
海
菊园新区
新农村
嘉浏高速
嘉定北
嘉
甘柏村
新翔村
嘉隆村
前
施晋村
北黄村
竹筱村
嘉定区
大裕村
嘉定西
蓬朗村
管家村
204
A30 浏翔公路
邵泾村
大陆村
青冈村
叶城路
泉泾村
嘉西
嘉定工业区
S5
沪嘉立交
巨门村
外冈镇
徐秦村
胜利村
沪嘉高速
古塘村
中泾村
马门村
岗峰村
永盛路
众芳村
通辉村
水产村
百家村
陈周村
六里村
嘉浏立交
G1501
石冈村
省
新胡村
彭赵村
望新村
环城高速
白银路
定
322
长泾村
周泾村
杨甸村
辛勤村
天福村
A30 嘉松北路
上海赛车场
马陆镇
樊家村
G1501
前进村
马陆
泗桥村
蓬善村
顾垒村
嘉定新城
新丰村
讴思村
马陆村
火炬村
朱泾村
黄墙村
高
宝安公路
安亭北站
新泾村
方泰村
A5 宝安公路
云翔别院
陆家村
京
星浜村
向阳村
塘庄村
陆象村
星明村
马陆
S5
顾杨村
周泾村
古南村
沪
震川书院旧址
林家村
赵巷村
光明村
漕浦村
永丰村
静华村
塔庙村
安亭站
花桥镇
花桥站
光明路
花桥
永安塔
顾浦村
星光村
区
新裕村
南翔镇
兆丰路站
安亭
安亭镇
吉昌东路
黄渡站
永乐村
古猗园
G42
万狮村
双浦村
老宅村
红翔村
同济大学（嘉定校区）
星塔村
南翔站
上海汽车站
横河村
上岸村
新江村
西元村
黄沈村
联群村
太平村
火线村
墨玉南路
曹安
312
大产村
红光村
五里村
金项村
黄渡镇
联西村
赵屯村
吴赵村
白鹤镇
胜新村
罗家村
轩家村
联星村
高家村
星火村
沪
龚闵村
封浜村
梅桥村
王泾村
邓家角村
年丰村
响新村
封浜站
蓉
G2
嘉松
沪宁立交
新华村
曙光村
塘湾村
沪宁高速
G42
高
速
鹤联村
南巷村
马阳村
华新镇
G42
纪东村
张家村
纪白公路
沈联村
淮海村
增建村
速
青龙村
高
纪王村
杜村
周浜村
速
红旗村
青
徐姚村
G1501
浦
区
新丰村
朱长村
新谊村
卫星村
红卫村
S26
闵行区
大联村
秀龙村
杨家巷村
爱星村
苏沪高速
224
火星村
朱家泾村
泾阳村
燕南村
中新村
新桥村
回龙村
A5 北青公路
肖王庙村
新家弄村

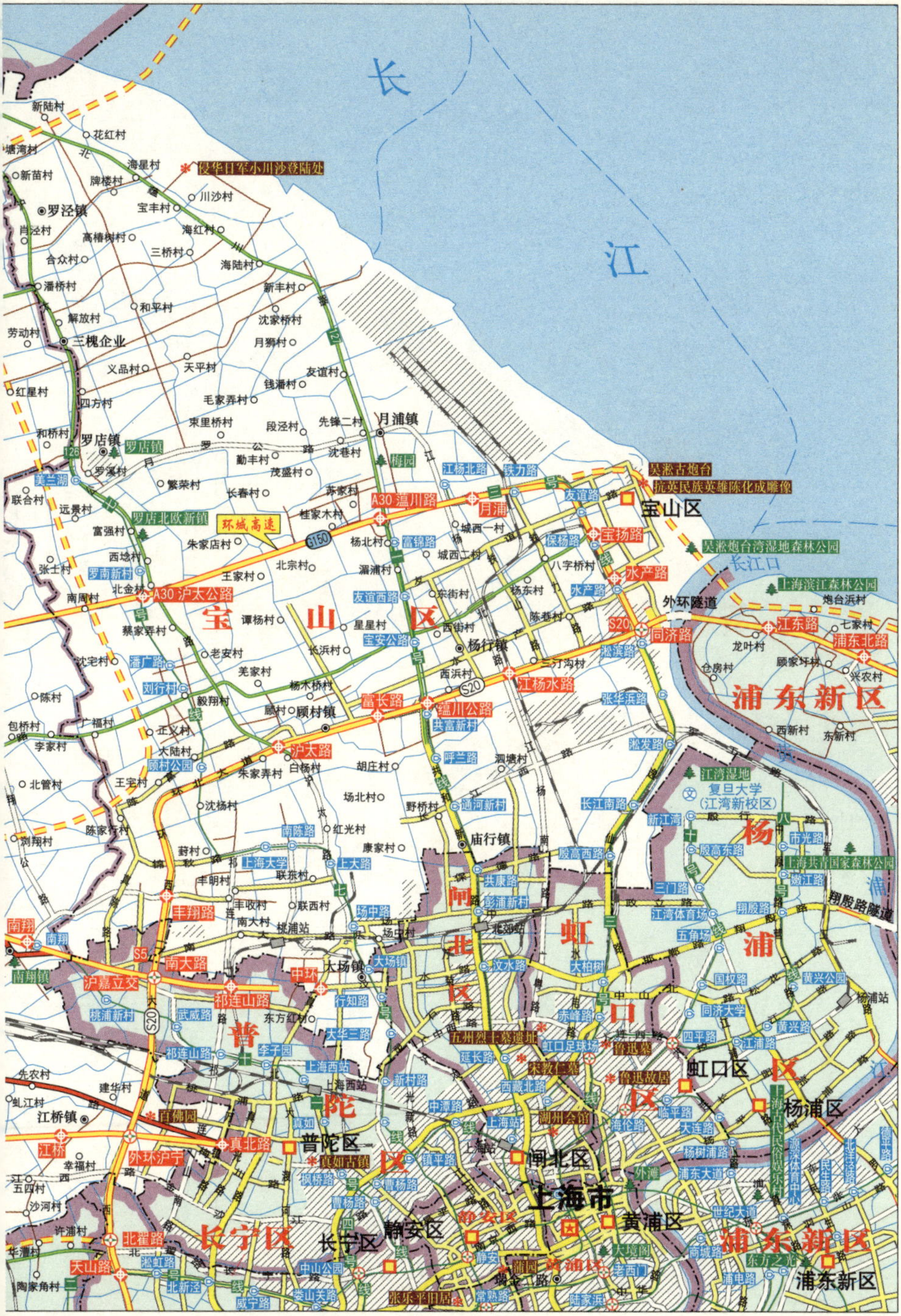

长江
宝山区
浦东新区
闸北区
虹口区
杨浦区
普陀区
长宁区
静安区
黄浦区
上海市
罗泾镇
罗店镇
月浦镇
杨行镇
顾村镇
庙行镇
大场镇
江桥镇
南翔镇
三槐企业
侵华日军小川沙登陆处
吴淞古炮台
抗英民族英雄陈化成雕像
吴淞炮台湾湿地森林公园
上海滨江森林公园
长江口
外环隧道
翔殷路隧道
复旦大学（江湾新校区）
江湾湿地
上海共青国家森林公园
环城高速
A30 沪太公路
A30 温川路
沪嘉立交
外环沪宁
五州烈士墓遗址
虹口足球场
鲁迅墓
鲁迅故居
湖州会馆
宋教仁墓
真如古镇
百佛园
张乐平旧居
罗店北欧新镇
梅园
上海大学
同济大学
黄兴公园
上海站
上海西站

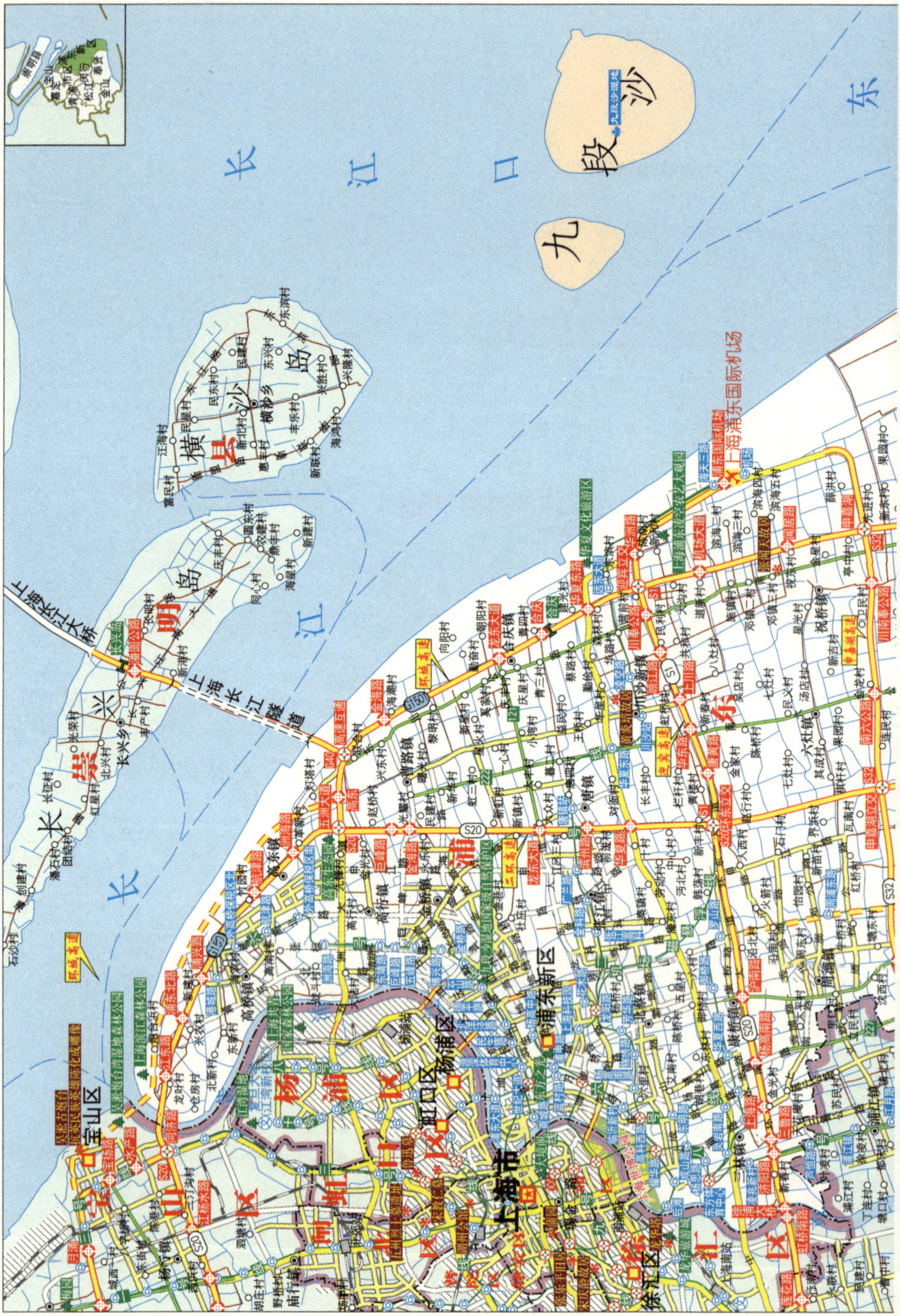

江苏省
浙江省
青浦区
淀山湖
赵田湖
崇明县
宝山
嘉定
市区
浦东新区
青浦
闵行
松江
奉贤
金山
张浦镇
千灯镇
锦溪镇
周庄镇
淀山湖镇
花桥镇
安亭镇
白鹤镇
青浦工业园区
盈浦街道
夏阳街道
朱家角镇
金泽镇
汾湖镇
练塘镇
丁栅镇
西塘镇
姚庄镇
枫泾镇
新浜镇
石湖荡镇
小昆山镇
朱泾镇
秦峰塔
长云塔
淀山湖风景区
东方绿舟
上海大观园
梅园
森趣楼
上海珠溪园
朱家角古镇
曲水园
佘山国家森林公园
天马森林公园
陈云故居
长安村遗址
古镇西塘
西塘公墓
格林园
枫泾古镇
朱学范故居
金山高铁北站
苏沪高速
沪渝高速
沪青高速
环城高速
外青松公路
A30 北青公路
A9 朱枫公路
A30 沈砖公路
A30 塔闵公路
A15 高速朱枫公路
嘉玉南路
纪白公路
苏沪主线
G2
G42
G50
G60
G15
S26
S32
318
224
343
225

青浦区
松江区
闵行区
金山区
浙江省
杭
松江区
金山区
平湖市
枫泾镇
朱泾镇
亭林镇
吕巷镇
张堰镇
廊下镇
山阳镇
金山卫镇
新浜镇
叶榭镇
泖港镇
新埭镇
广陈镇
新仓镇
黄姑镇
全塘镇
林埭镇
乍浦镇
当湖街道
钟埭街道
练塘镇
石湖荡镇
小昆山镇
洞泾镇
车墩镇
马桥镇
新桥镇
A30沈砖公路
A5莘砖公路
A15高速朱枫公路
A30亭枫公路
A30亭卫公路
A30塔闵公路
A5叶新公路
A5金山工业区大道
A4亭卫公路
A4金山新城
沪杭高速
环城高速
亭枫高速
新卫高速
申嘉湖高速
莘奉金高速
沈海高速立交
新农立交
亭林立交
新卫立交
金山卫
枫泾
兴塔
吕港
新浜
新桥
松江
车亭公路
松卫南路
金山高铁北站
松江南高铁站
佘山国家旅游度假区
天马森林公园
格林园
松隐山庄
骏马园
百年桂花园
美阳田园
城市沙滩
上海市抗日战争纪念地
华东理工大学（金山校区）
上海电视大学（石化分校）
丁聪故居
姚光故居
陈云故居
钱能训墓
法华寺
北原牧唱
嘉兴港区
北岸服务区
九龙山
乍浦港

浦东新区
奉贤区
奉贤区
南桥镇
金汇镇
青村镇
奉城镇
四团镇
海湾镇
柘林镇
庄行镇
大团镇
新场镇
航头镇
宣桥镇
惠南镇
浦江镇
漕泾镇
上海工业综合开发区
上海化学工业区奉贤分区
上海海港综合经济开发区
奉贤区海湾旅游区
上海应用技术学院
上海师范大学（奉贤校区）
华东理工大学（奉贤校区）
上海海湾国家森林公园
碧海金沙海滩
奉贤海湾旅游区
世外桃源
奉贤现代农业园区
现代农业园区
庄行生态农业逸趣园
都市菜园
华南陵园
古钟园
永福塔陵
华亭东石塘
龙腾阁
A30 浦星高速
A30 罗山路
A30 瓦洪公路
A30 新四平公路
A30 浦卫公路
A4 海湾路
A4 庄胡公路
A4 航南公路
A4 大叶公路
A4 西闸公路
A4 剑川路
A2 大叶公路
A2 沪南公路
A30 沪南公路
A30 东大公路
A30 拱极路
新四平公路
沪芦立交
申嘉湖立交
沪金立交
莘奉金
环城高速
沪芦高速
申嘉湖高速
沪金高速
大治河
杭州湾
小金山岛
大金山岛
浮山岛
小金山
大金山
乌龟山
崇明县
嘉定
宝山
青浦
市区
浦东新区
松江
闵行
金山
奉贤

闵行区交通旅游图

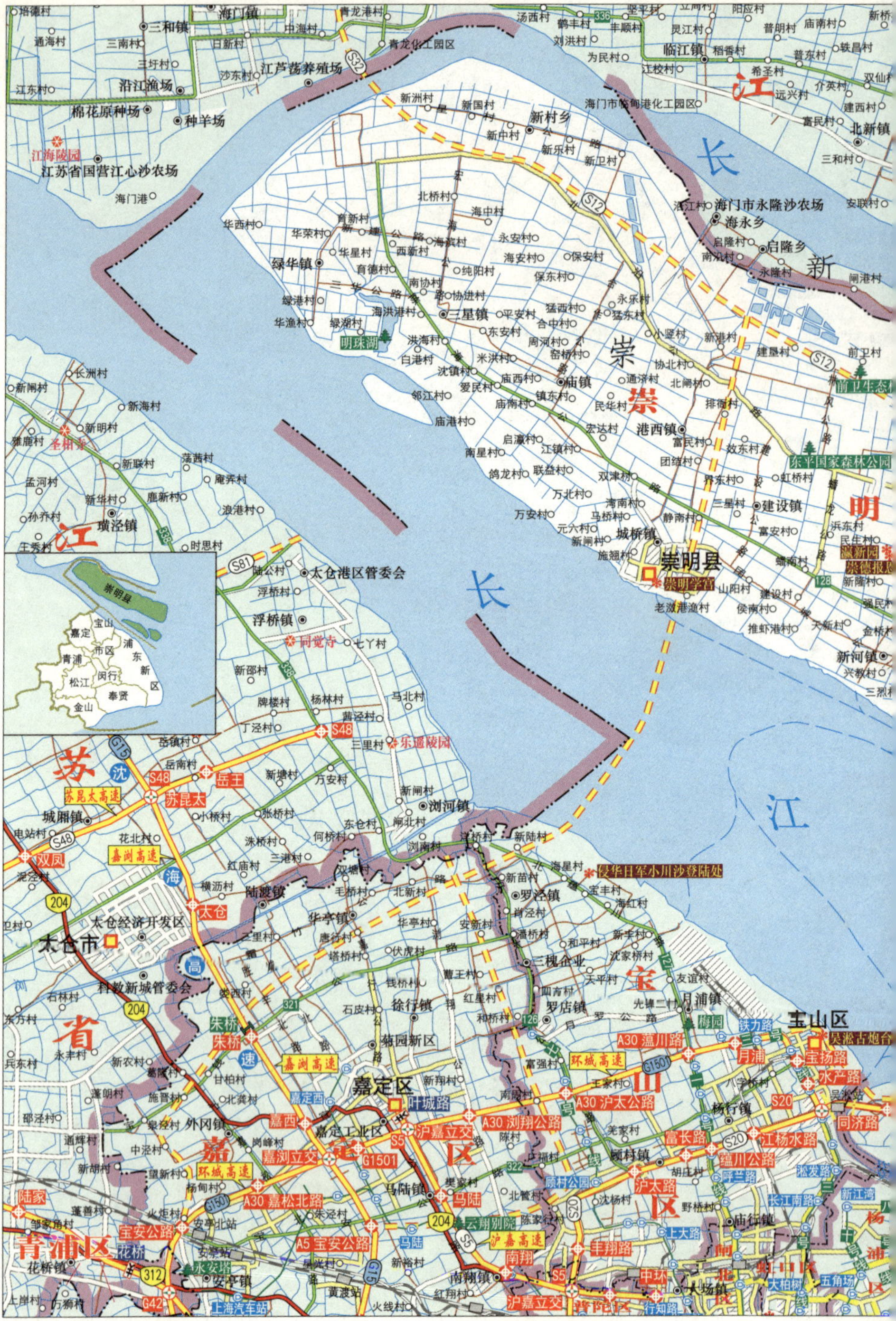

崇明县交通旅游图

崇明县
城桥镇
港西镇
建设镇
新河镇
庙镇
三星镇
绿华镇
新村乡
海永乡
启隆乡
明珠湖
东平国家森林公园
前卫生态村
长江
江苏省
太仓市
浏河镇
浮桥镇
璜泾镇
太仓港区管委会
太仓经济开发区
科教新城管委会
城厢镇
双凤
陆渡镇
嘉定区
宝山区
吴淞古炮台
月浦镇
罗店镇
罗泾镇
杨行镇
顾村镇
庙行镇
大场镇
南翔镇
马陆镇
徐行镇
华亭镇
外冈镇
安亭镇
菊园新区
嘉定工业区
青浦区
普陀区
虹口区
杨浦区
海门镇
临江镇
北新镇
三和镇
沿江渔场
棉花原种场
种羊场
江苏省国营江心沙农场
海门市永隆沙农场
江海陵园
圣柏寺
同觉寺
乐通陵园
侵华日军小川沙登陆处
苏昆太高速
嘉浏高速
环城高速
沪嘉高速
A30 嘉松北路
A30 浏翔公路
A30 沪太公路
A30 蕰川路

江苏省
启东市
黄海
长江
长江口
崇明县
崇明岛
长兴岛
横沙岛
隆沙
浦东新区
崇启大桥
上海长江大桥
上海长江隧道
沪陕高速 G40
启东
336
221
S20
G1501
环城高速
陈海公路
潘园公路
浦东北路
浦兴路
航津路
洲海路
高速互通
金海路
巨峰路
翔殷路
市光路
东靖路
杨浦站
南阳镇
向阳镇
民主镇
汇龙镇
惠丰镇
大兴镇
新安镇
惠萍镇
东海镇
和合镇
寅阳镇
竖新镇
港沿镇
堡镇
向化镇
中兴镇
陈家镇
长兴乡
横沙乡
高桥镇
高东镇
高行镇
圩角烈士纪念碑
基督教堂
大雄古寺
启东港
东滩候鸟
崇明东滩鸟类国家级自然保护区
东湖游览区
崇明岛
大生村
二厂村
元北村
新港村
民新村
永丰村
建新村
永安村
红阳村
近江村
取丰村
鹤群村
望江村
仙鹤村
新光村
北魏村
方心村
正诗村
圩北村
湾洪村
大洪村
爱新村
小花效村
新村
民丰村
新庄村
三星村
庙效村
育德村
城河村
庙角村
泰安村
公和村
果园村
南惠阳村
庙港村
四楼村
锦屏村
正谊村
唐虞村
清东村
中群村
永南村
庆余村
土清村
合兴村
合角村
城北村
华石村
良仁村
永明村
汇东村
新捷村
中北村
曙升村
捷东村
南清河村
英才村
宋石村
长兴村
红庙村
常乐村
拥政村
惠安村
惠和镇村
鸿西村
仲辉村
向西村
光明村
合丰村
东进村
乘肇村
亚光村
佐鹤村
安平村
康乐村
北清河村
大丰镇村
东安镇村
云祥村
显中村
东清河村
鸿东村
东兴镇村
步梯村
建丰村
农武村
江楼村
晃汀村
临海桥村
洪飞村
庆佳村
向北村
建东村
新阳村
小闸口村
协兴港村
海界村
武东村
福字村
吕垦村
兴垦村
全心村
德字村
成字村
星宏村
天和村
兴旺村
东海镇村
林启村
寅北村
胜丰村
江夏村
寅东村
圆陀角村
连兴港村
戤效港村
侯字村
寅南村
育才村
前仙桥村
永建村
春风村
新建村
新民村
大东村
时桥村
跃进村
富国村
新梅村
竖河村
石路村
惠民村
跃马村
堡北村
永兴村
人民村
堡西村
财贸村
民强村
桃源村
菜园村
堡渔村
堡港村
四效村
瀛南村
南江村
渔业村
前哨村
新征村
富军村
惠军村
惠中村
齐成村
同心村
合兴村
港沿村
建华村
建中村
鲁屿村
仿德村
营房村
花园村
小漾村
五效村
米行村
园艺村
合东村
齐南村
米新村
梅园村
卫星村
花仓村
六效村
爱国村
激中村
八效村
同效村
北港村
富圩村
阜康村
北兴村
胜利村
春光村
永隆村
永南村
中兴村
花漂村
陈南村
冥家港村
朝阳村
展宏村
裕西村
开港村
德云村
裕北村
裕安村
鸿田村
裕丰村
立新村
先锋村
铁塔村
东海村
新桥村
石沙村
创建村
建新村
潘石村
团结村
长征村
红星村
光荣村
北兴村
丰产村
长明村
新港村
庆丰村
圆东村
农建村
同心村
海星村
鼎丰村
新建村
富民村
民星村
永胜村
民建村
惠丰村
东海村
丰乐村
东滨村
新联村
兴胜村
海鸿村
兴隆村
炮台浜村
顾家宅村
东新村
高西村
光明村
联合村
群乐村
东家浜村

上海
长
江
黄
浦
江
外环隧道
S20
S12
上海站
杨浦站

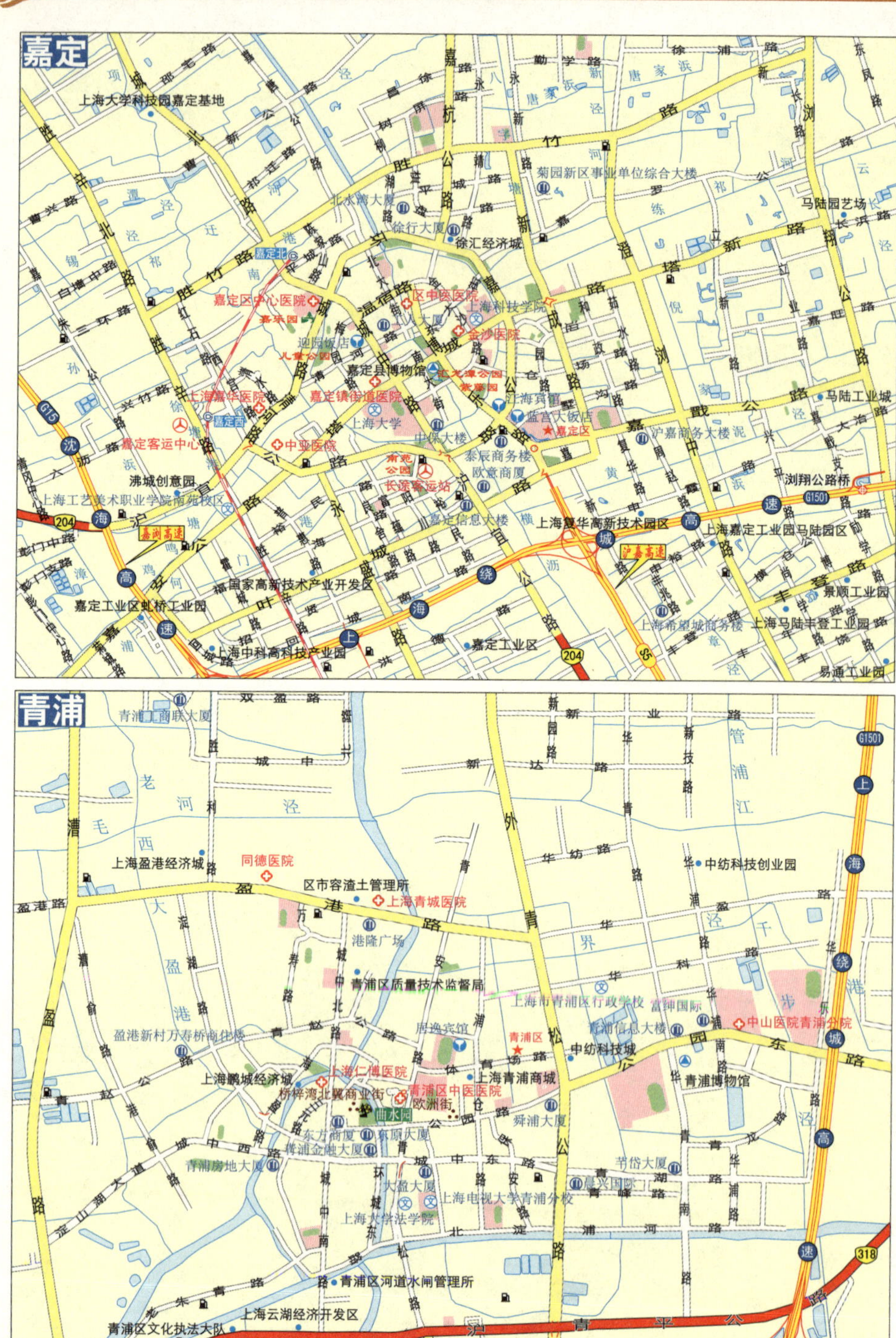
嘉定
上海大学科技园嘉定基地
菊园新区事业单位综合大楼
马陆园艺场
北水湾大厦
徐行大厦
徐汇经济城
嘉定北
嘉定区中心医院
嘉乐园
区中医医院
上海科技学院
金沙医院
迎园饭店
儿童公园
嘉定县博物馆
汇龙潭公园
上海嘉华医院
嘉定镇街道医院
汇海宾馆
蓝宫大饭店
嘉定区
马陆工业城
沪嘉商务大楼
嘉定西
嘉定客运中心
上海大学
中保大楼
中亚医院
泰辰商务楼
欧意商厦
南苑公园
长途客运站
沸城创意园
上海工艺美术职业学院南苑校区
浏翔公路桥
嘉定信息大楼
上海复华高新技术园区
上海嘉定工业园马陆园区
嘉浏高速
沪嘉高速
福国家高新技术产业开发区
嘉定工业区虹桥工业园
景顺工业园
上海希望城商务楼
上海马陆丰登工业园
上海中科高科技产业园
嘉定工业区
易通工业园
青浦
青浦工商联大厦
上海盈港经济城
同德医院
中纺科技创业园
区市容渣土管理所
上海青城医院
港隆广场
青浦区质量技术监督局
上海市青浦区行政学校
富坤国际
青浦信息大楼
中山医院青浦分院
盈港新村万寿桥商住楼
居逸宾馆
青浦区
中纺科技城
上海鹏城经济城
上海仁博医院
上海青浦商城
青浦博物馆
桥梓湾北翼商业街
青浦区中医医院
曲水园
欧洲街
舜浦大厦
东方商厦
东原大厦
青浦金融大厦
青浦房地大厦
芊岱大厦
大盈大厦
晨兴国际
上海电视大学青浦分校
上海大学法学院
青浦区河道水闸管理所
上海云湖经济开发区
青浦区文化执法大队

松江

上海工程技术大学
东华大学
华东政法学院
新城经济区
上海立信会计学院
上海对外贸易学院
松云银座
三湘风情商业街
松江大学城
开天工业园
科邦工业园
松江中山开业园区
书和大楼
松江工业区
鑫沣工业园
宝胜国际财富中心
松江工业展示馆
华亭湖
嘉和商务中心
中央公园
松江区
永翔大厦
松江区方松地段医院
上海宝隆泰晤士假日酒店
宝隆花园酒店
思贤公园
松江新城
区中山地段医院
紫东大厦
松江区妇幼保健院
天威工业城
金伴商务楼
质科商务楼
林达置业园
维罗纳国际商业走廊
光电大楼
东开大楼
松江体育中心
双拥林
云间大厦
建设大厦
亭高大厦
月厦新天地
宏拓大楼
乐都轩大酒店
上海农林职业技术学院
东江大厦
庙前街
古城大酒店
华亭老街
上海博大医院
松江博物馆
迎宾路
松江方塔中医医院
锦照大厦
方塔园
长途汽车站
醉白池公园
醉白池
汽车东站
松江站
上海威氏工业园
文翔路
荣乐西路
荣乐中路
荣乐东路
松汇西路
松汇中路
松汇东路
北松公路
松蒸公路
广富林路
梅家浜路
思贤路
中山东路
真玉路
宝佳路
钱家塘路
中心路
G60
224
124

闵行

外环路
辛庄立交桥
行西村西片二区私营民营企业工业小区
东苑商务楼
沪闵路
莘庄站
闵行博物馆
莘城中央公园
解放大厦
市统计局社情民意调查中心
莘城宾馆
春申大厦
金城大厦
春申路
金富大厦
闵行区
七星商务楼
置业大厦
莘闵大厦
黎安公园
上海市闵行区行政学院
上海市烟草专卖局闵行分局
闵行区卫生局
闵行区民政局
上海市闵行区市容环境卫生管理所
爱宏利大厦
上海黎安实业公司工业园区
区体育局
闵行区社区学院
闵行区体育运动技术学院
上海市闵行区中心医院
闵富大厦
银星大厦
智慧园
莘庄公园
莘庄商务大楼
古玩奇石花鸟街
闵行区安全质量检查站
轨道交通五号线
小环高速
沪金高速
S20
S4
S320
G60

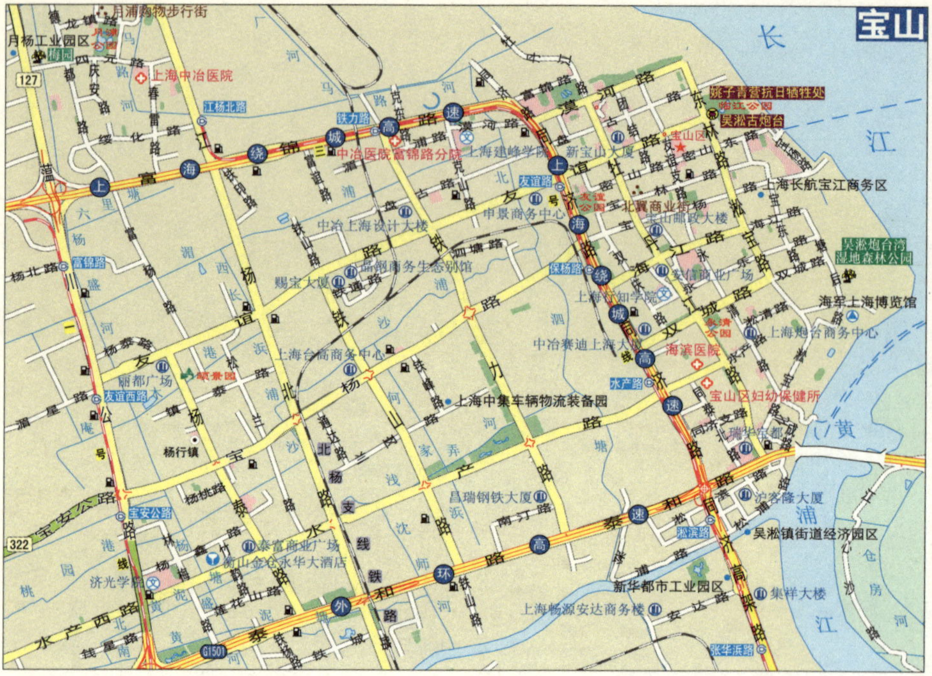

宝山

月浦商业步行街
月杨工业园区
上海中冶医院
江杨北路
铁力路
中冶医院富锦路分院
上海建峰学院
新宝山大厦
宝山区
姚子青营抗日牺牲处
临江公园
吴淞古炮台
上海长航宝江商务区
友谊路
友谊公园
北翼商业街
宝山邮政大楼
中景商务中心
中冶上海设计大楼
富锦路
杨北路
宝钢商务生态别馆
赐宝大厦
保杨路
上海行知学院
安信商业广场
吴淞炮台湾湿地森林公园
海军上海博览馆
上海炮台商务中心
中冶赛迪上海大厦
海滨医院
上海台商商务中心
丽都广场
友谊西路
水产路
宝山区妇幼保健所
上海中集车辆物流装备园
杨行镇
同济支路
沪客隆大厦
昌瑞钢铁大厦
宝安公路
淞滨路
吴淞镇街道经济园区
泰富商业广场
济光学院
新华都市工业园区
集祥大楼
上海畅源安达商务楼
张华浜路
长江
黄浦江

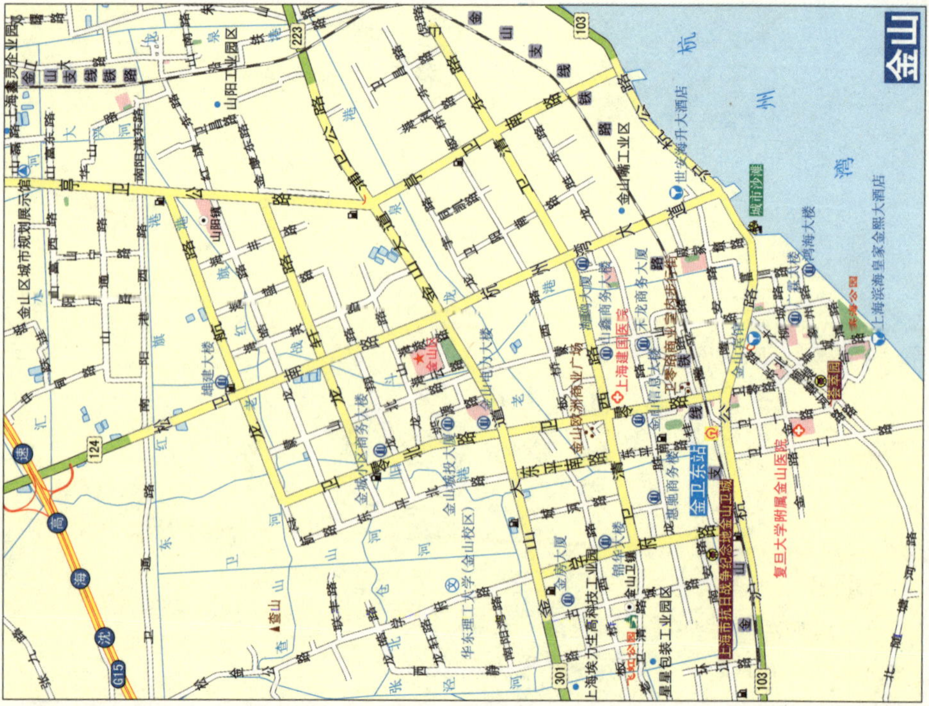

金山

山阳工业园区
金山区城市规划展示馆
金山嘴工业区
世纪海升大酒店
城市沙滩
海湾大楼
上海滨海皇家金熙大酒店
上海建国医院
金山区
金卫东站
复旦大学附属金山医院
华东理工大学(金山校区)
查山
杭州湾

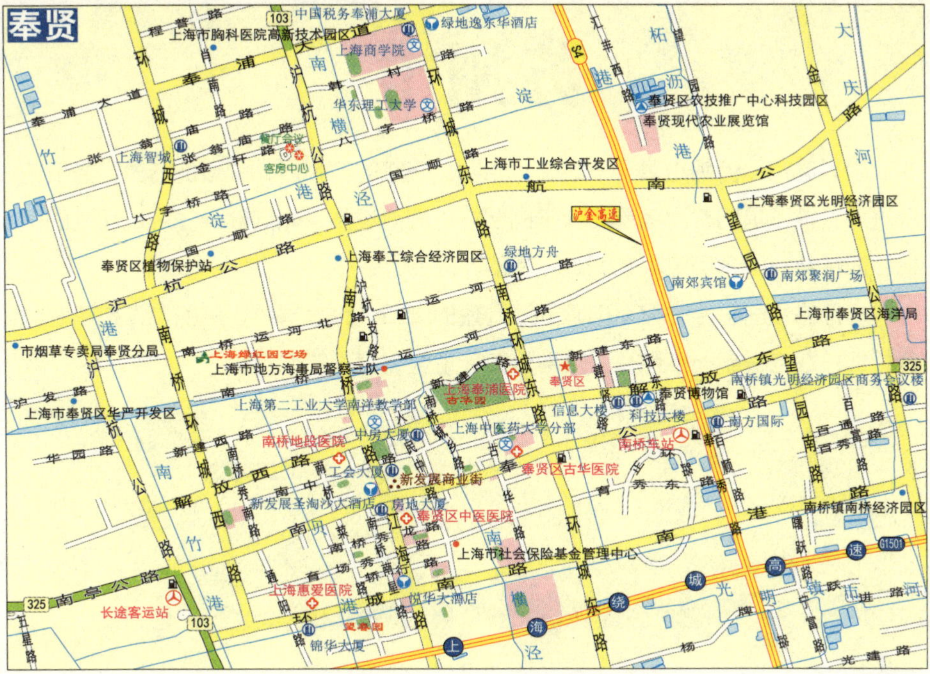
奉贤
中国税务奉浦大厦
绿地逸东华酒店
上海市胸科医院高新技术园区
上海商学院
华东理工大学
上海智城
餐厅会议
客房中心
奉贤区农技推广中心科技园区
奉贤现代农业展览馆
上海市工业综合开发区
上海奉贤区光明经济园区
沪金高速
上海奉工综合经济园区
绿地方舟
奉贤区植物保护站
南郊宾馆
南郊聚润广场
上海市奉贤区海洋局
市烟草专卖局奉贤分局
上海绿缸园艺场
上海市地方海事局督察三队
上海奉浦医院
古华园
奉贤区
奉贤博物馆
南桥镇光明经济园区商务会议楼
上海市奉贤区华严开发区
上海第二工业大学南洋教学部
信息大楼
科技大楼
南方国际
南桥地段医院
中房大厦
上海中医药大学分部
南桥车站
工会大厦
新发展商业街
奉贤区古华医院
新发展圣淘沙大酒店
房地大厦
奉贤区中医医院
南桥镇南桥经济园区
上海市社会保险基金管理中心
长途客运站
上海惠爱医院
悦华大酒店
爱春园
锦华大厦
南亭公路
沪杭公路
南桥环城东路
上海绕城高速
G1501
325
103
S4

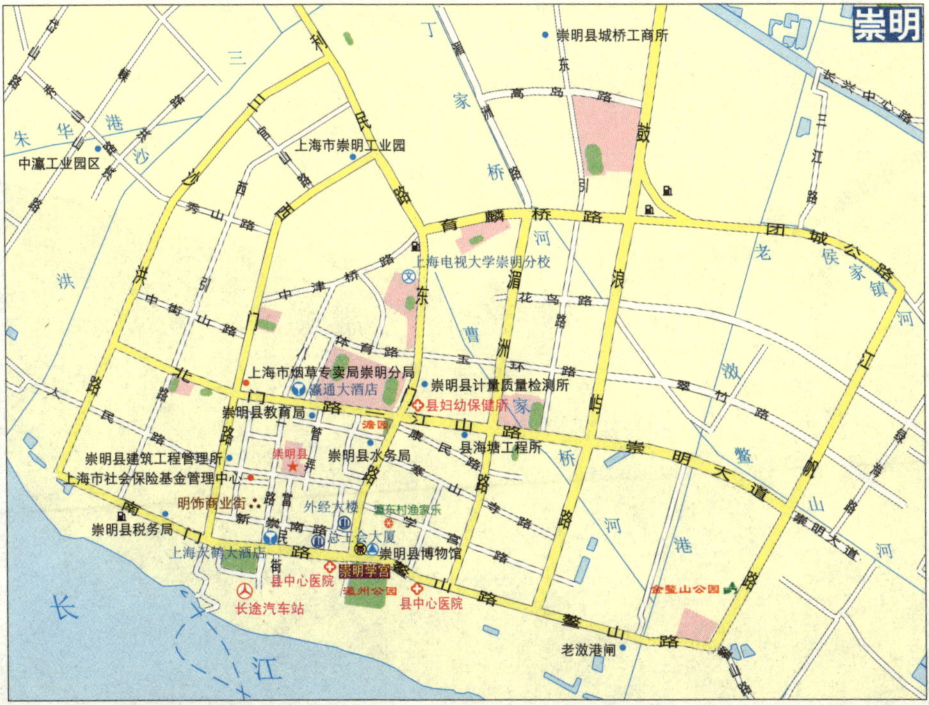
崇明
崇明县城桥工商所
长兴中心路
中瀛工业园区
上海市崇明工业园
高岛路
育麟桥路
团城公路
上海电视大学崇明分校
中津桥路
花鸟路
上海市烟草专卖局崇明分局
瀛通大酒店
崇明县计量质量检测所
崇明县教育局
县妇幼保健所
清园
崇明县
崇明县水务局
县海塘工程所
崇明县建筑工程管理所
上海市社会保险基金管理中心
明饰商业街
外经大楼
瀛东村渔家乐
崇明县税务局
总工会大厦
崇明县博物馆
上海大浦大酒店
县中心医院
崇明学宫
瀛州公园
长途汽车站
金鳌山公园
老滧港闸
崇明大道
鳌山路
北门路
南门路
长江

苏州市

面对苏州，仿佛走进了一道文化长廊，悠悠的苏州河，别致的古桥，悠哉的乌蓬船，桃花坞的枕河老屋和典雅的园林；面对苏州，宛如翻开了一本泛黄的史书，闪烁着一个个历史人物和数不尽的典故。

当你信步临顿路，很可能踩到了周瑜的脚印，踏上皋桥，站的也许是唐伯虎凭栏处；在沧浪亭石亭憩息，没准坐在了金圣叹坐过的地方。

行政区类别：地级市
电话区号：0512
邮政编码：215002
人口：642万
面积：6267平方千米
行政区划：辖6个市辖区，代管4个县级市

交通资讯
公路：苏州汽车北站
电话：0512－67530686。
苏州汽车南站
电话：0512－65204867。
出租车：起步价10元。

山塘街古镇

周庄

气候与游季

苏州地处温带，属亚热带季风海洋性气候，四季分明，气候温和，雨量充沛。温暖潮湿多雨，冬夏季长，春秋季短。日照及气温在太湖最高，而沿江地区则较低。四季皆宜旅游，尤以4～10月最佳。在此期间，你既可欣赏到桃红柳绿的自然风光，又可品尝鲜桃、碧螺春、糖藕等时令特产。

交通

航空 苏州没有民航机场，乘飞机要取道上海虹桥机场或浦东机场。上海的这两个机场几乎有来自全国各大城市的航班，而且这两个机场距苏州分别不过80和100千米，又有班车直接通行，十分方便。

铁路 沪宁线上几乎所有的列车均停靠苏州，有苏州始发的车，更多的是外地城市始发路过苏州到上海的。

公路 苏州南、北、西几个汽车站每天日间都有高速大巴开往上海，北站最多，平均20分钟一班，票价26～30元，车程1小时20分左右。上海下客车站有恒丰路、沪太路、徐家汇虹桥路、浦东白莲泾等地。

特别提醒：如果要坐从苏州到虹桥机场的大巴，最好提前订票。

水运 京杭大运河苏杭段有客运航线往返，苏州在南门码头购票上船，杭州在武林门码头（环城北路138号）购票上船，每天17：30对开一班，次日7：00抵达。

雪漫拙政园

风景名胜

主要景点推荐

拙政园 在苏州北隅娄门内，是苏州四大名园之一，也是我国最大的私家园林。占地4公顷。其中水面约占3/5，亭台楼阁临水而建。全园大部分为东园、中园和西园3个部分。与颐和园、承德避暑山庄和留园合称为中国四大名园。全国重点文物保护单位。世界遗产。

门票：淡季50元，旺季70元。

交通：位于娄门东北街178号，乘游1路、游2路、2路、3路、301路、40路可达。

周庄 在苏州市东南38千米、昆山市两南30公早车至上海约60千米。明清著名古镇，被誉为“中国第一水乡”。充分体现了“小桥流水人家”的生活场景。主要景点：沈厅、张厅、迷楼、叶楚楼故居、澄虚道院、全福寺等。周庄镇被列为首批中国历史文化名镇。

门票：100元。

交通：江苏各地大多有直达周庄的长途汽车，从苏州、上海两地较为方便出入。苏州汽车北站有流水班车到达周庄汽车新站，然后再乘三轮车2千米进入周庄古镇。苏州汽车北站每天7：05～17：05，每半小时一班，车程1.5小时，车费17.50元。

狮子林 为苏州四大名园之一，至今已有650多年的历史。元代至正二年（公元1342年），元末名僧天如禅师维则的弟子“相率出资，买地结屋，以居其师”。因园内“林有竹万固，竹下多怪石，状如狻猊（狮子）者”；又因天如禅师维则得法于浙江天目山狮子岩普应国师中峰，为纪念佛徒衣钵、师承关系，取佛经中狮子座之意，故名“师子林”、“狮子林”。 狮子林既有苏州古典

狮子林

园林亭、台、楼、阁、厅、堂、轩、廊之人文景观，更以湖山奇石，洞壑深遂而盛名于世，素有“假山王国”之美誉。

门票：30元。

交通：游1路、游2路、2路、811路可达。

留园 位于苏州阊门外，原是明嘉靖年间太仆寺卿徐泰时的东园。园巾假山为叠石名家周秉忠(时臣)所作。清嘉庆年间，刘恕以故园改筑，名寒碧山庄，又称刘园。园中聚太湖石十二峰，蔚为奇观。咸宁年间，苏州诸园颇多毁损，而此园独存。光绪初年为盛康所得，修葺拓建，易名留园。留园三绝是：冠云峰、楠木殿、鱼化石。为全国重点文物保护单位，与拙政园、北京颐和园、承德避暑山庄齐名，为全国“四大名园”。有“吴中第一名园”之称。1997 年列入“世界遗产名录”。

留园池塘

门票：淡季30元，旺季40元。

交通：游1路、游2路、11路可达。

网师园 原是南宋侍郎史正志退居姑苏时所建的私家园林，清代更名。全园占地虽不及拙政园1/6，但小中见大，布局严谨，主次分明又富于变化。园内有园，景外有景，精巧幽深，被认为是苏州古典园林中“以少胜多”的典范。

门票：淡季20元，旺季30元。

交通：游2路、4路、401路、14路、29路、31路。

盘门景区 现存的盘门总体布局和建筑结构基本保持元末明初旧观，水陆两门南北交错并列。盘门、吴门桥、瑞光寺塔合称为“盘门三景”。

门票：40元。

交通：乘游2路、游5路公交车可达。

虎丘 在苏州市西北郊约3.5千米。相传春秋时吴王夫差将其父葬于此。山上有建于五代末年虎丘塔一座，塔高47.5米，为八角七层楼阁式砖塔。虎丘塔为苏州的城市象征，有“吴中第一名胜”之誉。全国重点文物保护单位。

门票：淡季40元，旺季60元。

交通：游1路、游2路。

木渎古镇 在苏州西10千米。相传春秋吴王因大兴土木，“积材三年，木塞于渎”，故名。木渎素有“园林之镇”之称。是一座已有2500年历史的古镇，与苏州城同龄，至今留有数处私家园林以供今人思幽。

木渎古镇春晖楼

主要景点：严家花园、古松园、榜眼府第、虹饮山房、灵岩山馆、沈寿故居等。

门票：78元。

交通：位于苏州城西10千米处，从苏州城内乘16路、20路、38路公交车可达。

同里古镇 在苏州市南18千米、吴江市东北约6千米。全镇水面占1/5以上，为典

型的江南水乡古镇。主要景点：一园(退思园)、二堂（崇本堂、嘉荫堂）、三桥（太平桥、吉利桥、长庆桥）。

门票：100元。

交通：同里距苏州18千米、周庄10千米、上海80千米。苏州汽车北站有流水车到达；周庄也有直达同里班车，也可通过水路进入同里，但费时也费钱。

同里水乡

甪直镇 在苏州城东南25千米。具有2000多年的历史古镇。镇内河隧道纵横、主街长约2千米，尚存古桥41座，为江南独具特色的水乡小镇。古称甫里，系唐宋名镇。水巷小桥多，人家尽枕河。主要景点：保圣妻、叶圣陶墓、沈宅(吴中水乡妇女服饰馆)等。

门票：78元。

交通：苏州城内乘坐18路公交车可直达古镇；距周庄48千米、同里65千米，三镇之间都有长途公交车直通。

锦溪镇 是典型的江南鱼米之乡。“看稀奇到锦溪”，因为这里有为数众多的中国私人藏馆。

门票：65元，游船票100元。

交通：苏州汽车南站有车直达锦溪。

寒山寺 在苏州市阊门外枫桥镇。始建于梁天监年间。唐天宝年间，诗人张继赴宴赶考落第，途经寒山寺，夜半闻钟声而作《枫桥夜泊》。次年再度应试，一举中第成名，

寒山寺

专程到寒山寺烧香还愿。后人把寒山寺当作吉祥、消灾的圣地。现存建筑为清末重建。

门票：20元。

沧浪亭 经历代更迭兴废的沧浪亭，仍不失旧时风韵，清幽古朴中更富于山林野趣。沧浪亭是现存苏州最古老的园林。

门票：淡季15元，旺季20元。

交通：位于苏州城南沧浪亭街，乘游2路、游4路、1路、101路、102路、103路可达。

枫桥镇 在苏州城西约3.5公处大运河、古驿道和枫江的交汇处。始建于唐代。因唐

枫桥

诗人张继《枫桥夜泊》诗而闻名。主要景点有：寒山寺、枫江楼、枫桥大街。

交通：3、6、24、31、301、307、355路可达。

玄妙观 在重现古时繁华市景的观前街，体会古建筑的独具匠心。

门票：10元。

交通：游1路可达。

中国苏绣博物馆 博物馆于1986年落成，馆址原在苏州著名园林环秀山庄内。与蜀绣、湘绣、粤绣并称中国四大名绣。

门票：15元。

环秀山庄 在苏州市城西景德路。苏州著名古典园林之一。明代为宰相申时行住宅，清代更名环秀山庄。园内假山垒叠得曲折奇异，在苏州湖石假山中当推第一。苏绣艺术博物馆设于此。全国重点文物保护单位。

五峰园（杨家园） 始建于明代嘉靖年间，为长州尚书杨成所筑，俗称"杨家园"。是苏州城内以太湖石为最的一处旧时私家园林。

交通：位于阊门内下五峰园弄15号，乘坐204路可达。

灵岩寺 寺院坐北朝南，其中西院为吴王宫遗迹。相传为美女西施的行宫遗址。

门票：10元。

交通：苏州城内乘16路、20路、38路公交车可达。

耦园

耦园 在苏州市平江区小新桥巷。占地0.8公顷，为清代遗风之园林，阁楼掩映、移步换景。园中文化内涵丰富。全国重点文物保护单位。世界遗产。

门票：淡季15元，旺季20元。

交通：位于仓街小新桥巷，乘701路可达，或从拙政园、狮子林乘人力三轮车，车费5元可达。

山塘街 在苏州的历史上，山塘路是外地经商的人聚居的地方，至今还能看到一些会馆的遗址，只是大多已经残破得只剩下建筑的框架。至今还保存着老苏州风貌的老街。

交通：游1路、游2路可达。

山塘街

太平天国忠王府 包括公署、住宅、花园三部分。是国内现存太平天国政权遗址保留最为完整、规模最大的一座王府建筑。

门票：20元。

交通：游1路可达。

忠王府

天平山 海拔221米，是苏州西南诸山中最为高峻的一座山峰，山顶平如刀削，视野千里，故名天平山。清泉、奇石、红枫誉为“天平三绝”。

门票：30元。

交通：位于苏州城西15千米，灵岩山北部，从苏州城里乘4路公交车可达。

太湖风景区 东山、西山是太湖边的两个古村落，由于交通的原因，除苏州及周边城市的游人，很少有人听说过这两个地方，于是，这里几乎成了苏州人和上海人的周末度假地。是太湖边保留完好的古村落。

交通：从苏州城内乘车到木渎，然后转乘到陆巷的小巴。

太湖风光

光福古镇 镇内有光福寺、光福塔、司徒古柏、天寿圣恩寺等古迹。屋上有山屋下水，开门波光眼如洗。

门票：香雪海30元，司徒庙25元，铜观音寺15元。

交通：吴县光福镇位于苏州西28千米，苏州汽车南站有发往光福古镇的专车。

上方山国家级森林公园 上方山又名楞伽山，山下有楞伽寺，山上有楞伽塔，该塔在苏州诸塔中，仅次于虎丘云岩寺塔而居第二位。是华东地区保存最原始的次生林。

门票：40元。

交通：苏州城内乘33路可达。

千灯古镇

千灯古镇 在昆山市直属重镇。已有2000多年建镇史，是昆山最古老的集镇。其石板街长达1.5千米，主街长800米，两侧布满前店后院的二层古建。主要景点：顾炎武故居、余宅、李宅、周宅、徐宅、叶宅、张宅等。有古桥1座、古河埠200多个。

门票：60元。

交通：苏州汽车南站每天有班车前往千灯。

石湖风景区 位于苏州近郊，距水乡古城七千米，东滨石湖，西依国家级森林公园上方山。石湖依山傍水，山清水秀，人文荟萃，风光柔美秀丽，凝聚江南田园山水精

石湖行春桥

华，又有无数历朝遗迹散布其间，素有“吴中胜境”、“吴中奇观”之称，为著名的苏州风景游览胜地。 石湖风景区分别由石湖度假村、风景游览区、影视文化区、风情餐饮区组成。

退思园 位于吴江市同里镇，私家园林，距苏州古城18千米。占地0.65公顷，建筑面积2500平方米。1988年被列为江苏省文物保护单位。1998年被国家建设部、文物局列入《世界遗产——苏州古典园林》增补名单。园名“退思”取自古书《左传》“进思尽忠，退思补过”，取“退而思过”之意。著名园林学家陈从周教授誉为“贴水园”。全国重点文物保护单位。世界遗产。

苏州东山 又名洞庭东山，位于苏州城西南23.5千米处，它是延伸于太湖中的一个半岛，三面环水，万顷湖光连天，渔帆鸥影点点。是太湖主要风景区之一，历史上不少帝王将相、文人雅士都曾来这游乐憩息，留下众多名胜古迹。境内自然风光秀丽，物产丰富。春天，百花盛开，万紫千红，茶芽滴翠；端阳佳节时，枇杷林披翠挂黄，杨梅树枝茂茁壮；秋天，漫山遍野的桔林，远看万绿丛中点点红，近看累累硕果树弯腰。在这著名的自然风景区内，青山如壁，林木茂密，泛舟湖中，令人乐而忘返。

艺圃 在苏州市文衙弄。明清园林。园内以水池为中心，池北以建筑为主，池南以假山为主，颇有山林野趣。基本上保存了明代园林的风格。世界遗产。

盘门 在苏州市西南隅、沧浪区东大街。始建于春秋吴王阖闾元年(公元前514年)。现存城门重建于元至正十一年(公元1351年)。水陆两门并列，全国绝无仅有。城外大运河绕城而过，吴门桥飞架河上，景观雄伟。

交通：乘7路、30路公交车或游2、游5路可

东山风光

报恩寺

达。

北寺塔（报恩寺塔） 在苏州市平江区人民路。寺始建于三国吴赤乌年间。塔为梁代建造。塔高约76米，为八面九层砖木结构楼阁式佛塔，是南宋绍兴年间遗物。现辟北塔公园。

开元寺无梁殿 在苏州市盘门内东大街、瑞光寺塔北。寺创建于三国吴赤乌年间，已毁。无梁殿即藏经阁，始建于明万历四十六年(1618年)。无梁殿以结构和细部手法精致取胜，有“结构雄杰冠江南”之誉，与附近的盘门、瑞光塔为苏州市内西南角3座著名的古代建筑。

开元寺

东山镇 在吴中区南部。明清古镇。主街道仍保留石板地面，街道两侧现存明清建筑多处。主要景点：紫金庵的宋代泥塑罗汉塑像、杨湾的元代轩辕宫、明代的砖雕门楼、近代的启园、东山雕花楼等。东山镇因其得天独厚的自然风光、丰富的人文景观、深厚的文化底蕴而被誉为“天堂中的天堂、花园中的花园”。为江苏省重点中心镇、江苏省历史文化名镇、全国环境优美乡镇。

太仓市沙溪镇 在太仓市北约15千米。江南典型的水乡古镇。主要景点：三里古街、龚氏雕花厅以及明清古桥：新桥、庵桥、义兴桥等。

西山 在苏州市西南约40千米、吴中区太

西山

湖之中，是太湖中最大的岛山。面积95平方千米，主峰缥缈峰海拔336.5米，为太湖72峰之首。西山风光迷人，历代文人名士常来此消夏赏月。现主要景点：石公山、太湖大桥、林屋洞、罗汉寺、太湖梅园等。

虞山 在常熟市城西北。江南名山。海拔261米，原名乌目山。山高160丈，绵亘18里，周围46里，峰峦回环，林木葱郁，山间山麓遍布自然及人文景观。全区分辛峰、维摩、兴福、剑门、宝岩五个游览区。全区自然景观多崖、洞、泉、林。人文景观多寺、台、亭、墓。名人墓众多，是常熟胜迹的一大特色，标志着常熟历史文化积淀的深厚与辉煌。

苏州尚湖风景区 地处江南名城——常熟，东接上海、南依苏州、西邻无锡、北靠长江、地理优越、交通便捷。相传殷末姜尚避纣

尚湖风光

在此垂钓而得名，现水域面积800公顷，是国家级太湖风景区重要组成部分。湖水水质一直保持在国家二级标准，水质之好居苏州各湖之首。由于生态环境优美，湖中鸟禽已达63种，其中属国家重点保护鸟类有：中华秋沙鸭、黑鹳、白鹳、天鹅、鸳鸯等，成为鸟禽乐园。景区建有江南最大牡丹园、中日友好樱花园、水上森林公园、桃花园等植物园；开发有动物世界、水上游乐园、天然游泳场、高尔夫球场等旅游休闲娱乐设施。

灵岩山 坐落在苏州城西南三十里的木渎镇旁，乘坐16路公交车到灵岩山山麓下车即可到达。灵岩山山高182米，周广1800亩，山上多奇石。灵岩山怪石嶙峋，旧有“十二奇石”或“十八奇石”之说。因为灵岩塔前有

灵岩山古寺

一块“灵芝石”十分有名，因此得名“灵岩山”。又因为山石颜色深紫，可以制砚，又称砚石山。山南峭壁如城，相传吴王曾在山上筑有石头城，故又名石城山。灵岩山有“灵岩秀绝冠江南”和“灵岩奇绝胜天台”的美誉。主要景观有：吴王井、玩月池、流花池、西施洞、琴台等。

其他景点推荐

光福镇、瑞光塔、吴门桥、
苏州文庙及石刻、全晋会馆(戏曲博物馆)、
玄妙观、怡园、锦溪镇、玉涵堂、
五峰园、虎丘山风景区、
启园、曲园、梅李镇、震泽镇。

吃喝玩乐购

苏州美食

中国有“苏、鲁、粤、川”四大菜系，口味各不相同，人称“东酸、西辣、南甜、北咸”，苏菜属于“南甜”风味。苏菜的特点是选料严谨，做工精细，在烹饪上擅长炖、焖、蒸、烧、炒，口味偏甜，配色和谐。

苏州的船菜有着悠久的历史，这与苏州水城有关。苏州有东方威尼斯之誉，历史上交通工具主要依赖舟楫。本地商人往往在游船上设宴，洽谈生意，船菜由此而越办越丰盛。著名的苏式招牌菜有：松鼠鳜鱼、清汤鱼翅、响油鳝糊、西瓜鸡等。苏州小吃亦闻名天下，蜜汁豆腐干、松子糖、玫瑰瓜子等，都是脍炙人口的美食，不可不尝。

苏州东风街

◎ 风味菜肴 ◎

松鼠鳜鱼

苏州地区的传统名菜。此菜尤重造型，成品入席，无异于松鼠伏于盘中，昂首翘尾，色泽

金黄。外翻的鱼肉，油炸以后，酷似茸茸的松鼠毛，尤其是当卤汁淋浇上时，吱吱有声，犹如松鼠欢鸣。此鱼色泽酱红，外脆内嫩，甜酸适口。

肺汤

鱼每年秋季上市，肉质细腻。此汤用鱼肝及鱼肉烹调而成，汤清鲜美，鱼肝肥嫩，配以火腿、笋片、绿叶菜等，香醇鲜美。

碧螺虾仁

为吴门传统名菜。碧螺是指洞庭东、西山特产碧螺春茶叶。用新碧螺春的清香茶汁做调料，与河虾仁一起烹调而成。入口后不仅有河虾的鲜味，而且有名茶的清香，别具韵味。

响油鳝糊

黄鳝营养丰富，爆鳝丝、炒鳝片和响油鳝糊等都是苏式菜肴中脍炙人口的名菜。此菜因鳝糊上桌后盘中油还在吱吱作响而得名。

西瓜鸡

苏州传统时令名菜。以肥嫩母鸡为主料，将鸡放入西瓜内，倒入鸡汤，并放进火腿片、笋片、香菇等，加原汤，盖上瓜盖，蒸几分钟后便可上桌。鸡肉鲜嫩，汤清瓜香，为夏令时菜。

鸡油菜心

以枝矮叶肥的小塘菜的菜心和熟火腿为原料。此菜菜心翠绿，火腿鲜红，色泽美观。荤菜吃多后尝一盘鸡油菜心，更觉鲜嫩、清香、爽口、不油不腻，在宴会上已成为不可缺少的一道名菜。

■ 美食街

苏州的美食街主要分布在古城区观前街地区和盘门地区两大区域。观前街地区著名的有太监弄、碧凤坊等；盘门地区有十全街、凤凰街；两区之间还有学士街、干将路和石路金门商市美食街等。此外，还有日本料理一条街——新区商业街、欧美风情美食街——工业园区馨都广场等。

太监弄

苏州最繁华的观前街，有一条200多米长的太监弄。它因明代苏州织造局的太监们聚居于此而得名。现在，太监弄又成了苏州有名的美食街。这里10余家苏州最有名的菜馆、酒楼鳞次栉比。一句“天堂是苏州，吃煞太监弄”的当地民谣道出了太监弄的优势。

太监弄一角

交通：28、54、55、202、204、501、529、923路公交车到达。

碧凤坊

位于观前街南侧，是苏州的新贵美食街。店家云集，包括朱鸿兴、绿杨馄饨店、好人民间小吃、川福楼、好伦哥巴西烤肉、同润湘菜馆、韩松苑韩式料理、一番屋等，碧凤坊没想过要和美食老街太监弄去一比高低，却有着海纳百川的包容性。

交通：28、54、55、202、204、501、529、923路公交车到达。

■ 美食老号

1. 得月楼

苏州市太监弄43号

始建于明朝嘉靖年间，位于苏州虎丘半塘野芳浜口，距今已有400多年历史。建筑古朴，置身其中可领略苏州古典园林风貌。招牌菜有清熘虾仁、松仁玉米和五彩银鱼羹等。慕名而来的中外顾客每年达数十万人次，先后接待过泰国诗琳通公主、意大利威尼斯市长、三毛、孙晋芳、郎平等知名人士。

得月楼

电话：0512-65222230

交通：游4线，1、8、9、32、38、68、102、103、202路公交车到达。

2. 松鹤楼

苏州市观前街98号

松鹤楼

是苏州一家最古老、最著名的苏菜馆，至今已有200多年的历史。松鹤楼的菜肴，一直是正宗苏菜之佼佼者，该店拿手的松鼠鳜鱼、黄焖鳝、清蒸鲥鱼及天下第一菜等传统名肴，更是脍炙人口、闻名遐迩。

电话：0512-67272285

交通：游4线，1、8、9、32、38、68、102、103、202路公交车到达。

3. 石家饭店

吴中区木渎镇中市街18号

创业于1790年，初名“叙顺楼”。该店善用太湖淡水鱼鲜烹调，历经数代，形成了以十大名菜为主的独特的菜肴体系。著名京剧表演艺术家盖叫天、周信芳，评话艺术家金声伯，著名画家张大千等都曾来店进餐。

电话：0512-66261351

交通：502、69路公交车，游4到达。

叫花童鸡

4. 王四酒家

苏州市太监弄23号

建于清末，以专营叫花童鸡等而著称。总部在苏州繁华的闹市中心太监弄“美食街”。据说光绪的老师翁同龢经常在王四饮酒小酌，并为王四酒家撰写了“带径锄绿野，留露酿黄花”的对联。

电话：0512-65227277

交通：游4线，1、8、9、32、38、68、102、103、202路公交车到达。

■ 饕餮食肆

5. 老东吴食府

苏州市三香路156号

是一家以苏州家常菜为特色的餐馆，位于市中心黄金地段上。食府坐北朝南，是座典型的江南水乡建筑，屋檐飞翘，赭色门窗古色古香。老东吴精心创制的“东吴一绝”、“东吴醉鸡”、“东吴醉虾”等菜肴已成了此店的“东吴”品牌系列的特色菜肴。

电话：0512-68222329

交通：38、40路公交车。

酱汁肉

酱汁肉相传在200多年前已有制作，原叫酒焖汁肉，是用红胭脂作为着色原料，后来改用红米着色，进而改称为酱汁肉。“色泽桃红，甜而不腻，酥而不烂”是它的特色。苏州最有名的卖酱汁肉的店铺是陆稿荐熟食店。

葱烤鲫鱼

苏州小孩学会说“鲜得来”这句话，准是在吃鲫鱼的时候。苏州人爱吃鱼，葱烤鲫鱼这道菜突出的就是鲫鱼的鲜美。在滴着酱红汤汁的鲫鱼背上，放着半寸来长脆生生的葱段。虽然不明白为什么这样就是“葱烤”了，但这儿总是人最先下箸的地方。

◎ 风味小吃 ◎

桂花糯米藕

在大中小饭店里，桂花糯米藕总是道特别受欢迎的冷盘，小而精致的碟子，桂花的清香、藕片甜糯的味道令人意犹未尽。

糖油龙头山芋

山芋外表油光透亮，剖开时可看到满心通红，香味浓郁，入口酥糯，味若山栗，又甜又香，特别受苏州人喜爱。

海棠糕、梅花糕

苏州长相最漂亮的两种点心为海棠糕、梅花糕，可以在街巷中叫卖的挑担小贩那里买到。其梅花、海棠花的外形，让人没吃就有了赏心悦目的情怀。刚出炉的海棠糕与梅花糕，表面撒着饴糖，呈咖啡色，入口分外香甜。所以说吃海棠糕、梅花糕是一个乐趣，看店里的师傅做糕又有另外一番趣味。

松子枣泥麻饼

是苏式糕点中的著名传统食品，造型圆整，色香兼顾。吃起来甜而不腻，油而不溢，松脆可口，风味独特，是馈赠亲友的上好礼品。

6．鸡鸡蛙蛙（凤凰店）

苏州市凤凰街136号

是一个如同家一样自由随意、无拘无束的休闲式就餐场所，以招牌菜“山城烧鸡公”和“跳水牛蛙”而命名。自助式的经营方式，比较受年轻人的欢迎。

交通：50路公交车。

香辣蟹

7．徐记香辣蟹

苏州市干将西路376号

位于学士街与干将路交叉口。饭店主营以香辣口味为主的特色川湘菜，淮扬菜也很不错。特别是招牌菜香辣蟹的味道最好，蟹味香肉嫩，辅料年糕也让人回味无穷。店面的环境既适合商务人士办公用餐，也适合朋友家人的小聚。

交通：305、602路公交车。

8．哑巴生煎

苏州市娄门外苏安新村内

这家的生煎很好吃，汁水足，而且煎得很脆很香，咸中稍微带甜，肉质也很好。不过生意实在太好，去之前要做好排队的心理准备。另外，推荐震源生煎，也很不错哦。

电话：0512-67410674

交通：3、9、10、12、26路公交车。

9．盱眙怪怪龙虾

苏州市学士街492号（近景德路口）

苏州最好吃的两家龙虾中的一家，正如店名一样，上龙虾的方式“怪怪的”，是用个小木桶装上来的；口味更是“怪怪的”，可非常吸引人，咸、辣、香、麻，滋味一层又一层。龙虾打理得比较干净，难怪价钱虽贵了点，可食客依然众多，去的话最好提前订个位子。

电话：0512-65224269

交通：2、6、9、60、68、307、800、900、923路公交车。

10．同得兴面馆

苏州十全街624号

喜欢吃面的朋友可以去试试，里面的面，汤头“好”，浇头弄得也鲜美，是正宗的苏式浇头面。你还可以自己选择红汤或白汤。店面很有“苏州农家”的特色。同类面馆还有朱鸿兴面馆、陆长兴面馆等。

电话：0512-65165206

交通：1、101、102、103、202路公交车。

11．义昌福包子

苏州市金山路圣爱医院旁

真的是分量好足的包子，一个就够饱肚子的了。味道也好——肉包馅多，还有浓浓的汤汁；香菇菜包很新鲜；雪菜包咸香可口，百吃不厌。现在开了多家连锁店，馅料统一配送。推荐：香菇青菜包、肉包、咸菜包。

交通：4、53、60、70、514路公交车至长岛花园下。

苏州古镇

苏州娱乐

苏州一向就被誉为“东方迪斯尼”，置身其中，既能领略缤纷绚丽的欧美风采，又能感受自然浑厚的东方情调，中西文化精粹如清风袭面，让人耳目一新。苏州以园林风景闻名于世，除了著名的古典园林外，临河处、深巷内，还有许多经营了数十年的老茶馆，颇有古意。

苏州不仅是一座千年古城，也是一座开放型的现代化都市，苏州的娱乐，和这座城市一样，就像是一幅双面绣，既有传统的风雅，也有现代的开放。来到天堂苏州，不仅可以领略传统娱乐项目的博大精深，而且可以尽情参与许多时尚现代的娱乐项目。

酒吧街

十全街

苏州城繁华地段、沧浪亭北首有一条老街，美名“十全街”。这里至今依然保留着传统格局和水乡情调，粉墙黛瓦、古朴幽雅、临街枕河、倒影如画。传统与现代，于此相互交融。300多米长的街道上开设了20多家酒吧。每当霓虹灯闪烁，不同肤色、操着不同语言的人们成群结伙地涌向十全街，寻找一家心仪的酒吧，要上一杯啤酒，看一场精彩的表演，找一位知己聊聊天……是眼下许多苏州时尚一族夜生活的一部分。

交通：1、101、102、103、202、204路公交车。

◎ 地方曲艺 ◎

苏州评弹

苏州真是个风雅之地。当地的戏种——评弹，被冠以“说书”的美名。称唱戏的演员“说书先生”，表演的地方叫“书场”，看表演的观众就是“听书人”。书意浓浓的名字，带来的也是书卷气甚浓的动人吟唱。演

出内容大都是以历代兴亡的英雄史诗和侠义公案为题材。演员自弹自唱，形式也是生动喜人，它成了旧时苏州百姓的倾心消遣。

昆曲

说到昆曲，年轻一些的朋友未必熟稔，但提及京剧，多数人的印象似乎要更深些。可若论资排辈，昆曲一定是后者师爷辈的祖先了！相传是元末明初昆山人顾坚始创，融诗、乐、歌、舞、戏于一炉，许多京剧艺术大师如梅兰芳等也都参加过昆曲的演出。所以“百戏之祖”的崇

高地位，当之无愧。若听上一段婉转流畅的剧曲，或许就能在这耳濡目染中品出些许江南的味道来。

◎ 不可错过的景点 ◎

拙政园

有句俗话说得好“苏州园林书拙政，游罢拙政不观园”。拙政园也因此被誉为天下园林之

母。始建于明正德四年(1509)。是由御史王献臣因官场失意而还乡，以大弘寺址拓建为园的。由文徵明主持建造。园内主要景点有：兰雪堂、芙蓉榭、秫香馆、放眼亭等。

门票：旺季（3月1日～5月31日；9月1日～11月30日）70元；淡季（6月1日～8月31日；12月1日～次年2月最后一天）50元。两个旺季分别举办免费杜鹃花节、荷花节。

交通：游1、2、5线，2、3路公交车拙政园站下，往东步行100米即到。

沧浪亭

以清幽古朴见长，融园内的假山与园外的池水于一体。据说全园有108种花窗样式，图案花纹变化多端，构造精巧，是苏州园林花窗的典型。品味沧浪亭，四时景观皆有佳致：春坐翠玲珑赏竹；夏卧藕花小榭观荷；秋居清香馆闻桂；冬至闻妙香室

茶馆

1. 怡园茶楼

苏州市人民路1265号

是园林茶馆与自助茶馆的结合。怡园本是个闹中取静的园子，依了原有的建筑，茶馆和园林相得益彰，谁也不突兀。特色是这里的包间，每个包间均以“月”起名，风格各不相同。在充满诗情画意之中，深深品味吴文化，一杯清茶来得自在与悠然。

电话：0512-65249317、65155415

交通：1、8、32、38、101、102、103路公交车到达。

2. 茶人村

苏州市胥门百花洲9号

依傍了一边古胥门的沧桑年纪，茶人村也不由得透出几分别致的古朴气息来。还未进门，眼前一幅满眼暖意的大大的画片一定捕捉了你所有的视线。走近的时候，才发现那只是一道画中之门。一个个以苏州园林名称命名的秀雅包间，能让游客只想在这空间中去感受一杯茶的简单快乐。

茶人村

电话：0512-65181777

交通：20、38、40、47、89、321、931、949路公交车到达。

3. 和茶馆

苏州市道前街50号

和茶馆也是苏州的一道风景线。走进茶馆，外来游客首先就会联想到评弹和碧螺春，古门、古窗、古床、老绣片、古色古香的水具茶具等，就像进入了一个摆满古玩物的博物馆。门耳乌龙、正山小种（红茶），还有这里独有的门耳野珍，都堪称茶中精品。茶香轻溢，丝弦轻拨，吴语轻扬，啜茗细品，那种优雅的格调，很令人陶醉。

电话：0512-65237778

交通：308、321路公交车。

咖啡厅

4. 新典咖啡

苏州市景德路211号

地处市中心，是一家集休闲、娱乐、餐饮为一体的专业茶馆。幽雅的环境营造出温馨而活泼的现代茶馆的悠闲气氛，在温馨的环境中有各式咖啡和名茶。来这儿点杯咖啡或茶水，一盘话梅，几盘点心，和旧友叙叙旧，是个不错的选择。

电话：0512-65227282

交通：112、146、305、602路公交车。

5. 红房子休闲餐厅

苏州市碧凤坊19号

整个餐厅的布局和装修由加拿大设计师设计，追求现代和时尚，构思出一个温馨、浪漫、恬静的休闲空间。1楼休闲风味西餐厅，推出世界各国名菜名点及咖啡、冷热饮。2楼浪漫情调的咖啡厅，供应各式咖啡、冷热饮、花色鸡尾酒。是年轻人休闲娱乐的好去处。

营业时间：9：30～次日2：30

交通：28、54、55、202、204、501、529、923路公交车到达。

■ 酒吧

6. sos风暴酒吧

苏州市盘胥路826号

坐落于苏州市沧浪区繁华地带，属苏州市首家多功能立体化新概念娱乐综合体，呈现出迪斯科KTV新潮流。据说是苏州人气最旺的酒吧，最具特色演艺酒吧，靓女帅哥最多的酒吧，装修豪华的酒吧，也是最具约会情调的酒吧。

电话：0512-68129999

交通：38、70路公交车。

7. 后街酒吧

苏州凤凰街171号

这家纯正酒吧已经有4年的历史。每周5天的演出充满动感，乐队来自菲律宾，在音乐中品尝美酒是颇有小资情调的享受。此外，这里的100多款鸡尾酒也是一个特殊点，每一款酒都有它的来历。2楼的桌球台是苏州酒吧里最好的一张桌球台。整个酒吧的格式以英式格调为主，常常吸引一些老外和新加坡的客人。

电话：0512-65154895

交通：62、502路公交车。

■ 娱乐会所

8. 水果音乐广场

工业园区星港街158号湖滨新天地1-2楼

紧邻音乐喷泉。围绕水果主题，2楼自取水果区就是根超大的水果树形柱子。包厢设计得非常迷你精致，但麻雀虽小，五脏俱全。水果可以任意享用，含在最低消费里面了，唱得累了可以润润嗓子。

水果音乐广场

电话：0512-62531996

交通：6、109、110、148、208路公交车。

提示：周末生意格外的好，常常需要等位。

探梅。更有假山、花墙、碑石三胜，为古园平添了无限的魅力。

门票：旺季20元，淡季15元。

交通：游2、4、5线，1、14、28、30、51、101、102、103、701路公交车可达。

狮子林

苏州四大名园之一，至今已有650多年的历史。精致的江南园林景象，走到每个角落都可以按下一大堆的照片。那堆砌的太湖石，弯曲的洞穴与石头光滑圆润的感觉给人精神上的满足。

那里的典故，也让你听了难以忘记。这里虽然比不上拙政园大，门票便宜却是它的一大优势。

虎丘

自古以来就是著名游览胜地，苏东坡说过："到苏州不游虎丘者，乃憾事也。"有"吴中第一名胜"之称。园内主要景观有世界著名斜塔——虎丘塔、"天下第三泉"、断梁殿、憨憨泉、试剑石、剑池、拥翠山庄、万景山庄等。

门票：旺季60元，淡季40元。在旺季会举办花会、庙会，届时会有很多民俗表演和工艺品售卖，十分热闹。

交通：游1、2路，8、49路公交车可达。

寒山寺

过枫桥古镇的石板路小巷，或是站在枫桥桥头，抬眼即可见碧瓦黄墙的寒山寺坐落在绿树丛中，院内青松翠柏，曲径通

幽。大雄宝殿右侧有一口1906年由日本友人送来的铜钟。此钟一式共铸两口，一口在日本馆山寺，另一口就在寒山寺，至今保存完好。

门票：15元，陈列馆门票5元，联票价格为20元，登钟楼敲钟5元（3下）。

交通：游3线、3、6、9、17、21、31、301路公交车枫桥站下。

枫桥

自从唐代诗人张继写下了《枫桥夜泊》之后，千百年来，凡来苏州的游客，都要来此领略一下枫桥的诗情画意。作为枫桥景区重要组成部分的江枫洲已建设完成，江枫洲主要围绕《枫桥

夜泊》的古诗意境进行开发建设，不仅使江枫洲的风貌融入景区古寺、古桥、古街、古关、古运河形成的独特意韵中，而且还形成了一批新景观。

门票：25元。

交通：游3线、3、6、9、17、21、31、301路公交车可达。

9. 足生堂

苏州市十全街385号

在外旅游经常跑路，也要犒劳犒劳脚了。这家店比较地道正规，环境不错，敲打按摩有节奏感，是一个不错的沐足、修脚、休闲的地方。

交通：103、202、204路公交车。

■ 游乐园

10. 苏州乐园

苏州新区狮子山

位于狮子山麓，分为水上世界和欢乐世界两部分。以“东方迪斯尼”为主题，有诸如飞碟探险、时空飞船、宇宙大战、太空历险、三角滑翔翼、空中飞人等一大批高科技游乐设备。水上世界有魔幻水城、造浪池和瑞典进口的半球充气滑台等，漂流河还有仿真动物埋伏，仿佛置身于侏罗纪公园。过山车、太空历险什么的也很刺激，三维影视也很新颖，很吸引人。

电话：0512-68055654

交通：到欢乐世界：33、51、68、69路公交车，游3路到苏州乐园下，沿狮山路步行5分钟；到水上世界：38、39、89、游3路公交车到水上乐园下。

■ 剧场、影楼

11. 开明大戏院

苏州市观前街北局11号

开明大戏院

始建于1927年，最初冠名东吴乾坤大戏院，历史上乃专事京剧演出的场所，梅兰芳、马连良、周信芳、张君秋等一代艺术大师都曾来院登台献演。1957年翻建后，成为多剧种“百花齐放”，是在江浙沪地区颇具知名度的文艺表演场所。观众厅设楼下、楼上两层，共有观众席1000多个。

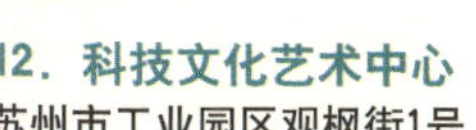

交通：38、307、321路公交车。

12. 科技文化艺术中心

苏州市工业园区观枫街1号

作为苏州的五星级电影院，值得推荐，里面的装潢漂亮气派，可以看出设计者在细节上花费了很多的心思。影院放映厅环境幽雅，设计人性化，音响很好，服务员态度亲切。科文中心还有专门的班车，考虑很周到。

交通：6、126、307路公交车。

苏州平江路

苏州购物

“三生花草梦苏州”，苏州自古就是江南繁华之地，有“鱼米之乡”、“丝绸之府”的美誉。到苏州购物，旅游纪念品首推苏绣。江苏的苏绣与湖南的湘绣、四川的蜀绣、广东的粤绣并称中国的四大名绣。苏州的碧螺春是中国的十大名茶之一，是馈赠亲朋好友的佳品。还有宋锦、桃花坞木刻年画、苏扇等，都是当地的特产。此外苏州豆腐干也是小有名气的地方特色小吃，不妨买些回去与家人分享。

商业街

观前街是一条闻名中外的集娱乐、餐饮、观光于一体的商业步行街；阊门外的石路和新区内的淮海街也是有名的商业街区。此外，十全街是旅游纪念品一条街，皮市街是花鸟市场，虎丘路和火车站前是婚纱和摄影器材一条街，都是购物好去处。

观前街

苏州的历史上，观前街相当于北京的天桥，是一个集小吃、杂货、杂耍的传统集市。观前街因其地处玄妙观前而得名，它的得名迄今已有150多年的历史，一直以汇集稻香村、乾泰祥、黄天源等多家名优特色的百年老店而誉满天下。

观前街

交通：游4路，8、32、38、102、103、301、406、502路公交车。

◎ 工艺品 ◎

苏绣

苏州的传统工艺品。其图案秀丽、针法丰富、绣工精细、色彩典雅的地方风格，与湘绣、粤绣、蜀绣并誉为中国四大名绣。

宋锦

以色泽华丽，图案精致，质地坚柔著称，与南京云锦、成都蜀锦并列为中国三大名锦。品种分大锦、合锦、小锦三种。苏州织锦厂设计生产的宋锦，格调独特，古朴文雅，美观实用而久负盛名，畅销国内外。

缂丝

我国古老而稀有的手工艺品，创始于隋、唐以前。苏州的缂丝工艺在南宋时就有了，以制作精良、淳朴高雅、艳中娟秀著称。成品正反如一，与双面绣有异曲同工之妙。

姑苏扇子

我国的扇子品种甚多，而苏州的水磨骨折扇、檀香扇、绢宫扇、纸团扇久负盛名，誉满中外。苏州民间还有用芭蕉、麦管、羽毛等编织的扇子，大多出自虎丘、山塘一带，其特点是朴素大方，别具风味。

玉石雕刻

“苏琢”闻名全国，以小件为主。常用玉石有翡翠、白玉、绿松、青金、珊瑚、碧玉等，不下20种。苏州玉雕厂产品以艺术欣赏为主，部分产品观赏与实用相结合，主要工艺品有仿古炉瓶、人物、花卉鸟兽和首饰玉器等。

红木家具、红木小件

都以红木为材料，前者大件居多，以实用为主；后者多为小件，以欣赏为主。苏州红木雕

刻，历史久远，自明代起形成造型简练、线条挺括、做工精良、磨清光亮的“苏式”风格。

石路街

这里有八面风、亚细亚、威尼斯、太平洋、汇丰、精品等10余家大中型综合性、专业性商场，上百家银行、邮局、旅社、酒店、饭馆、浴室、舞厅等更是一家挨一家，是一个人气旺盛、功能齐全、成交活跃，极具商业开发价值的闹市区。

交通：6、44、318、406路公交车。

十全街

位于苏州古城内宾馆区，是享誉中外的餐饮工艺特色街。著名的南林饭店、苏州饭店、南园宾馆和古典园林网师园坐落在这条街上。举步十全街，一眼望去，错落有致、粉墙黛瓦、颇具宋明建筑风格，楼后一家家餐馆、工艺店接踵而开，各具特色。

交通：1、101、102、103、202、204路公交车。

虎丘婚纱一条街

虎丘素有“吴中第一名胜”之称，距市区30分钟车程，每天不只接待上万的旅游者，也接待着至少上千的新人。在虎丘路两旁，分布着大大小小数百家婚纱礼服店，按区域大致可分为玫瑰田、居家巷和天赐广场。贴身的裁剪，精湛的工艺，为无数对新人缝制了爱的回忆，铭刻了爱的见证。

交通：苏州火车站或汽车北站有公交车直达，打的10～12元。

枫桥大街

位于枫桥景区，是具有浓郁地方特色的文化旅游商业街，明清建筑，风貌古朴。林立的店铺，汇集了江南几乎所有的工艺商品，有丝绸、苏绣、书画、文房四宝、红木雕刻和檀香扇等，还有各色古玩店、珍珠店、茶壶店，书画家自产自销的画廊。

交通：33、44、301、307路公交车，游3路可到。

商铺老号

1. 恒孚银楼

苏州市人民路接驾桥

我国著名珠宝首饰名楼之一，已有170年的悠久历史。银楼发兑赤足条锭，销售多种金银首饰，成色足，分量准，制作精美，饮誉江、浙、沪一带。今天，恒孚首饰既有成色牢度佳的传统感，又有流畅秀美的新潮感，江南农村姑娘陪嫁，都以拥有“恒孚”首饰为荣。

交通：1、3、5、18、101、102路公交车到达。

2. 采芝斋糖果店

苏州市观前街91号

开设在观前街东段的采芝斋糖果店是家有百余年历史的老字号，创业之始，摊上搁一块“家住玄都东洙泗巷口小糖摊”的牌子，当众熬糖、剪糖。因剪出的糖块形似粽子，故名粽子糖。经数代相传，在实践中创造了不少具有民族和苏州地方特色的名牌产品。

采芝斋糖果店

提示：采芝斋糖果店附设茶楼，一边听苏州评弹，一边品尝采芝斋丰富的苏式糖果茶点，非常不错。

3. 人民商场

苏州市北局22号

成立于1934年，营业主楼外观壮美、内饰豪华，购物环境舒适。是苏州老店，苏州人都喜欢去逛的，最受老百姓的欢迎了，不过节假日人太拥挤。

电话：0512-65221252

交通：1、2、101路公交车。

特色商店

4. 皇后绸都

苏州市人民路1558号

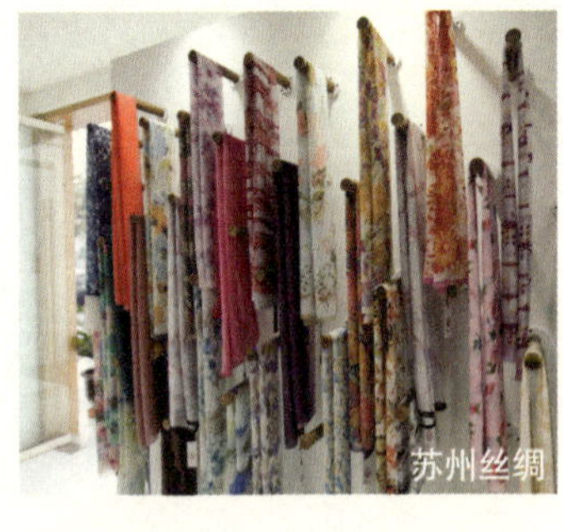
苏州丝绸

中国丝绸与中国园林同样驰名中外，尤其苏州丝绸，它是中国传统艺术的瑰宝。绸都主营真丝面料、服装、围巾、礼品等。虽然价格比较高，但质量有保证。

电话：0512-67292245

交通：1、101、102、18、3、5路公交车到达。

5. 唐狮服装专卖店

苏州市平江区观前街58号

年轻人的首选，里面针对年轻人的衣服比较多，而且价格也相对便宜。款式比较新，也比较流行，价格经常有优惠打折。符合工薪阶层。

交通：游4路，8、32、38路公交车。

◎ 土特产 ◎

糖果采芝斋

名号红遍大江南北，据说其最早的制糖技术源于《吴门表隐》所载明代后期的谢云山。现有三松糖、粽子糖、酥糖、贝母贡糖、西瓜子、芝麻薄皮、白糖杨梅、话梅、青梅、九制陈皮、虾子酱油、虾子鲞鱼、松仁枣泥麻饼、椒盐胡桃、松子喜糖等100多个品种。

糕团黄天源

苏州人嗜甜糯食物，而且逢年过节都要互赠吉祥喜庆礼品，表示祝贺之意，创设于1821年的黄天源糕团，就是相当受欢迎的礼品。除按时令节气的变化供应各种品种外，黄天源还按苏州人的风俗习惯推出适销品种，供应老年人做寿的有寿团、寿糕，姑娘出嫁有蜜糕、铺床团子等。

茶食叶受和

招牌点心有松子枣泥麻饼、小方糕、云片糕、四色片糕、婴儿代乳糕等，后来的产品如豆酥糖、芙蓉酥等也很杰出。不妨买些叶受和的茶食，旅游结束后送给亲朋好友。

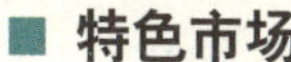

特色市场

6. 苏州文化市场

苏州市人民路120号

于1998年成立，至今已拥有100多家民营书店、音像店、电脑配件店。主营书籍、画册、明信片、名人字画、音像制品、文化类纪念品等，适合学生和文化人士去淘宝。

交通：1、101、102路公交车到达。

古玩市场

7. 古玩市场

苏州市人民路文庙内

庙内古建筑保护较好，场地内绿树成荫，甚至还有小石桥和荷塘，让喧闹的市场显现出一种庭园式的诗情画意，颇具苏州特色。场内几百个地摊都排布得井井有条。市场展示的东西品种齐全，瓷器、玉器、青铜器以及木雕、牙雕、钱币、邮票等摆满了一个个摊位。

电话：0512-65197203

交通：1、101、102路公交车到达。

购物中心

8. 金鹰国际购物中心

苏州市观前街1号

位于闻名中外的观前步行街上，以经营中高档服饰品牌为特色，同时保持齐全的商品门类。因为汇集的大都是名牌，产品质量很好，购物比较放心，服务态度较好，专柜人员都有较好的素质和专业知识，相对来说购物更省心，只是去买东西的时候，荷包一定要鼓才行哦。

金鹰国际购物中心

电话：0512-67708899

交通：游4路，8、32、502路公交车。

9. 泰华商城

苏州市人民路383号

高档消费，品牌多，质量也有保证，总的来说比较正规。里面环境不错，服务态度也好，但价位偏高。现在的名牌服饰挺多，适合高层人士光顾。

电话：0512-65292222

交通：5、33、88路公交车。

10. 大洋百货

苏州市人民路409号

位于苏州商业中心，是一家流行百货商场。主营国内外知名品牌商品，保证有关商品是当年当季最流行的款式、颜色及设计。东西比较多，也很杂，但价格较便宜，属于大众化消费。

大洋百货

营业时间：8：00～20：00

交通：5、33、88路公交车。

11. 新世纪百货

苏州市人民路23-29号

分西楼和东楼，两楼之间横跨苏州主干道人民路，中央空调、自动扶梯、观光电梯等现代化设备齐全。西楼都是以高档商品为主，东楼是中档商品居多。一般在打折或有活动的时候，质量款式和价格都让人满意。

电话：0512-65292222

交通：5、33、88路公交车。

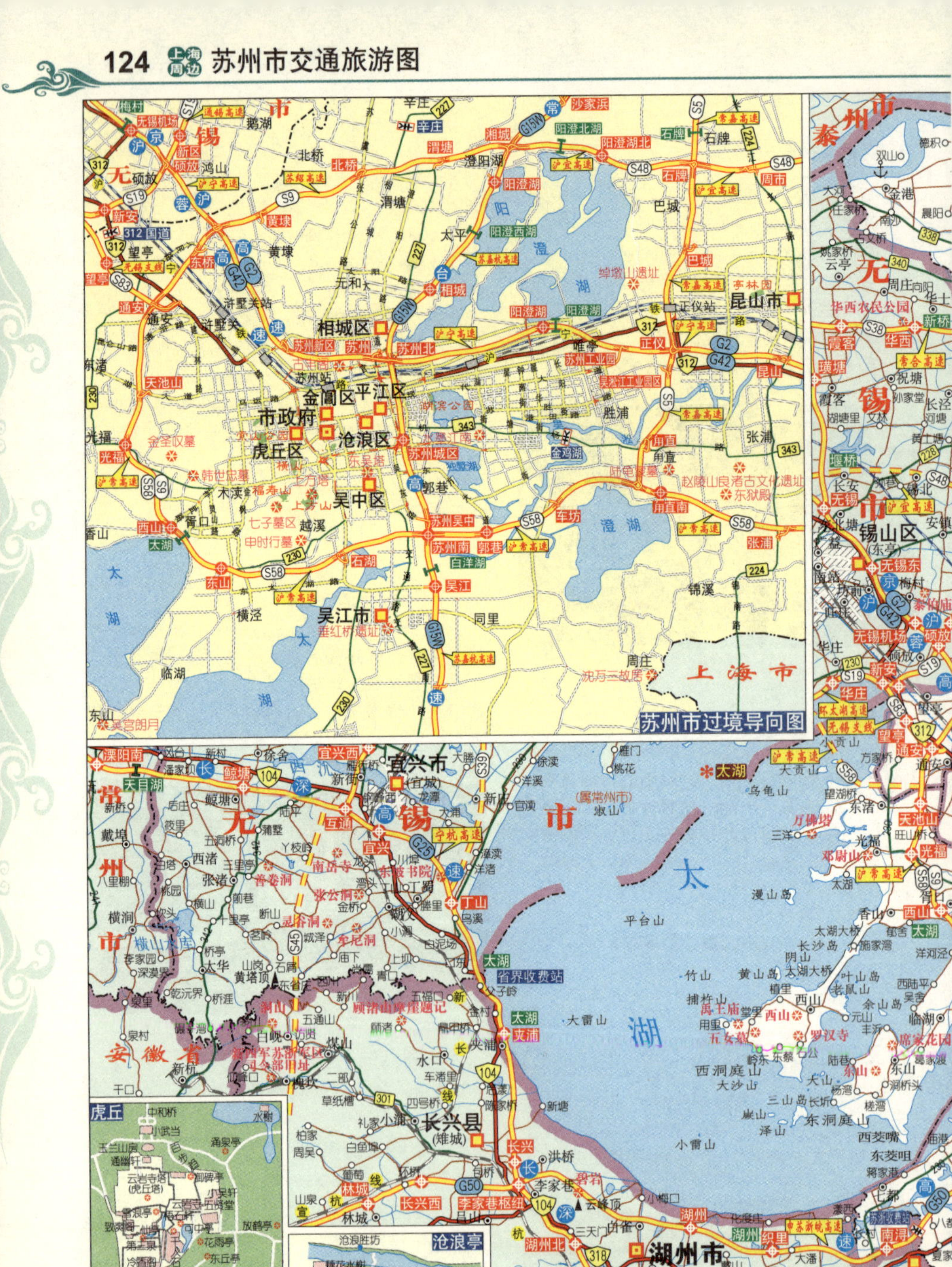
苏州市过境导向图
相城区
金阊区
平江区
市政府
沧浪区
虎丘区
吴中区
昆山市
吴江市
宜兴市
长兴县
湖州市
南浔区
锡山区
太湖
阳澄湖
澄湖
上海市
安徽省
虎丘
沧浪亭

南通市
港闸区
崇川区
海门市
张家港市
常熟市
太仓市
昆山市
苏州市
相城区
吴中区
吴江区
嘉定区
宝山区
上海市
青浦区
崇明县
嘉善县
南湖区
秀洲区
嘉兴市
长
江
南
通
市
苏
州
市
上
海
市
浙
江
省
苏通长江大桥

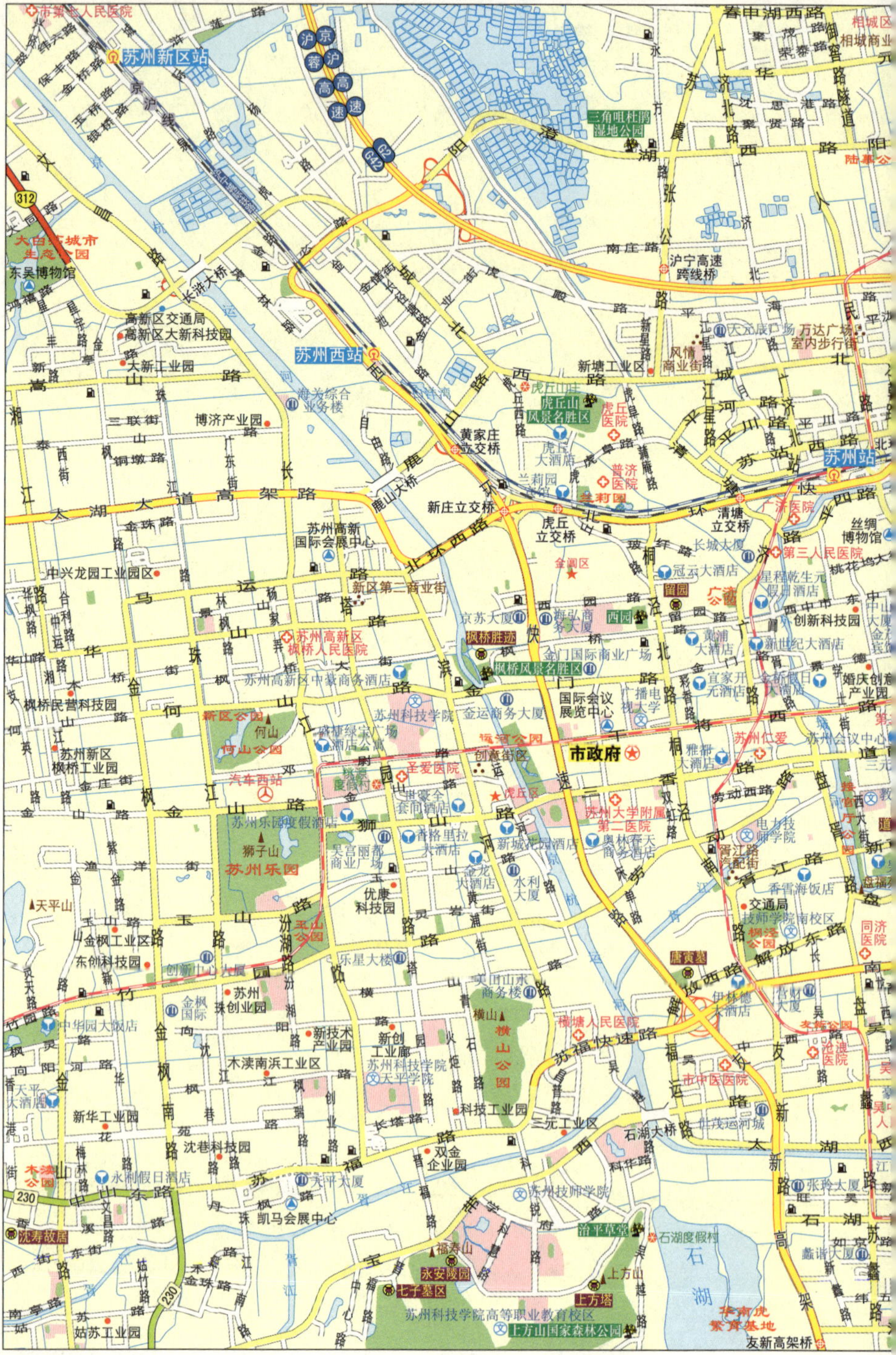

市第七人民医院
苏州新区站
京沪线
沪蓉高速
京沪高速
G2
G42
312
大白荡城市生态公园
东吴博物馆
长浒大桥
高新区交通局
高新区大新科技园
大新工业园
苏州西站
三联街
博济产业园
海关综合业务楼
枫津湾
黄家庄立交桥
虎丘山庄
虎丘山风景名胜区
虎丘医院
虎丘大酒店
三角咀桂鹏湿地公园
南庄路
沪宁高速跨线桥
新塘工业区
风情商业街
天元广场
万达广场室内步行街
苏州站
普济医院
兰莉园
鹿山大桥
新庄立交桥
虎丘立交桥
清塘立交桥
丝绸博物馆
第三人民医院
长城大厦
冠云大酒店
广济医院
留园
星程乾生元假日酒店
创新科技园
黄浦大酒店
新世纪大酒店
宜家开元酒店
金桥假日大酒店
婚庆创意产业园
苏州高新国际会展中心
中兴龙园工业园区
新区第二商业街
京苏大厦
海弘商务大厦
西园
苏州高新区枫桥人民医院
枫桥胜迹
枫桥风景名胜区
金门国际商业广场
苏州高新区中银商务酒店
枫桥民营科技园
苏州科技学院
金运商务大厦
国际会议展览中心
广播电视大学
苏州会议中心
新区公园
何山
何山公园
苏州新区枫桥工业园
绿宝广场酒店公寓
运河公园
创意街区
市政府
雅都大酒店
苏州仁爱
汽车西站
桃花坞度假村
圣爱医院
君豪金套间酒店
虎丘区
苏州大学附属第二医院
劳动西路
苏州乐园度假酒店
狮子山
苏州乐园
吴宫丽都商业广场
香格里拉大酒店
新城花园酒店
奥林有天商务酒店
电力技师学院
胥江路汽配街
香雪海饭店
天平山
优康科技园
金龙大酒店
水利大厦
狮山公园
交通局技师学院南校区
桐泾公园
同济医院
金枫工业区
东创科技园
创新中心大厦
乐星大楼
美国山水商务楼
唐寅墓
伊林德大酒店
吉财大厦
孝格公园
沧浪医院
中华园大饭店
苏州珠创业园
金枫国际
新技术产业园
新创工业廊
横山
横山公园
横塘人民医院
苏福快速路
木渎南浜工业区
苏州科技学院天平学院
市中医院
天平大酒店
新华工业园
科技工业园
三元工业区
石湖大桥
世茂运河城
长塔路
沈巷科技园
双金企业园
科华路
木渎公园
永利假日酒店
天平大厦
苏州技师学院
张玲大厦
230
凯马会展中心
沈寿故居
治平禅寺
石湖度假村
石湖
福寿山
永安陵园
七子墓区
上方山
上方塔
苏州科技学院高等职业教育校区
上方山国家森林公园
华南虎繁育基地
友新高架桥
姑苏工业园
姑苏路
春申湖西路
相城区
相城商业
陆慕公园
平江路
盘门
劳动西路
解放东路

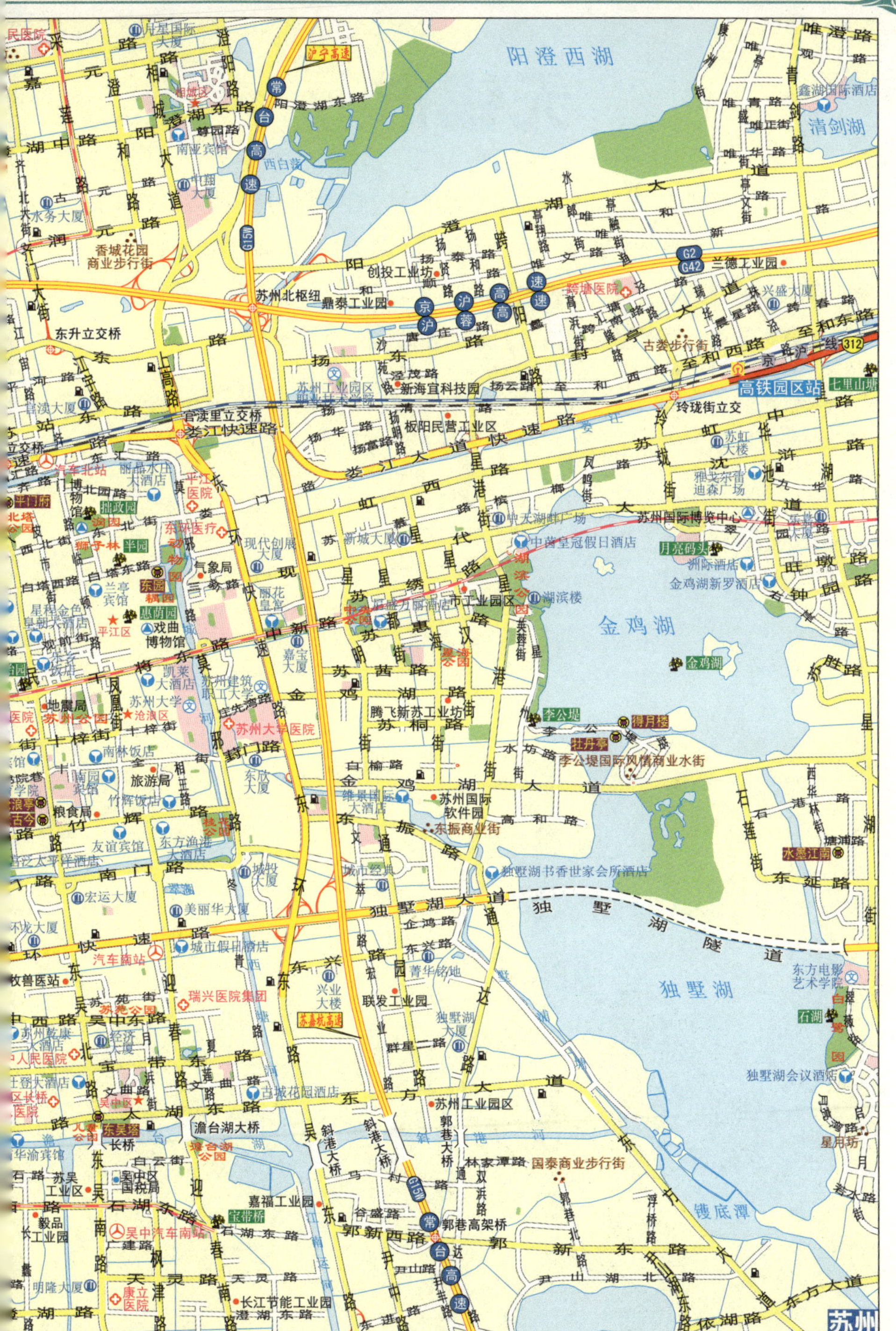
阳澄西湖
清剑湖
金鸡湖
独墅湖
苏州北枢纽
高铁园区站
苏州国际博览中心
苏州工业园区
苏州大学
苏州大学医院
李公堤国际风情商业水街
独墅湖隧道
东振商业街
国泰商业步行街
古娄步行街
苏州国际软件园
汽车北站
汽车南站
吴中汽车南站
沪宁高速
苏嘉杭高速
独墅湖大道
东方大道
娄江快速路
干将东路
现代大道
星港街
苏州

无锡市

据传周、秦期间，无锡境内锡山多锡矿，人们竞相开挖。汉初，锡矿开尽，故名“无锡”。无锡是太湖上一颗“明珠”，鼋头渚山水与园林巧妙融合；天下第二泉清澄甘洌，名曲《二泉映月》的旋律犹在耳；灵山大佛与祥福寺固然吸引了无数善男信女，而喜爱自然的人们则向往着宜兴的茶林、溶洞……

行政区类别：地级市
电话区号：0510
邮政编码：214000
人口：469万
面积：4627平方千米
行政区划：辖6个区、2个县级市

交通资讯
航空：无锡市硕放机场
电话：0510－85320416。
铁路：无锡火车站
地址：车站路1号。
公路：无锡汽车站
电话：0510－82304405。
无锡客运总站
电话：0510－82445489。
无锡汽车西站
电话：0510－85802297。
出租车：起步价10元。

无锡运河风光

太湖风光

气候与游季

无锡属亚热带季风海洋性气候，温和湿润，四季分明，年平均气温15.5℃，夏季炎热多雨，1月平均气温2.8℃；7月平均气温28℃。雨量充沛，年平均降水量为1000毫米，全年无霜期为230天左右。无锡四季皆宜旅游，尤以4～10月为旅游黄金季节。但每年6～9月为梅雨季节，注意带雨具。

交通

航空 ■ 无锡硕放机场位于市区东南20千米，有飞往北京、广州、深圳的每日航班和至成都、昆明的航班。乘飞机来往无锡，还可以取道上海虹桥机场、浦东机场或南京禄口机场。

铁路 ■ 无锡是华东地区重要的铁路枢纽之一，沪宁铁路与已建成的新长铁路在此交会，沪宁线上几乎所有的列车均停靠无锡。此外，无锡还有始发上海、南京、杭州、宜昌、南宁、怀化的列车。

公路 ■ 无锡地处江苏省公路网的“十字路口”，沪宁、京沪高速公路在此交会，万里长江第一桥——江阴大桥沟通了江南与苏北各城市。无锡有三个长途客运站。

水运 ■ 无锡水运比较发达，从浙江湖州可乘旅游船经过太湖到无锡；从苏州、镇江、丹阳可乘游船经过古运河到无锡。

无锡三国城

风景名胜

主要景点推荐

无锡影视城 无锡影视城包括：三国城、水浒城、唐城，位于风光绮丽的太湖边上。是国内较早的、人工搭建的影视拍摄基地。

门票：三国城90元，水浒城85元，唐城65元。

交通：乘公交212路、820路、旅游观光巴士可达。

锡惠公园 公园倚锡山、惠山而筑，两山之间为人工开挖的映山湖，真山假水相互辉映。是无锡市区内最大的公园。

门票：70元。

交通：无锡城内乘坐公交2路、4路、10路、91路、801路、旅游观光巴士可达。

锡惠公园

东林书院 创建于北宋政和元年的东林书院，是当时知名学者杨时长期讲学的地方。

门票：16元。

交通：位于解放东路867号，乘坐公交55路、57路、89路可达。

薛福成故居建筑群 无锡市崇安区健康路西侧，清代建筑，占地1.2公顷。建筑面积约10000平方米，是我国传统建筑吸收西方文化的江南大型钦赐府第。中国维新派代表任务、中国近代著名的思想家和外交家——薛福成的故居。全国重点文物保护单位。

门票：淡季35元，旺季45元。

交通：乘40路可达。

蠡园 坐落在蠡湖北岸的青祁村。传说中范蠡携美女西施隐于太湖、泛舟渔歌的地方。

门票：20元。

交通：乘坐315路公交可达。

鼋头渚 鼋头渚是无锡南部太湖之滨的一个状如鼋头的半岛，无锡城因鼋头渚而声名鹊起。这里至今仍保存着许多古代吴越史迹，及吴越历史人物的传说。

门票：105元（含游船）。

交通：1路、820路直达。

梅园 无锡市区7千米，坐落在西郊的东山、浒山和横山之间。梅园为著名民族工业家荣宗敬、荣德生兄弟以“为天下布芳香”的宗旨而建。此园遥临太湖烟波，背倚龙山翠屏，倚山建园，以梅饰山，近山远水，虚实相映，构成一幅天然图画。是一处久享盛誉的江南赏梅胜地。主要景点有：梅园刻石、洗心泉、米襄阳拜石、天心台、揖蠡亭、清芬轩、香海、诵豳堂、招鹤亭、小罗浮、念劬塔、豁然洞、开原寺、松鹤园、小金谷、吟风阁。

门票：60元。

交通：无锡城内乘坐旅游观光巴士可达。

泰伯祠庙 为纪念吴国创始人泰伯而设的祠庙。

门票：20元。

交通：火车站乘公交19路直达。

灵山大佛 为一尊高达88米、是迄今为止我国最高的巨型佛像，灵山大佛的意义不仅体现在宗教、历史和文化上，还体现在旅游上，灵山担负着带动太湖国家旅游度假区内相关产业共同发展的重任。古刹已经恢复，大佛也已建成，规划中的灵山大佛景区的主体旅游内容已经形成，但灵山要发展成为江南佛教文化的代表性丛林，还需要一系列的配套性景点。大佛、大庙、大景区，浓郁的佛教气息，无处不在的信仰精神和感化力量——这是灵山大佛景区的宏伟蓝图。灵山大佛景区于1997年建成，占地面积约30公顷，经过几年的发展已成为江南佛教文化的代表性丛林。灵山大佛本身所造成的巨大视觉冲击效果、灵山景区浓郁的佛国氛围和宗教旅游所特有的"心灵环保"功能，使灵山在国内的旅游行业中取得了重要地位。

灵山梵宫

樱花烂漫鼋头渚

门票：210元。

交通：乘公交88路、89路到灵山大佛景区。

龙头渚 龙头渚由大储山蜿蜒伸入太湖中腹形成半岛，酷似青龙伏卧在太湖碧波之中，故名龙头渚。面对万顷太湖，背靠灵山大佛。

门票：25元。

交通：乘公交88路、89路到灵山大佛后，再换乘出租车10分钟后到龙头渚。

太湖风景区 国家级风景名胜区。沿湖附近有著名的无锡山水、苏州园林等，形成了

太湖一角

闻名中外的太湖风景区。太湖，中国第三大淡水湖，面积2250平方千米，跨江浙两省，烟波浩淼，气势磅礴。无锡濒临太湖北半圈，占有太湖最美一角。南屏马迹，北枕龙山，中犊山如流砥柱；大箕山、小箕山三山鼎立，湖广山秀。鼋头渚、蠡园等均在太湖风景区范围内。

寄畅园 在无锡市惠山。江南著名明清园林。占地约1公顷。布局得当,艺术手法巧妙,融自然山水于一体。清代康熙、乾隆二帝每

寄畅园

下江南必游此园。乾隆皇帝还在北京颐和园内仿其建筑形式造惠山园，后改名谐趣园。全国重点文物保护单位。

东林书院旧址 在无锡市东门苏家弄内，为明代东林党人讲学和议论朝政活动的中心。创建于明万历三十二年（1604年）。1981～1982年重修后开放。

其他景点推荐

三国城、水浒城、荡口镇、
泰伯墓、徐霞客故居及晴山堂石刻、
华西村、太平天国辅王府、张公洞、
灵谷洞、善卷洞、国山碑。

宜兴

善卷洞 与比利时的汉人洞、法国的里昂洞合称为世界三大奇洞。洞景巧夺天工，素有“万古灵迹”、“欲界仙都”之美誉。历代名贤雅士文人墨客均在此留下了一篇篇千古绝唱的诗文石刻。

门票：145元。

交通：乘游2路直达。

善卷洞

竹海 竹海风景区纵横400千米，连绵于苏浙皖三省。宜兴自古便有“竹的海洋”之称。主要由镜湖区、翡翠长廊区、水景瀑布区、竹种园区、海底区、小海中海区、悬空环游栈道区、千年古寺区、品茗休闲区等组成。

宜兴风光

门票：80元。

交通：游1路可达。

瀛园 始建于清乾隆年间，原为谢庭扬的私人住宅。宜兴城内至今保存最完好的古典园林建筑。

门票：10元。

交通：乘公交1路、3路、12路可达。

张公洞 相传中国道教创始人汉代的张道陵、唐代的八仙之一张果老的隐居修行处。

门票：联票160元（含漂流、地下洞、溶洞、陶吧）。

交通：乘游1路直达。

慕蠡洞、西施洞 宜兴多溶洞，慕蠡洞、西施洞以慕蠡洞的典型石灰岩溶洞而著名。是宜兴最大的溶洞之一。

慕蠡古洞

门票：50元。

交通：在宜兴乘游1路可达。

灵谷洞 绚丽多姿、绚烂纷呈的江南溶洞。

灵谷洞

门票：65元。

交通：宜兴城内乘游1路直达。

周王庙 周王庙又称英烈庙，位于宜兴东庙巷内，始建于晋康九年。是祭祀晋平西将军周处而建的专祠。

交通：乘坐公交2路、12路可达。

徐悲鸿纪念馆 为纪念中国杰出画家、美术教育家徐悲鸿而建的一座纪念性的博物馆。

门票：5元。

交通：乘公交7路、8路在实验小学站下车。

徐悲鸿纪念馆雕塑

太平天国辅王府 始建于清代，曾为太平天国辅王府，现为宜兴历史文物陈列馆。

门票：15元。

交通：乘游1路可达。

宜兴陶瓷博物馆 宜兴因盛产紫砂陶器皿而闻名天下，这里荟萃了30000余件宜兴生产的古今紫砂、青瓷、均陶、彩陶和精陶。在此一览5000余年的陶艺精巧。

门票：20元。

交通：乘游1路可达。

江阴

徐霞客故居 中国最重要的旅行家、地理学家的故居。

门票：12元。

交通：在无锡汽车站乘往马镇的中巴，或者由江阴汽车站乘2路，江阴中山站乘10路公交车可达。

徐霞客故居

兴国寺塔 始建于宋初太平兴国年间，原为太平兴国教寺的七级浮屠即佛塔。宋初佛塔，登高可见江阴古城全貌。

交通：市内，徒步可达。

蠡园风景

吃喝玩乐购

无锡美食

无锡饮食属“四大菜系八大帮”的苏菜系苏锡帮，具有江南水乡特色，口味偏甜。长江中有刀鱼、鲥鱼、河豚长江三鲜，太湖中有白鱼、白虾、银鱼等太湖三白。烹调时用料严谨，注重配色，讲究造型。而更诱人的是无锡的点心了，去了那里一定少不了品尝太湖船点以及各种由来已久的糕点。

美食街

无锡市内主要的美食街有崇安寺2楼皇亭美食城、南禅寺商城及美食街和中山路美食购物一条街等，其中比较有名的是青石路。

青石路

除了各种风味餐馆，整条街上也有卖各种小吃、零食。各种炒货店，生意也很红火。光是各种口味瓜子、蜜饯的选择，就让人不知选什么好。

交通：29、85、90、90路支、115、313路公交车。

美食老号

1．拱北楼

北大街1号B座

一家始建于1863年的老店，主营淮扬、锡帮风味等家常菜。力荐这家的风味早面，味道很不错，面汤都是真正的鸡汤，很有营养。此外，拱北老式面、酱汁鸡腿面、响油鳝糊也不错。

◎ 特色名菜 ◎

天下第一菜

主料为虾仁、锅巴，用番茄酱、熟鸡丝和鲜鸡汤加调料着芡熬成汁，浇上锅巴。此菜色金黄，味香而鲜嫩，又酸甜适中。

金玉满堂

选取蹄髈蒸烂，复蒸时将熟鸡、鸭肫同时上笼，蒸毕后入品锅内，并放入预先制作好的作料后雕成菊花形、以火腿末为花蕊的鸡蛋。该菜有“开花结子，子孙满堂”的象征意义。

腐乳汁肉

1906年由聚丰园菜馆王荣

初创制，具有肉油不溢出，不碎不腻、糖收膏、喷香糜烂味甜咸适中，色如红腐乳的特点，故名腐乳汁肉。

◎ 风味小吃 ◎

无锡排骨

兴于明代，是无锡名产之一。特点是肥而不腻，酥而又香，咸中带甜，美而又鲜。堪称食用之上等佳肴，馈赠亲友之上

等礼品。

油面筋

已有230多年历史。油面筋色泽金黄，表面光滑，味香性脆，吃起来鲜美可口，含有很高的维生素与蛋白质，如塞进肉瓤烧煮，则别具风味。

太湖船点

起源于明代，因作为太湖游船上的点心而得名。人们将花卉瓜果、鱼虫鸟兽等各种形象引入船点，终于形成了小巧玲珑、栩栩如生，既可观赏、又可品尝的特色点心。

电话：0510-82757878

交通：5、81、67路等公交车，胜利门下。

2. 聚丰园

无锡市中山路555号

创建于1867年，是吃本帮菜的好地方，口味比较贴近大众，价格也算实惠。酱排骨、香菇菜心和西湖莼菜汤是典型的无锡菜，脆鳝、蟹粉鱼翅、蹄筋海参做得也不错。

交通：90、102、112、118、201、208、722路公交车。

3. 三凤桥肉庄

中山路240号

已有80多年的历史，喜欢无锡排骨的就一定要来这里，酱排骨很香，很脆，口感更是美味。其他菜和别的饭馆差不多，关键地点也不错，位于市中心，很方便的。

电话：0510-82702595、82700605

交通：11、16、63、82、87、90、102路公交车。

提示：那里还有熟菜卖，可以买了带回家吃，招待亲戚朋友也不错，也实惠。

4. 王兴记

中山路223号学前街口

始建于1913年，以小笼包和馄饨而出名，口味也比较独特，适合随便吃吃，环境还是可以的。小笼包充分体现了无锡食品的特点：皮薄多汁，甜！外地人也许吃不惯，但无锡人很喜欢。馄饨中以三鲜馄饨为最佳，馅心鲜美、皮薄而坚挺耐煮，汤清味鲜。

电话：0510-82726484

交通：11、16、62、63、82、87、90路公交车。

5. 熙盛源

健康路72号（近学前街）

同样以小笼包和馄饨见长的老字号，店面装潢得古色古香，很干净。经营的品种不多，甚至少得都没得选。但真的是做到了"少而精"，小笼包个大馅多，汤汁丰富；红汤馄饨肉嫩嫩的，每只里面都有虾肉，馄饨汤里面还有芝麻、红油，香香的……

电话：0510-82711707

交通：5、11、87路公交车。

红烧河豚

饕餮食肆

6. 湖滨饭店餐厅

环湖路1号湖滨饭店主楼1楼(近蠡园)

太湖边上，地点和环境都不错，是无锡人眼里最有分量的饭店之一。菜肴很有无锡地方特色，每一道都“师出名门”。 除了海鲜色拉、芥末鲍鱼、红烧河豚、蒜蓉豆苗这些主打菜，还有那道无锡肉酿面筋，个不大，味道独特，令人停不下筷。

电话：0510-85101888

交通：1、824路公交车。

7. 天福苑酒家

崇宁路19-2号

菜式很多，花样不少。除了做“脆鳝”这样有代表性的无锡本帮菜外，还有苏帮、杭帮的特色菜。玉兰饼名不虚传，尤其是外面的皮炸得很松，很酥。凉菜中鹅肝和糖醋小排很有特色。黄鱼很鲜美，可惜价格贵了点。

电话：0510-82767788

交通：25、215、216路公交车。

8. 渔人码头

太湖鼋头渚侧门（近渤公岛大堤）

一家新开业的饭店，以本帮菜为主，兼有川菜，可以满足多种食客的口味。水晶虾仁不错，个个圆润滑溜，脆脆的；榴莲酥正宗，奶香浓郁，溏心美味，皮酥脆……

水晶虾仁

交通：1、87路公交车。

提示：饭店的环境很好，三面环水，一面临山。临窗而坐，窗外的山水树草、蓝天晚霞皆可入画。

三鲜馄饨

起源于锡山市东亭乡。馄饨以鲜肉、开洋、榨菜制成馅心，故称“三鲜”。并以肉骨头吊汤、豆腐干丝、蛋皮丝为作料。具有皮薄、馅多、汤鲜的特点。

梅贡饼

是无锡传统名点，制于1932年。梅贡饼呈金黄色，皮酥层

薄，出炉热吃，味香可口。

惠山油酥

相传元末明初，由惠山寺僧人创制，因其形状似寺内“四大金刚”塑像的肚脐，被僧人誉为“金刚肚脐”一直沿袭至今。油酥采用纯素油，精白粉、芝麻、果仁、瓜丝等原料，经烘制而成。它品形规整，色泽金黄，

食肆推荐

赛王记——无锡小笼和开洋馄饨（全无锡最好吃的，在锡惠公园对着映山湖的后门口）。
熙盛源——小笼（健康路和南禅寺，普通馄饨，4元/两，感觉是最好吃的）。
毛华玉兰饼——振兴路菜场和清扬路家乐福对面。
扬州包子馆——南禅寺扬州包子馆里面的包子很不错，推荐三丁包。
小峰夜宵——南长街“小峰夜宵”的骨头煲，汤的配料很古怪，鲜美得想把自己的舌头也吞了。
龙凤包子馆——解放东路748号，特色点心慈福包子。

9. 索索破父子蒸菜馆

三省桥1号(近建筑路)

位置和环境都很一般，但却有好多“追随者”，即便前几天预订都不一定能吃上。菜品以蒸菜为主，鲜的入味，很有家中菜的温馨感。珍珠鳗鱼和清蒸鸡是这里的招牌菜，鸡汤上的油很多，鳗鱼的珍珠颗粒的样子也很可爱……

电话：0510-85121776

交通：20、27、40、59、82、86、95、103、206路公交车。

提示：最有意思的是，在这里点菜不用看菜单，只需报上人数，老板就会帮你配菜。

10. 喜洋洋食府

人民中路69号(大众剧院斜对面)

可以说是无锡市中心既便宜实在又美味的地方了。干煎带鱼很好吃，喜洋洋菜粥也不错，而且分量相当足。此外，那个红烧肉的味道也很好。

电话：0510-82718892

交通：715路公交车。

◎ 地方曲艺 ◎

锡剧

又叫“无锡滩簧”，起源于清代乾隆嘉庆年间，在苏南地区极为流行。“滩簧”的意思为说唱。锡剧界的成就者老艺人袁仁仪艺高德高，受到各剧种名艺人尊敬，他的坟墓至今还保存在锡剧发源地羊尖。

二泉映月

惠山有九龙十三泉，民间音乐家瞎子阿炳，曾在惠山一带谱下了《二泉映月》名曲，如泣如诉，为国内外所广泛称颂。

无锡夜景

无锡娱乐

无锡是一个兼收并蓄的开放型城市，各种休闲娱乐活动多种多样。这里是锡剧的诞生地，而瞎子阿炳的乐曲至今还在感动着每个中国人的心灵；到了华灯初上之际，湖滨路、中山路以及五爱广场等地的酒吧、KTV更是亮出闪烁的霓虹灯，招徕宾朋。

酒吧街

继南京、扬州之后，“1912街”也进驻到无锡，打造无锡的新派夜生活。此外，青石路和北大街上也有许多无锡老酒吧。

湖滨路酒吧街

位于运河边上，这里一家挨一家地聚集着近80家酒吧、茶室和咖啡厅、料理店。每到华灯初上之际，这条休闲街上就开始轮番上映“休闲三部曲”18：00～20：00，主要是日韩等餐饮的天下；20：00～22：00就是酒吧、咖啡吧的市面；22：00开始，唱歌、沐浴、泡脚等休闲方式开始登场。

1912街

无锡1912街坐落于无锡火车站对面，古运河畔、傍水而居。依托古运河文化，打造时尚休闲长廊，乱世佳人酒吧、玛索酒吧、A8酒吧、COCO酒吧、百度酒吧等酒吧纷纷入驻，配套高档餐饮，成为无锡休闲娱乐的时尚地标。

交通：27、36、53、67、106、207、211路公交车。

茶楼、咖啡屋

水乡茶楼

1. 水乡茶楼

学前街4号

氛围不错，一进门就有小桥流水的感觉。据说，这里人气很旺的一个重要原因就是可以从早上坐到凌晨，不需要续杯费，价廉物又美。茶的品种很齐全，小吃也不少，就是包厢与包厢之间完全无隔音。

电话：0510—82730199、82702678

交通：21、27、40、53、63、67、118路公交车。

提示：这里还经常举行古筝和汉服表演。

2. 钱塘茶人

北大街69号

复古的装潢风格环境很不错，显得很清静。茶的品种很多，单看价格，最便宜的也要48元，不过，那里提供免费的茶点，到了晚餐时分还有自助餐，这样算来，还是很划算！喜欢泡椒凤爪、小馄饨、牛肉面、爆米花，还有大份的水果！

电话：0510—82601888

交通：29、85、90、313、360路公交车。

奶茶

3. 茶新语

大成巷步行街

一家新近开张的奶茶店，很实惠。里面的服务态度非常好，而且奶茶的味道和质量都很不错，很香很浓，冬天买来喝非常过瘾。

交通：5、27、33、63、68、70、86、96、207路公交车。

4. 苏格拉底咖啡SOCRATES COFFEE

田基浜106号

很高档的咖啡店，在这样的西餐厅用餐聊天都非常舒适。环境相当不错，很高档。这家的咖啡都是现磨的，很香、很浓，特别是卡布奇诺和拿铁，就是价格有点贵。

交通：3、57、75、80路公交车。

◎ 不可错过的景点 ◎

蠡园

因地处蠡湖之滨而得名，是比较典型的江南园林，游舫长廊，错落有致。蠡园内的千步长廊颇有趣味，据说墙上每一个窗棂的图案都不同。游人稀少时的蠡园感觉很清静，若能赶上下雨别有一番趣味。

门票：淡季30元，旺季45元。

交通：1、9、82、211路公交车可达。

鼋头渚

始建于1918年，为太湖之滨的一个状如鼋头的半岛，这里至今仍保存着许多古代吴越史迹，及吴越历史人物的传说。沿湖峭壁上还有著名的“包孕吴越”题刻。

交通：1、212路公交车、旅游观光巴士可达。自备车可进入风景区内各停车场。

梅园

梅园位于无锡西郊7千米处，面临太湖万顷，背靠龙山九峰，以梅花驰名，是久享盛誉的江南赏梅胜地。新中国成立前前曾是荣毅仁的私家花园，主要景

点有梅园刻石、洗心泉、米襄阳拜石、天心台、揖蠡亭、清芬轩等。

门票：60元，学生证没有优惠。

开放时间：6：00～22：00

交通：2、88、91、206路公交车、旅游观光巴士可达。

东林书院

始建于800多年前，最初为福建学者杨时讲学之处。明万历年间，无锡人顾宪成等人捐资重建。此后，东林书院名声极大，一度成为左右全国舆论的中心。

门票：16元。

交通：3、10、15、19、21、23路公交车在东门下车，沿解放东路向西。

5. 阅读咖啡屋

解放东路1000号（保利广场2楼）

里面环境很安静，没有拥挤的场面和喧闹的声音。柚子茶喝起来有点酸酸甜甜的，铁观音的茶叶很绿，喝起来不苦。店里带笔记本上网的人挺多的，还可以看看杂志，或者和朋友聊聊天。

电话：0510-82329188

交通：10、19、23、28、30、57、63、80、100、112、211、711路公交车。

酒吧、夜总会

6. 阿玛尼

吉庆街101号

以前的vvs，无锡城内最有名的酒吧之一，准确地讲，这应该算是音乐酒吧，但它没有每日的分类主题。地方大，人也超多，灯光很好很炫，但音乐真的很一般，DJ的水准也很普通。灯光和气氛营造得不错……

交通：86、99、211路公交车。

7. 极地97音乐酒吧

学前路23号

无锡有知名度的主题式酒吧，面积不算太大，但消费还是能接受的，还有歌手表演，比单纯的酒吧有意思多了。在无锡也做出名气了。适合下班后到那里坐坐，服务态度也还不错，有个舞池可以跳舞，但感觉太小了。

电话：0510-82769798

交通：28、102、106路公交车。

8. 钱贵KTV

人民中路88号（1～3楼）

是“钱贵”，不是“钱柜”。这家隔音效果不错，走在走廊里别的包厢里的声音不是很响，适合人们放声唱歌。灯光效果也好，有种迷离的感觉，让人可以放得开，歌也比较全，比较新，就是外文歌曲不是很多。

电话：0510-82738866

交通：16、31、35、57、58路公交车。

影剧院

9. 锡剧实验剧场

复兴路北侧长大弄9号的云园

位于锡剧博物馆的2楼和3楼，在这里可以欣赏到原汁原味的锡剧。剧场的互动搞得不错，不但可以让戏迷们喝茶、嗑瓜子、看锡剧，还可以同台演出，同场“飙戏”。

电话：0510-82766785

交通：5、27、33、63、68、70、86、96、207路公交车西门（华泰证券）；10、11、20、35、75、811路公交车（商业大厦）。

游乐园

10. 太湖游乐园

梅园前湾1号

位于太湖风景区，园内有过山车、摩天轮、激流乘骑、章鱼飞车、旋转飞车、旋转木马、赛车、单轨车、碰碰船、儿童娱乐天地等游乐项目和大型水上世界。游客购买游乐票入园后，可尽情游玩一天，所有项目游玩次数不限。

电话：0510-85510162、85510178

无锡购物

无锡特产有“假、大、空”之说：“假”就是你所提到的惠山泥人；“大”就是无锡的油面筋；“空”是指无锡的三凤桥酱排骨。这些特产在大型百货商店中基本可以购齐。

商业街

除了中山路、五里街以外，无锡商业气息很浓的街区还有好几处。年轻女孩子可到健康路（中山路附近）、青石路（也称欧风街）、南禅寺步行街淘各种漂亮衣服和小饰物。

中山路

是无锡最繁华的商业街，八佰伴、三阳百盛、新世界百货、大洋百货、商业大厦、花都、第一百货等大商场从南至北排列，交通很方便。

交通：11、12、16、62、63、65、82、87、90、102、112、118、201、208、216、312、319、328、609、722路公交车。

五里街

著名的惠山泥人一条街，在这里，以“惠山大阿福”为代表的泥人作坊、摊店比比皆是，还有著名的无锡泥人厂、无锡泥人研究所和无锡泥人博物馆，形成了特色鲜明的传统民间工艺品一条街。

交通：1、9、82路公交车。

购物中心

1. 三阳百盛

人民中路127号

百盛很适合18～35岁的人群，价位适中，整体的风格很年轻化。品种很齐全，有够多的休闲品牌。虽说价格有点贵，但在搞

◎ 工艺品 ◎

惠山泥人

始于南朝，盛于明代，距今已有千余年历史。经艺人们世代艺术实践，形成了无锡泥人的独特风格。富有江南乡土

气息，深受广大群众喜爱。被誉为“无锡三宝”之一。代表作品“大阿福”。

蜀山陶器

宜兴的丁蜀镇是我国的“陶都”，其紫砂、青瓷、均陶、彩陶和精陶享誉海内外。其中紫砂茶壶不仅具有较高的艺术价值，还具有泡茶不走味、贮茶不变色、盛夏不易馊等独特优点。

蚕丝绸

无锡是中国编丝织绸的基地，在国内外享有“丝都”之誉。丝绸飘逸潇洒、素雅庄重、富贵华丽，更有适合多种需求的面料供选择。

◎ 土特产 ◎

三凤桥酱排骨

产生于清末，采用猪肉肋排或草排，配以多种天然香料烧制而成。其特点为色泽酱红，油而不腻，骨酥肉烂，香气浓郁，滋味醇正，甜咸适中。

小贴士：

关于三凤桥酱排骨还有一个美丽的传说。相传，有三只仙凤不慎将毛屑遗落在一座石桥下的破石臼中。后来，一老夫妻用刷洗过石臼的洗帚刷了自家的锅。从此，他家烧煮出的肉骨头鲜美无比。后来，老两口干脆就开了一家酱排骨店。

黑杜酒

相传为杜康所创。该酒为南方糯米制酒中之名品，视之如胶墨，嗅之香味浓郁，入口甜而不腻，饮后补血健脾。

无锡水蜜桃

与油面筋、肉骨头并称无锡名产中的“三绝”。其特点是皮薄肉软、味甜汁多、香浓、纤维少、无虫、入口即溶，为桃中珍品。

促销的时候也会便宜，而且还可以双倍积分换东西的，很多名牌的东西可以打到三折左右。

电话：0510-82763288

交通：1、5、16、31、35、57、58、60、61、65路公交车。

提示：商场地下的三阳南北货是一家有着70多年历史的老店，在这里可以买到来自全国各地的土特产。

2. 无锡新世界百货

中山路337号

这里的东西多为名牌，样式也都很好，就是价钱偏高，使得很少人去，即使去了也很少人买，看的比买的多。不过，5楼常有打折的名牌商品卖，值得一去。

电话：0510-82702288

交通：2、3、10、12、25、35路公交车。

3. 无锡八佰伴

中山路168号

锡城比较高档次的购物场所，品牌较多，种类也多，受众比较广。商品质量不错，相对价钱也贵些，趁打折的时候去买最合算。

电话：0510-82726688

交通：12、27、35、63、65、66、81、85、118、201、216、312、313、319、723路公交车。

4. 太平洋百货

中山路358号

里面都是店中店，各种品牌的衣服乍一看款式和颜色都差不多。1楼卖化妆品和鞋子之类的商品；2、3楼卖时装，有一个很大的专柜卖运动服。但这家商场最受欢迎的还是打折商品，基本终年打折，不然就是买100送100。

交通：11、20、85、360路公交车可达。

5. 无锡商业大厦

中山路343号（太平洋百货对面）

无锡的老牌国有商场，新装修以后品牌很丰富，有点耳目一新的感觉，1楼引进了很多一线品牌，档次也提高了。2楼则保留了中老年服装区，使得受众面更广了。

电话：0510-82759529

交通：10、11、20、75、85、360路公交车可达。

6. 茂业百货

南长区清杨路（近太湖大道）

商品的档次可以，品种很多，很齐全，只是价钱太贵了。品牌的摆放给人的感觉很舒服，店里空阔，可以很悠闲地逛，很悠闲地看自己喜欢的东西。

电话：0510-85763230

交通：5、23路公交车。

7. 新世界国际纺织城

长江北路2号（无锡新区会展中心）

里面的空间很大，会聚着全国各地的各类服装产品以及来自国外的潮流品牌，不仅样式很多，而且都是按批发价卖的。

电话：0510-88119999

交通：市区有免费班车开通，1小时一班。

无锡市过境导向图
惠山区
锡山区
北塘区
崇安区
市政府
南长区
滨湖区
沪宁高速
锡澄高速
沪宜高速
环太湖高速
无锡支线
通锡高速
无锡机场
太湖
锡北
东北塘
安镇
梅村
旺庄
华庄
洛社
钱桥
渔港
硕放
新安
常州市
(钟楼区)
新北区
天宁区
武进区
(湖塘)
戚墅堰区
常州南
溧阳市
(溧城)
宜兴市
(宜城)
常州市
无锡市
溧阳西
溧阳南
天目湖
宁杭高速
江宜高速
宜兴西
丁山
徐舍
新街
和桥
高塍
杨巷
官林
周铁
芳桥
张渚
湖㳇
太华
西渚
善卷洞
张公洞
灵谷洞
玉女潭
陶瓷博物馆
东坡书院
南岳寺
淹城遗址
恽代英墓
徐悲鸿故居
长荡湖
滆湖
大溪水库
安徽省
浙江省

鼋头渚
锡惠公园
无锡市
(崇安区)
江阴市
(澄江)
惠山区
(堰桥)
锡山区
(东亭)
滨湖区
相城区
常熟市
(虞山)
泰州市
苏州市
太湖
京沪高速
沪宁高速
锡澄高速
常合高速
通锡高速
沪宜高速
沪常高速
环太湖高速
无锡支线
苏州绕城高速
苏嘉杭高速
江阴大桥
华西村
灵山大佛
无锡影视城
统一嘉园
徐霞客故居
泰伯墓
泰伯庙
文征明墓
梅园
蠡园
鹿顶山
马山
雪堰
阳澄湖
漫山岛
西山
东山
平台山
竹山
衡山岛
乌龟山
三角亭
动物园
天下第二泉
龙光塔
锡山先民遗址
九龙壁
音乐喷泉

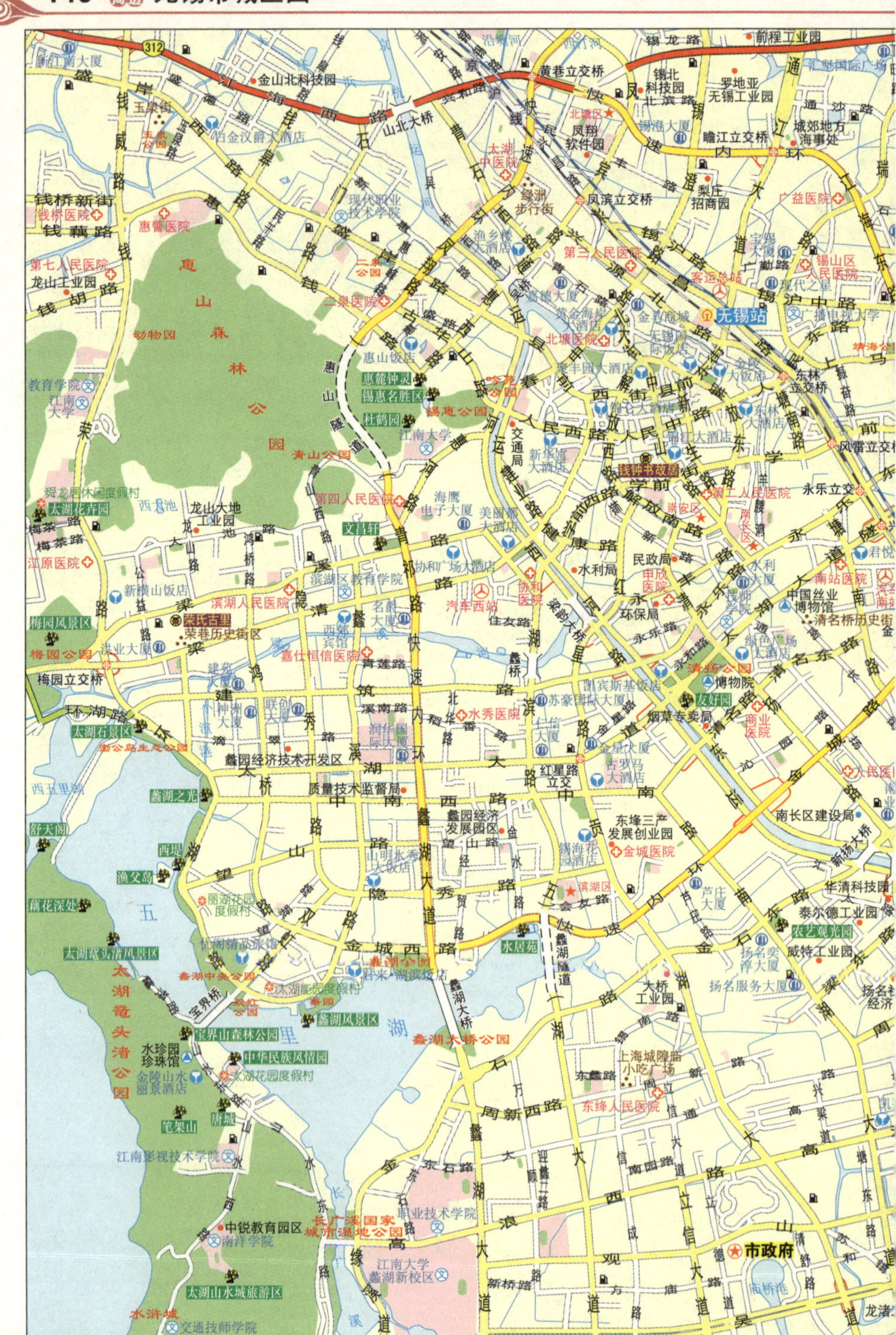

锡龙路
前程工业园
金山北科技园
黄巷立交桥
山北大桥
锡北科技园
罗地亚无锡工业园
汇智国际广场
瞻江立交桥
城郊地方海事处
钱桥新街
钱桥医院
钱藕路
惠山医院
凤翔软件园
太湖中医院
绿湖步行街
凤滨立交桥
梨庄招商园
广益医院
现代职业技术学院
渔乡楼大酒店
第三人民医院
客运总站
无锡站
锡山区人民医院
第七人民医院
龙山工业园
钱胡路
惠山森林公园
动物园
二泉医院
北塘医院
金匮大酒店
广播电视大学
惠山饭店
惠麓钟灵
锡惠名胜区
杜鹃园
锡惠公园
东林立交桥
教育学院
江南大学
青山公园
交通局
人民西路
人民中路
人民东路
钱钟书故居
风雷立交桥
舜龙居休闲度假村
太湖花卉园
龙山大地工业园
第四人民医院
海鹰电子大厦
美丽都大酒店
第二人民医院
永乐立交桥
崇安区
梅荣路
江原医院
文昌轩
滨湖区教育学院
民政局
中欣医院
水利局
新横山饭店
滨湖人民医院
汽车西站
环保局
中国丝业博物馆
南站医院
清名桥历史街
梅园风景区
荣氏古里
荣巷历史街区
嘉仕恒信医院
清扬公园
博物院
梅园公园
洪业大厦
梅园立交桥
青莲路
凯宾斯基饭店
友好园
环湖路
太湖石景区
联创大厦
水秀医院
苏豪国际大厦
烟草专卖局
商业医院
鼋头渚
蠡园经济技术开发区
质量技术监督局
红星路立交
金星大厦
古罗马大酒店
人民医院
南长区建设局
西五里湖
蠡湖之光
舒天阁
西堤
蠡园经济发展园区
东绛三产发展创业园
金城医院
渔父岛
山明水秀大饭店
滨湖区
华清科技园
泰尔德工业园
藕花深处
丽湖花园度假村
水居苑
农艺观光园
五里湖
太湖鼋头渚风景区
太湖鼋头渚公园
蠡湖公园
蠡湖中央公园
君来·湖滨饭店
太湖能源度假村
威特工业园
扬名奕淳大厦
扬名服务大厦
宝界桥
渤公岛生态公园
蠡湖风景区
大桥工业园
宝界山森林公园
水珍园
珍珠馆
中华民族风情园
太湖花园度假村
金陵山水丽景酒店
蠡湖大桥
蠡湖大桥公园
上海城隍庙小吃广场
东绛人民医院
笆架山
唐城
周新西路
江南影视技术学院
长广溪国家城市湿地公园
职业技术学院
中锐教育园区
南洋学院
江南大学蠡湖新校区
市政府
新桥路
太湖山水城旅游区
水浒城
交通技师学院

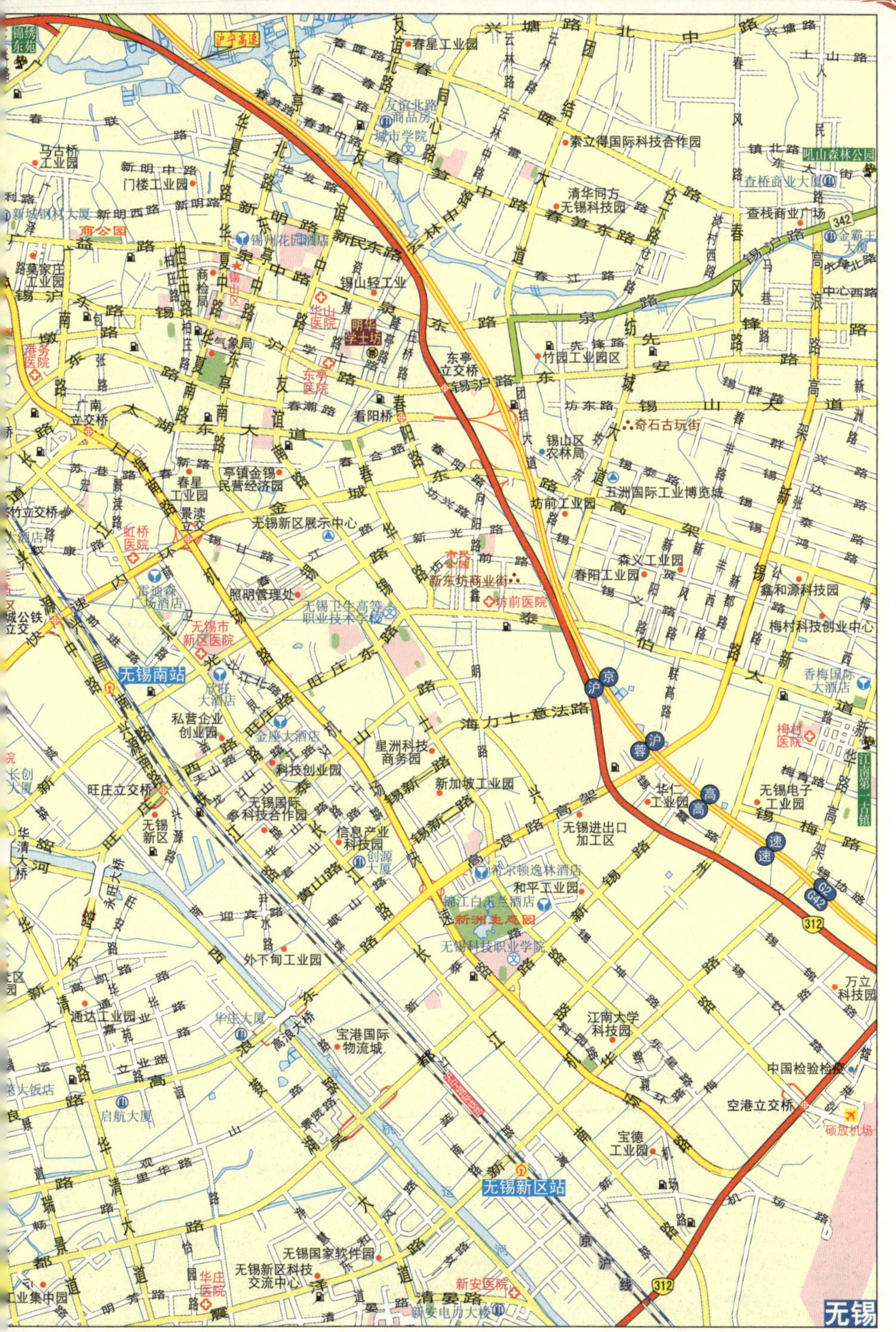
沪宁高速
春星工业园
友谊北路商品房
城市学院
索立得国际科技合作园
马古桥工业园
门楼工业园
新城钢材大厦
商公园
锡州花园酒店
清华同方无锡科技园
吼山森林公园
查桥商业大厦
查栈商业广场
金霸王大厦
中心西路
莫家庄工业园
锡山轻工业
锡山区
华山医院
明华学士坊
气象局
东亭医院
东亭立交桥
竹园工业园区
港务医院
广南立交桥
看阳桥
奇石古玩街
锡山区农林局
春星工业园
亭镇金锡民营经济园
五洲国际工业博览城
坊前工业园
竹立交桥
景读立交
无锡新区展示中心
虹桥医院
雷迪森广场酒店
照明管理处
新东坊商业街
森义工业园
春阳工业园
鑫和源科技园
无锡卫生高等职业技术学校
坊前医院
梅村科技创业中心
无锡市新区医院
无锡南站
欣日大酒店
香梅国际大酒店
海力士·意法路
私营企业创业园
金座大酒店
星洲科技商务园
梅村医院
科技创业园
新加坡工业园
华仁工业园
无锡电子工业园
江南第一古镇
旺庄立交桥
无锡国际科技合作园
无锡进出口加工区
无锡新区
信息产业科技园
创源大厦
希尔顿逸林酒店
和平工业园
锦江白玉兰酒店
新洲生态园
无锡科技职业学院
外下甸工业园
万立科技园
通达工业园
华庄大厦
高浪大桥
宝港国际物流城
江南大学科技园
中国检验检疫
空港立交桥
硕放机场
启航大厦
宝德工业园
无锡新区站
无锡国家软件园
无锡新区科技交流中心
华庄医院
新安医院
新安电力大楼
工业集中园
342
312
G2
G42
无锡

南通市

南通市位于江苏省东部，长江北岸，其陆地是由长江泥沙的不断沉积逐渐形成的。汉为海陵县地，五代周至通州路，因其地据江海之汇，为通吴越之地而得名。清升直隶州，俗称南通州，现为地级市。全市多为长江冲积与海积平原，地势平坦，渠道纵横，是我国优质棉产区之一。轻纺工业历史悠久，技术雄厚，产品远销海外。交通位置十分优越，既有沿江之利，又有沿海之便，且与我国最大的城市上海隔江相对。南通港是“长江门户”，与世界40多个国家和地区通航，是我国沿海第一批对外开放城市之一。在中国文化教育史上拥有“六个第一”，即中国人自办的第一座博物馆，第一所师范、纺织、刺绣、戏剧、聋哑学校。

电话区号：0513
邮政编码：226001
人口：765万
面积：8544平方千米

交通资讯

航空：南通机场
问讯电话：0513－6560050。
水路：南通港口
电话：0513－3512270。
公路：南通长途汽车站
电话：0513－3512816。
出租车：起步价8元。

狼山风景

风景名胜

狼山风景名胜区 位于南通市南郊，是江苏省著名的六大风景区之一，由狼山、马鞍山、黄泥山、剑山和军山组成，南临长江、山水相依，通称五山。狼山居其中，海拔106．94 米，最为峻拔挺秀，文物古迹众多，其他四山如众星拱月，狼山成为五山之首。相传狼山曾有白狼居其上，又传因山形似狼而得名。狼山道场被列为全国佛教八小名山之首。

门票：淡季50元，旺季70元。

交通：公交5路、13路、22路、86路可达。

南通博物苑 是中国人最早创办的博物馆。

交通：公交5路、8路、12路、51路可达。

天宁禅寺 始建于唐朝，与狼山广教寺、如皋定慧寺同为三座现存南通唐寺。

交通：公交4路、5路可达。

啬园 清末庄园张謇先生的墓园。

门票：20元。

交通：南通城内乘坐公交31路、35路、45路即可达。

定慧禅寺 定慧寺初建于隋朝开皇十一年，是一座建筑风格独特、山门北向的千年古刹，现存的定慧寺主体建筑系明朝万历年间重建。

门票：淡季20元，旺季25元。

交通：南通汽车站乘如皋方向的班车可达。

钟楼 南通地标性建筑之一，位于南通十字街路口、南通中学南侧。钟楼的工程是由近代实业家张季直主持的，始建于民国三年（1914年），其设计师孙支夏毕业于由张季直创办的通州师范学校。钟楼整体仿照英国伦敦钟楼建造，楼高26米，分六层。底楼四面为弧圈门，前后门洞正好与谯楼门洞连为一体。三楼匾额上书有“南通县”三字，左右刻着张季直撰写的一副对联：“畴昔是州今是县，江淮之委海之端。”寥寥十四字，已囊括了南通的历史、地理，成为传颂多时的名作。四楼安放了几座刻写着罗马数字的大钟。钟楼的建成，为当时的南通民众掌握时间提供了方便。如今，钟楼的形象被设计上市徽，已成为南通的标志。

谯楼 始建于元代至正九年（1349年），重建于明洪武三年（公元1370年），曾历经七次重修。谯楼自建成以来，一直是南通州县署的前门，是南通古代封建政权的象征。它与前面的钟楼紧密相连，这两座“中西合璧”的建筑，是南通千年发展史的标志，如此具有象征意义的组合在全国都非常罕见。

蛎蚜山海洋公园 位于海门东灶港镇外海，由原海门蛎蚜山国家级海洋特别保护区更名而来。蛎蚜山又名蛎蚜岛，是由牡蛎活体堆积而成的生物岛礁。潮落时，它露出海面为岛；潮涨时，它隐入海水成礁。有楹联颂其“是山非山潮落登山天下奇景扑面来；有岛无岛汐涨离岛海上壮观踏浪去”。

南通城市绿谷 城市里的天然大氧吧，风景绝佳的生态公园，这里有20多棵百年老树、2000多棵奇珍异树，是游人亲近自然的大好去处。园内空气清新，漫步其间，令人身心放松，流连忘返。

门票：30元。

地址：南通市港闸区芦泾港芦泾路10号。

南通海底世界 以海洋生物展览为主，集科普教育、休闲娱乐、体验互动于一体的现代都市型水族馆。分为珊瑚海生物馆、热带雨林馆、海兽表演馆、海洋欢乐剧场、深海隧道馆、美洲亚马逊馆六大场馆。馆内有海洋生物300多种，以丰富的展示手段、生动的景观设计，再现海底世界的美丽和神奇。

门票：成人门票60元，儿童、学生、军人门票30元。

交通：乘13、22、35、41、58、72、301路公交车，在体育会展中心站下车即到。

蓝印花布博物馆 建于1996年，为我国第一家集收藏、展示、研究、生产、经营于一体的专业博物馆，是南通别具特色的旅游景点和民间工艺美术教育基地。下设蓝印花布博物馆蓝艺研究所、蓝印花布博物馆明清染坊、蓝印花布博物馆旅游产品开发展示部。现设五个展厅，分别展示：蓝印花布的起源与发展，南通蓝印花布古旧精品，南通蓝印花布工艺流程，南通蓝印花布外向开拓，南通蓝印花布的创新与发展。

门票：15元。

交通：乘5路、12路、40路公交车可达。

快活林山庄 位于海门市滨江新城区内，南临江海风情园，北靠沿江渔村，是一个集旅游观光休闲、珍稀动植物观赏、生态保护示范、户外健身为一体的活动场所。整个山庄分为六大功能区：中部阳光绿园、北部珍稀动植物种养观赏区、东部海宁寺寺院区、南部湿地生态园、东南部运动健身场、西部翠竹休闲度假区和自然生态垂钓区。

门票：20元。

水绘园 在如皋市如城镇东北如皋公园内。始建于明代。清代园林建筑，文化内涵丰富。如皋市博物馆设于此。是徽派园林作品的孤本，一段旷世情爱的见证。全国重点文物保护单位。

门票：50元。

交通：由南通汽车站乘坐如皋方向的班车，然后在如皋乘坐工农桥方向的车在水绘园下车。

广福禅寺 广福禅寺始建于唐贞观二十年，为唐代鄂国公尉迟恭之子尉迟宝林将军所建。是一代高僧松年法师的修行处。

门票：5元。

交通：南通长途汽车站乘坐到海安县的班车，然后再乘坐到凤山路方向的短途车。

国清寺 始建于唐朝，日遣唐使求法之处。

圆陀角风景区 位于长江海口北侧，东临黄海，南系长江。是江苏最早看到日出的地方。

交通：南通长途汽车站乘坐到启东市启东港方向的班车。

文峰塔 在南通市文峰路。建于明代，清代重修。塔高39米，为平面六角形五层仿楼阁式砖木结构。塔院辟为南通博物馆自然馆。

文峰塔

鹤城公园 地处千年古镇吕四，占地94亩，其中水面40亩，公园内环境优美，绿树成荫，有洞宾楼、来鹤桥、延寿桥、崇祯桥、三曲桥、假山、八仙过海雕像及亭台楼廊等景点。

其他景点推荐

海门江海风情园、
太平兴国教寺大殿、
南通纺织博物馆。

南通
南通站
宁启线
永兴大道
江通路
秦成大楼
农机安全检测中心
永和路
凌志大厦
好乐来大厦
港闸区中心医院
美丽华写字楼
鸿鸣广场
板鹞风筝艺术博物馆
秦运大楼
八里庙工业园
三庙工业园
外环北路
南通软件园北园
华都商业广场
五洲妇科医院
永兴客运站
国家粮食质量监测站
金茂美食坊
嘉隆大厦
钟秀中路
钟秀东路
东方鑫乾商业街
高新技术创业中心
工贸技师学院
淘宝城
福瑞达工业园
校西客运站
节制闸管理所
濠河历史文化保护区
濠河风景区
文昌阁
中国珠算博物馆
城东医院
锦江花园酒店
苏建花园城商业街
市中医院
第一人民医院
南通楼
梅庵书苑
南通客运站
长城医院
南通大学钟秀校区
星海天大酒店
南通技师学院
学苑大厦
城市照明管理处
南通职业大学
崇川区
名都广场步行街
博物苑
南通大饭店
文峰公园
体育公园
青年东路
青年西路
市种子管理站
虹桥医院
东方医院
农业职业技术学院
外滩大厦
第三人民医院
文峰医院
金融汇
成工电力工业园
1895 红街区
建筑博物馆
城市建设档案管理处
纤维检验所
三喜工业园
紫琅医院
市绿化管理处
鑫乾大厦
市民服务中心
市政府
教育局
江海英才大厦
南通科技园
崇川科技创业园
文景国际大酒店
综合应急救援支队
崇川经济开发区
狼山镇街道城山社区综合楼
中南世纪城23号
南通大学
中南世纪城15号
狼山科技园
体育会展中心
张謇墓
濠江公园
长江
长江中路
工农路
跃龙路
世纪大道
通京大道
崇川路
虹桥路
洪江路
南园路
城山路
濠西路
港闸路
桃坞路
人民中路
人民西路
北濠桥
通吕一号桥
通吕二号桥
京通大桥
335
336

南通市交通旅游图

南通市过境导向图
港闸区
崇川区
市政府
唐闸
秦灶
任港
兴东机场
沿海高速
宁启高速
南通支线
南通北
兴仁
先锋
小海
竹行
苏通大桥
洪港工区
三兴
兆丰
如东县
(掘港)
海门市
(海门)
启东市
(汇龙)
崇明县
(城桥)
黄海
长江
长江口
长江口北角
(蒉角咀)
踩文哈旅游基地
抗日民主政府纪念碑
东岳庙
张謇故里
吕四风情园
大雄寺
东方风车磨
启东大桥
崇启大桥
启东港
上海市
崇明岛
上海至南通 209 公里(386 千米)
云山塔

嘉兴市

仅仅是穿梭在西塘和乌镇古老的弄堂里，轻轻地呼吸着残垣断壁散发出的潮湿气息，寻找那些不知尘封了多少年的记忆，就已经令无数的世人着迷不已。而上苍赋予嘉兴的远不只这些，还有“壮观天下无”的海宁潮，就连现代文豪茅盾、艺术家丰子恺、国学大师王国维等名人的故居，也似颗颗钻石镶嵌在嘉禾大地上，让人忍不住想踏上江南的寻宝之路……

行政区类别：地级市
电话区号：0573
面积：3915 平方千米
人口：344 万
邮政编码：314000
行政区划：辖 2 个区、3 个县级市、2 个县

交通资讯

汽车西站
地址：位于中心西路。
电话：0573-2081660、2095784。
汽车北站
地址：位于禾兴北路。
电话：0573-2217777、2212171。

乌镇

嘉兴南湖

气候与游季

嘉兴市地处北亚热带南缘，属典型的季风气候，冬夏季风交替显著。具有春湿、夏热、秋燥、冬冷的特点；又因地处中纬度，沿海受季风影响，因此气候变化明显。嘉兴全年有三个明显的降雨时段，即 4 ～ 5 月的春雨、6 ～ 7 月的梅雨以及 9 月的秋雨。游嘉兴四季皆可，但若能恰巧碰上每年 5 月的嘉兴南湖旅游节、每年农历 4 月的西塘旅游文化节或者农历 8 月的钱江观潮节，就更热闹了。

交通

航空 ■ 嘉兴境内没有机场，不过看看它方圆百里之内“盘踞”着的四大机场，这也就不足为奇了。嘉兴市区距上海虹桥国际机场 90 千米，自驾车大约需要 1 小时；距杭州笕桥国际机场 90 千米，车程约 1 小时；距上海浦东国际机场 130 千米，全程大概 1 个半小时；距杭州萧山国际机场 100 千米，车程 1 小时 10 分钟。

铁路 ■ 嘉兴位于沪杭铁路的中点，距上海、杭州各约 90 千米。有通往北京、上海、广州、重庆、南京、杭州、宁波、无锡等省内外各地的多次列车。问讯电话：0573-2072205。

公路 ■ 沪杭高速公路、320 国道、沪杭复线快速干道等主要公路横贯嘉兴全境。市区有西、北两个长途汽车站，每天发出多次客车通往临近的省市。其中汽车西站位于中山西路越秀南路口，可以从火车站乘 3 路公交车直达；汽车北站位于中环北路禾兴北路口，火车站有 22 路车直达；20 路车则连通了西站和北站。

水运 ■ 嘉兴乍浦港是浙江省第二大港口，港口岸线长四十余千米，是浙北地区唯一的海上通道和对外开放口岸。另外，嘉兴市内还有诸多河道纵横分布、以及京杭大运河贯穿全境，往来水路交通十分便捷。

乌镇水乡

风景名胜

乌镇 桐乡市北约15千米。明清古镇，始建于唐代。现为江南典型的水乡古镇。主要景点：茅盾故居、江南木雕陈列馆、林家铺子、修真观古戏台、江源当铺、乌镇民俗风情馆、江南百床馆、蓝印花布染坊、双桥风情等。乌镇被列为首批中国历史文化名镇。是一个出色的江南水乡博物馆。

门票：150元。

交通：嘉兴西站、杭州东站都有直达乌镇的车，车次较多。上海、湖州、海宁也有直达乌镇的车，车次较少。也可到桐乡转车，桐乡和乌镇之间往返的中巴车每隔15分钟一班。

古镇西塘 位于浙江省嘉兴市嘉善县，距嘉善县城11千米。西塘是一座已有千年历史文化的古镇。西塘与其它水乡古镇最大的不同在于古镇中临河的街道都有廊棚，总长近千米，就像颐和园的长廊一样。在西塘旅游，雨天不淋雨，晴天太阳也晒不到。是活着的、原汁原味的江南水乡古镇。西塘镇被列为首批中国历史文化名镇。

门票：联票100元。

交通：上海旅游集散中心有到西塘的专线车。

盐官古镇

盐官古镇 盐官镇处于钱塘江入海口的咽喉，是浙江省首批准的15个历史文化名镇之一，以其悠久的历史、灿烂的民俗文化、动人的民间传说和壮观的海宁涌潮闻名于世。去感受婉约的江南小镇与澎湃的自然力量间的张力。

嘉兴南湖 “烟波浩渺、菱歌渔唱”的南湖由运河各渠汇流而成，因位于嘉兴城南而得名，东、西两湖似交颈鸳鸯湖，以其朴素、醇厚的江南水乡风情为历代文人雅士所赞誉。简单的名字下掩藏着丰富的历史内涵。

门票：湖心岛50元，南湖红船20元，景区联票60元。

交通：嘉兴市区1、8、24路公交车直达。

古镇西塘

南湖湖心岛

钱塘潮（海宁潮） 在杭州湾钱塘江口的涌潮。入海口呈喇形，江口大而江身小，起潮时，海水从宽达100千米的湾口涌入，受两旁渐狭的江岸约束，形成涌潮。尤以农历八月十八日潮汛最大，旧称“潮神生日”。每年此日，数以万计的游人从四面八方赶到杭州，争看天下奇观。观潮期间，海宁火车站有专线车前往盐官。

门票：100元。

钱塘潮

京杭运河嘉兴段 京杭运河在嘉兴境内有3条水道，最长的有120多千米，两岸迷离的田野景色非常迷人。黄昏下的古运河有种田园的诗意。

交通：嘉兴市区8、28路公交车至南湖会景园。

嘉兴的名人故居 嘉兴市区的文人故居有：嘉兴城内姚家埭1号的沈曾植故居，嘉兴南帮岸3号的沈钧儒纪念馆，在嘉兴市南大街东米棚下14号的朱生豪故居，可在游完南湖后花半天时间寻访。

文生修道院和嘉兴天主教堂 文生修道院是法国当时在中国唯一的神学院，曾是中国遣使会的唯一总修院，又是总合院，在东南亚也有着很大的影响。嘉兴天主教堂号称当时远东第三大教堂，曾是嘉兴的标志性建筑。

交通：文生修道院在秀州中学分校内，嘉兴市区5路公交车可达；嘉兴天主教堂在紧阳街上，1路、2路公交车可达。

莲泗荡网船会 网船会也叫刘王庙庙会，是自发的江南民间水上盛会，有100多年的历史，即使在十年动乱期间也没有中断过，每年举办3次。是充满江南民俗趣味的船民狂欢节。

交通：嘉兴汽车北站坐136路公交车至莲泗荡，一小时一班。

莫氏庄园和绮园 莫氏庄园在平湖市当湖镇，集园林与民居之精华于一身。绮园位于海盐县武原镇，园林学家陈从周教授称赞“此园浙中数第一”。

门票：莫氏庄园20元，绮园50元。

交通：嘉兴和杭州均有中巴和快客到平湖和海盐，到了以后再坐人力三轮车前去，小镇的人力车资便宜，一般为3～5元。

南北湖

南北湖（小西湖） 南北湖三面环山，一面临海，中以长堤分为南北两湖。总面积 30 平方千米，分湖塘、三湾、鹰窠顶、谈仙岭、滨海五大景区。是中国唯一融山、海、湖于一体的景区，“日月并升”奇观享誉东南。

门票：套票 80 元。

交通：上海沪太路口、嘉兴北站、苏州南站、杭州东站都有直达海盐的车，海盐县城有开往南北湖的班车和中巴，5 ～ 10 分钟 / 班。嘉兴西站有直达南北湖的车。

桐乡杭白菊海 杭白菊的原产地其实是桐乡。是吉尼斯记录中的“世界上最大的田野菊海”。主要品种是小阳菊。

杭白菊

门票：田野菊海 50 元，菊花迷宫 20 元。

交通：可以先坐车到桐乡，再转去石门镇的车。

九龙山风景区 位于平湖市乍浦古城东首。景区南临大海，北连平原，山海有致，兼蓄山青、海阔、林幽、境美的自然风光，还有丰富的人文景观。在东段的东沙湾，建成了九龙山海滨浴场。该浴场背依青山，南面大海，三面环山，形似新月，海滩全长为 1500 余米，沙质坚净，史称“铁板沙”，浴区面积达 50 余万平方米，可同时容纳游客 2 万多人。

盐官观潮胜地公园 位于海宁市西南部，距杭州 45 千米，上海 160 千米。公园占地面积 16 公顷，内有明代占鳌塔、钱江古海塘、中山亭、天风海涛亭、镇海铁牛、史量才纪念碑、钟鼓楼、小普陀寺、观潮台等景观。

其他景点推荐

梅花洲、盐官海塘、镇海塔、嘉兴子城、嘉兴范蠡湖。

◎ 土特产品 ◎

南湖水菱、嘉兴黑猪、五芳斋粽子、

杭白菊、晒红烟、小湖羊皮、携李、海宁西瓜、斜桥榨菜、硖石灯彩、皮革制品、平湖西瓜、糟蛋、

元青豆、柑橘、小湖羊皮、兔毛、汾湖银鱼、螃蟹、西塘八珍糕

吃喝玩乐购

嘉兴美食

西塘钱塘人家

里面的菜肴又便宜又好吃，特色菜有老鸭馄饨煲、清蒸白丝鱼、腐衣包圆、油蒸菜心、椒盐鱼等，但其实炒螺蛳、葱爆蚬子、土步鱼、荷叶粉蒸肉等简单的土菜更有水乡风味。

嘉兴南湖船菜馆

在南湖会景园对面，经营嘉兴本帮南湖船菜。

嘉兴真如草堂

在嘉兴桥下，经营地道的嘉兴土菜，以家常菜为主。

嘉兴五芳斋粽子连锁快餐店

嘉兴的五芳斋粽子是江南最有名的粽子，近年来发展成为连锁式的快餐店，连高速公路的休息处都有，是广受欢迎的填饱肚子的快餐店，一两个粽子加一碗骨头汤，堂吃几块钱就能解决问题。有几十个粽子品种，最好吃的还是肉粽，肥而不腻，糯而不烂。

嘉兴金惠烧麦店

在嘉兴市区禾兴路上，从禾兴路城北路交叉口往南。最好吃的是冬笋烧麦，冬笋鲜肉带汁，4元/10个，冬天可以吃羊肉，5元钱一块，或20元一斤。

嘉兴购物

秀洲农民画

嘉兴秀洲区是首批文化部命名的“中国现代民间绘画画乡”，秀洲农民画（包括农民版画）既不同于北方农民画的粗犷古朴，也区别于金山农民画的秀丽典雅，在中国农民画中别具一格，具有浓郁的水乡生活气息，题材、构图、色彩都有一定的现代感。“秀洲中国农民画艺术中心”位于嘉兴市区洪兴西路秀洲区行政中心右侧，每两年在这里举办一次“中国农民画艺术节”，喜欢农民画的人可以到那里去选购。

桐乡蓝印花布、杭白菊

浙北地区最好的旅游纪念品是蓝印花布、杭白菊，产地都是桐乡，可以在桐乡的各个景点购买。

皮革

中国皮革城位于海宁市火车站广场，有五千多个铺面，在这里买名牌的皮衣皮具要便宜很多，很多上海人和杭州人会专程去海宁购买皮具。

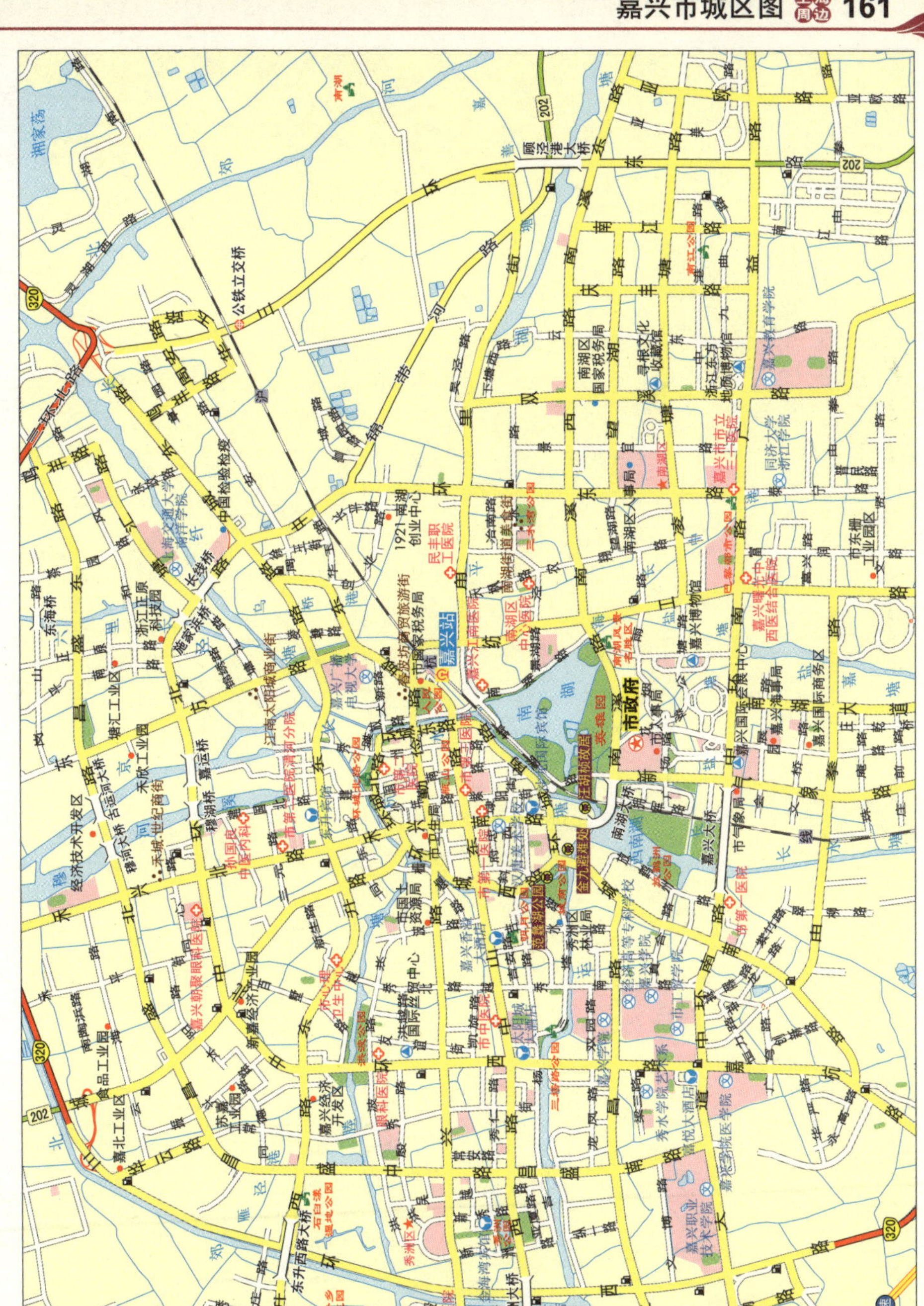
嘉兴
嘉兴站
市政府
南湖
公铁立交桥
中国检验检疫
长纤桥
东海桥
嘉运桥
穆湖桥
秀洲大桥
嘉兴大桥
南湖大桥
东升西路大桥
顾泾港大桥
湘家荡
经济技术开发区
塘汇工业园
禾欣工业园
食品工业园
嘉北工业区
南湖区国家税务局
南湖区人民政府
嘉兴博物馆
嘉兴学院
嘉兴职业技术学院
嘉兴市第一医院
嘉兴市第二医院
嘉兴市中医院
嘉兴市妇保院
秀洲区
南湖区
嘉兴国际商务区
嘉兴海事局
市气象局
市东栅工业园区
同济大学浙江学院
嘉兴教育学院
秀水学院
嘉兴南洋职业技术学院
南湖宾馆
烟雨楼
金九鹭难处
1921南湖创业中心

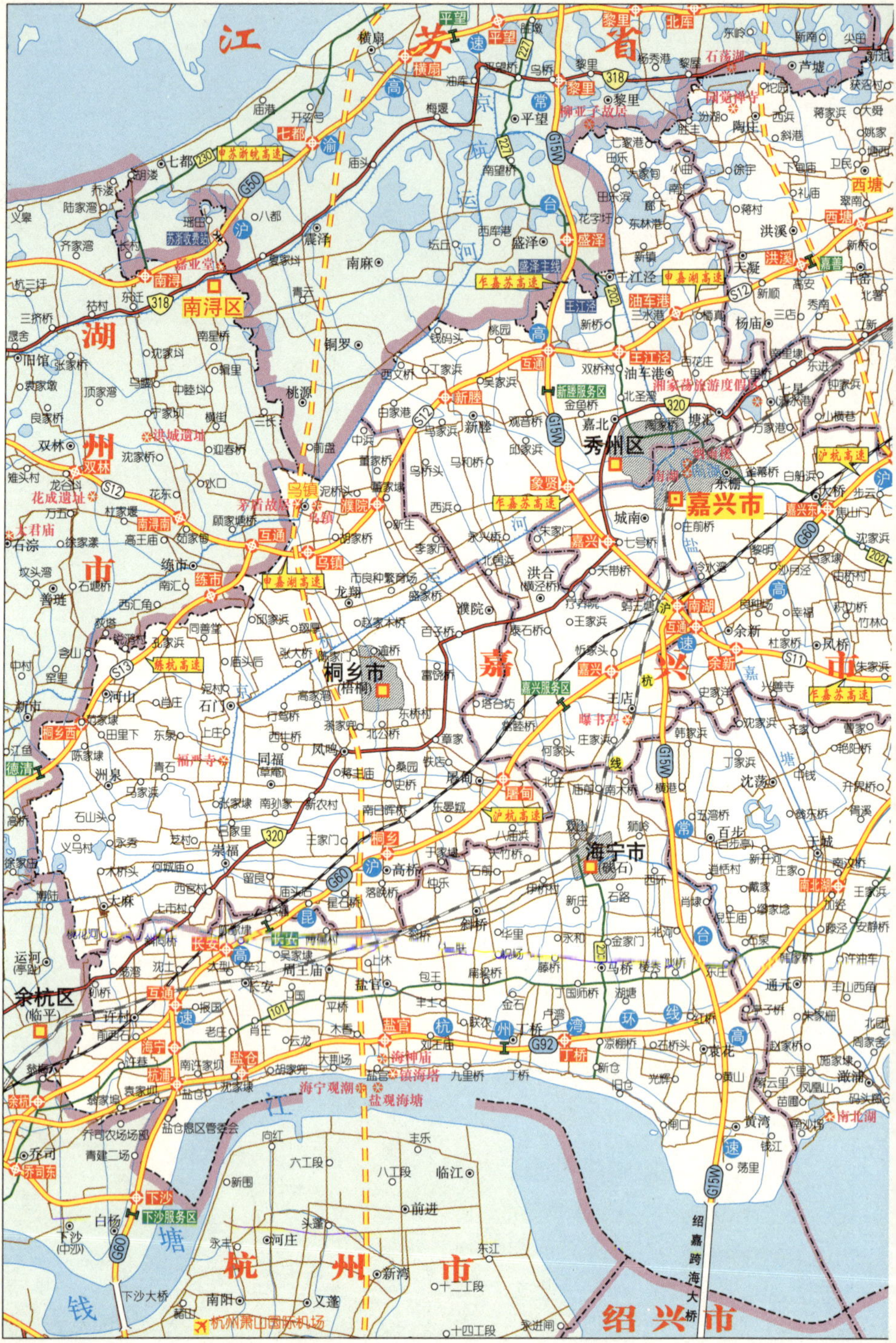

嘉兴市交通旅游图

江苏省
湖州市
嘉兴市
杭州市
绍兴市
南浔区
秀州区
桐乡市（梧桐）
海宁市（硖石）
余杭区（临平）
绍嘉跨海大桥
杭州萧山国际机场

湖州市

太湖南岸的湖州是一座具有2000多年历史的江南古城，是中国蚕丝文化、茶文化、湖笔文化的发祥地之一。历来被誉为丝绸之府、鱼米之乡、文化之邦。湖州历史悠久，人文荟萃，历代闻士贤达与湖州结缘者难以举数，在他们身后留下了大量的行踪胜迹。尤以茶圣陆羽曾在这里撰写完成了世界上第一部《茶经》最为突出。深厚的文化底蕴与优美的自然风光使湖州旅游资源变得相当丰富，形成了湖州独具特色的风土人情和文化状态。

行政区类别：地级市
电话区号：0572
邮政编码：313000
人口 :261 万
面积 :5794 平方千米

交通资讯
湖州汽车客运中心
电话：0572-2024951。
长兴汽车站
电话：0572-6036033、6041765。

南浔镇

安吉大竹海

风景名胜

南浔镇 湖州市东约33千米，北至苏州约65千米，南至杭州125千米。明清古镇，镇史已有700多年。主要景点：张氏旧居、三古石桥、颖园、百间楼等。附近有小莲庄、嘉业堂藏书楼等。是豪宅和名园云集的江南蚕丝名镇，一个安静的古镇。

门票：各景点联票100元。

交通：杭州汽车北站有直达南浔的车，但车次不多，可以先坐车到湖州，再转车去南浔。嘉兴汽车北站往湖州的车路过南浔；从乌镇到南浔有直达的客车，但车次不是很多。

安吉中国大竹海 位于浙江省安吉县港口乡，是浙江省最著名的大毛竹示范基地。是电影《卧虎藏龙》“竹海打斗”的外景地。

门票：中国大竹海45元。竹博园80元，灵峰寺30元。

交通：杭州汽车北站坐快客至安吉县城转车。

湖州莲花庄 南浔首富刘镛将自己的园林命名为“小莲庄”，乃慕元末大书画家赵孟頫建湖州“莲花庄”的风雅，这个莲花庄在湖州莲花庄路，是赵孟頫幼年读书之处。

交通：坐湖州市区6、14路公交车可到莲花庄，4、5路公交车可到飞英塔，6路公交车可到铁佛寺。

顾渚山 浙北的湖州是“茶圣”陆羽的第二故乡，他在这里居住了将近30年，写成了对后世影响深远的《茶经》。湖州境内有许多与陆羽有关的名胜，最值得寻访的当数顾渚山，顾渚山位于长兴县水口乡境内，距长兴县城17千米，是当年陆羽采茶、种茶、辟茶园的地方，也是中华茶文化的发祥地之一。

交通：从上海不夜城或恒丰路长途客运站坐

快客到湖州，从湖州汽车站坐快客到长兴，杭州汽车北站有长兴方向快客，从南京可坐火车到长兴。

杼山、陆羽墓、陆羽故居 陆羽在湖州时，隐居在南郊南埠乡境内的杼山，与山南妙喜寺住持皎然结为忘年交，死后葬在杼山。杼山可寻访的有陆羽墓、皎然塔和当时任湖州刺史的颜真卿为陆羽建的三葵亭。颜真卿为陆羽建的青塘别业，因位于西苕溪草堂，在湖州市区内青塘桥桥堍处，现被辟为陆羽故居。

茶圣夜候客

八都岕十里古银杏长廊 长兴是世界银杏的故乡，各地栽种的银杏树种均由这里输出。罕见的古银杏群落、银杏叶黄时蔚为壮观。

交通：从长兴县城坐中巴到8千米外的小浦镇，再转中巴至八都岕。长兴交通参见“顾渚山”的走法。

善琏笔都、蒙公祠 水乡小镇善琏是湖笔发源地，现在仍是湖笔的主要产地，镇上几乎家家出笔工，户户会制笔，有许多“湖笔世家”。蒙公祠供的是秦朝大将、“笔祖”蒙恬，殿内陈列各种湖笔，并有著名书法家所书的匾额和楹联。

交通：善琏距湖州市区38千米，从湖州到善琏坐中巴不到一个小时即可到达。

扎蚕花庙会 浙北泸州的扎蚕花庙会的风俗有浓厚的民俗气息，“轧”是“挤”的意思，“轧闹猛”（“闹猛”是热闹的意思）是浙北扎蚕花庙会的重要内容。是当地热闹的蚕乡民俗活动。

交通：坐湖州城乡公交车有含山线，票价7元，也可以在游完笔都善琏后前往；杭州汽车北站、湖州汽车客运中心均有到新市的车。

扎蚕花庙会

莫干山 位于浙江省德清县境内，属天目山余脉，总面积43平方千米。中心景区包括塔山、中华山、金家山、屋脊山、莫干岭、炮台山等，主峰塔山海拔719米，有着“江南第一山”的美誉。与北戴河、庐山、鸡公山并称为我国四大避暑胜地。

门票：80元。

交通：莫干山离杭州只有60千米，可从杭州汽车北站坐巴士到武康（德清县城），再转车至莫干山，武康距莫干山13千米，中巴车非常多，随到随开，票价8元左右。自驾车的游

下渚湖湿地

客可从勾庄走104国道，经德清转09省道，这样走可以顺路参观良渚文物博物馆。

下渚湖湿地　下渚湖古称防风湖。这里河汊曲折、水巷幽深，两岸是成片的芦苇、竹林和桑园，有一个古樟树群落相当壮观。是江南最大的湿地风景区，自然野趣令人向往。

天荒坪　天荒坪有一个亚洲最大、世界第二的抽水蓄能电站，上水库位于海拔908米处，平均水深42米，库容量885立方米，相当于大半个杭州西湖。

门票：80元。

交通：在安吉转去天荒坪的车。

龙王山　在安吉西南角的章村乡境内，浙皖交界处，是安吉、临安、宁国两省3县的交界山，同时也是太湖流域与钱塘江流域的分水岭。是天公造化千涧汇就黄浦源头。

门票：45元。

交通：去龙王山的坐车或行车线路如下：安吉－孝丰－章村－龙王山庄。

藏龙百瀑　（又名太平天国“小梁山”）距县城18千米，景区沿途两岸千米高山对峙，森林茂密，路边飞瀑流泉，奇峰林立，翠竹连绵。藏龙百瀑是浙江最大的瀑布群，有三折重叠，落差为60多米的“长龙飞瀑”，有彩虹横卧的“虹贯龙门”（人称小黄果树），更有神形皆备的“神龟听瀑”。真可谓瀑瀑相连，一步一景。

门票：60元。

其他景点推荐

湖州含山、安吉天下银坑、
安吉芙蓉谷、飞英塔、黄龙宫、
太湖旅游度假区、江南天池、
含山旅游区、梁希森林公园。

吃喝玩乐购

湖州美食

南太湖风景区湖鲜一条街

位于湖州市北小梅口，距湖州市区8千米。在这里可以享受南太湖的碧波，有春秋时吴国所筑的邱城遗址，和道教洞天福地黄龙山等古迹。到这里最主要是吃太湖菜，在湖鲜一条街共有50条船，可以吃到太湖蟹、银鱼、白虾、白鱼等湖鲜。

交通提示：湖州市区4路公交车直达。

湖州饭店

在湖州市区红旗路南街口23号，有闻名全国的百鱼宴，菱湖烹制鱼鲜的顶尖高手也在这里。

湖州诸老大粽子店

湖州粽子和嘉兴粽子形状上就不一样，湖州粽子是细长细长的，很清秀，以猪油豆沙粽最为出色，湖州粽子没有嘉兴粽子这样现代式的连锁快餐店，但营销网点铺得很密，很多路边小店都煮着诸老大粽子，剥了就能吃，可惜大多不能堂吃。诸老大粽子店在湖州人民路85号。

湖州周生记馄饨店

“湖州大馄饨”在浙北和上海的很多地方都能吃到，要吃最正宗的，当然要去位于湖州市中心衣裳街口红旗路27号的周生记馄饨店。湖州大馄饨以猪肉、河鲜等为主料，拌以开洋、笋衣、黑木耳等配料。汤馄饨是传统的吃法，也有凉拌馄饨、炒馄饨等。

湖州丁莲芳千张包子店

湖州的千张包子在浙北和上海的很多地方都能吃到，最正宗的那家在湖州市中心衣裳街口红旗路36号。丁莲芳千张包以猪腿肉配以开洋、干贝、芝麻、笋衣等拌成馅，用薄千张包裹，与粉丝同煮，清淡、鲜美，最能代表江南的传统口味。

湖州购物

丝绸

杭嘉湖平原出产丝绸，湖州的丝绸质量不错，但如果还要去杭州，可以不在这里买，杭州的中国丝绸城是购买丝绸的最佳地点。丝绵虽好，但即使是在杭嘉湖一带，大多数人都不会“翻丝绵”，得请年长的老婆婆来操作，所以不建议购买。

茶食三珍

湖州震远同的“茶食三珍”比较适合送老年人，玫瑰酥糖、椒桃片、牛皮糖都太甜，浙北的烘青豆是更好的茶食，通常会把笋干和烘青豆放在一起。

◎ 土特产品 ◎

湖笔、羽毛扇、千张包、粽子、酥糖、莫干黄芽菜、云雾茶、珍珠、竹笋制品、紫笋茶、乌梅、白果、紫砂工艺品、天目奇顶茶、大溪白茶、笋干、钓鱼杆双林姑嫂饼、南浔臭豆腐、香大头菜、绣花绵菜、熏豆茶、太湖四宝

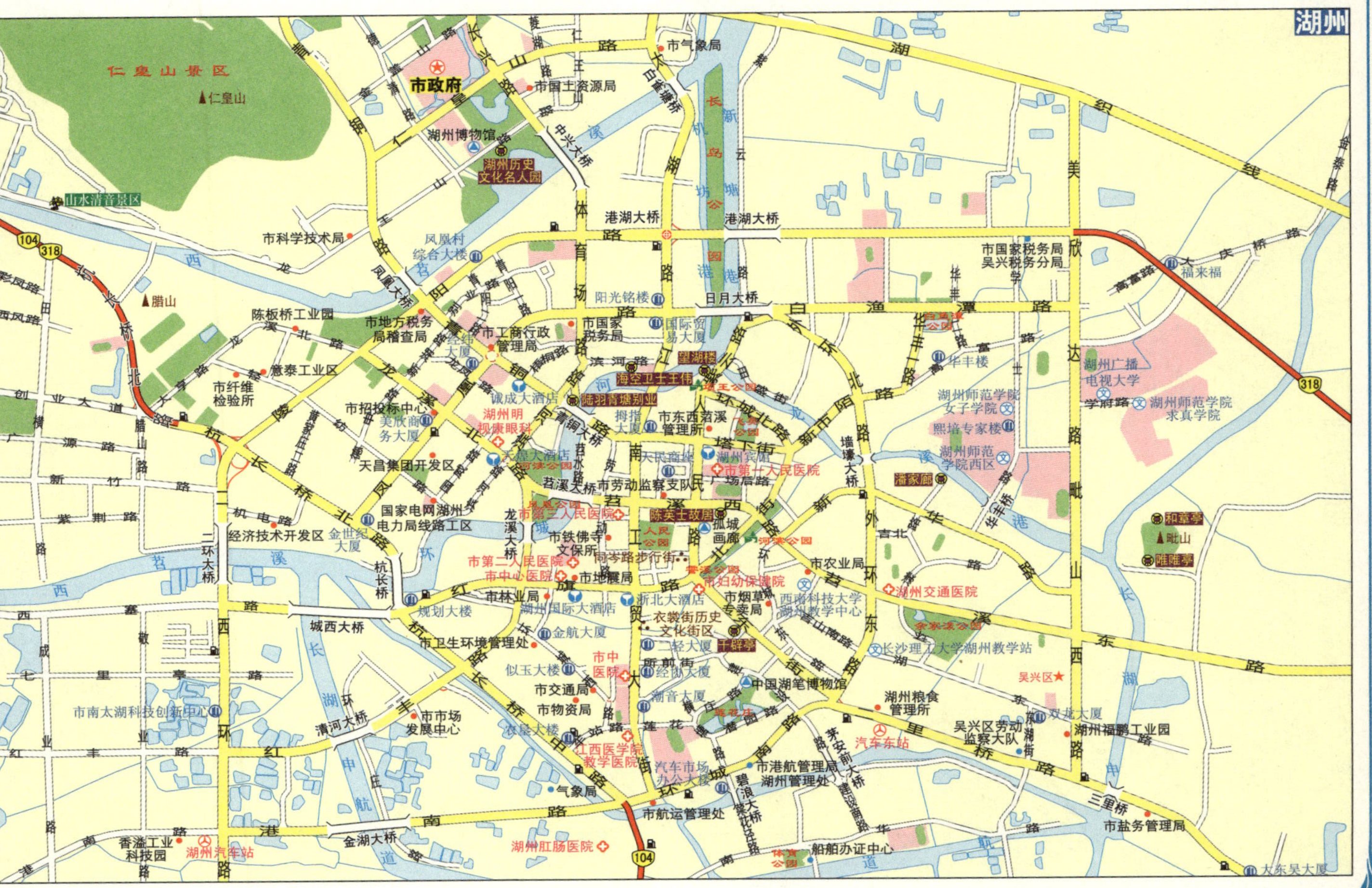
仁皇山景区
仁皇山
市政府
湖州博物馆
湖州历史文化名人园
山水清音景区
腊山
市科学技术局
凤凰村综合大楼
凤凰大桥
中兴大桥
市国土资源局
市气象局
白雀塘桥
长岛公园
港湖大桥
日月大桥
阳光铭楼
陈板桥工业园
意泰工业区
市纤维检验所
市地方税务局稽查局
市工商行政管理局
市国家税务局
国际贸易大厦
望湖楼
海空卫士王伟
陆羽青塘别业
诚成大酒店
湖州明视康眼科
市招投标中心
美欣商务大厦
天昌集团开发区
国家电网湖州电力局线路工区
经济技术开发区
金世纪大厦
二环大桥
杭长桥
城西大桥
规划大楼
市卫生环境管理处
市南太湖科技创新中心
清河大桥
市市场发展中心
香溢工业科技园
湖州汽车站
金湖大桥
湖州肛肠医院
气象局
市航运管理处
江西医学院教学医院
汽车市场办公大楼
市港航管理局湖州管理处
碧浪大桥
船舶办证中心
市交通局
市物资局
似玉大楼
金航大厦
市中医院
湖州国际大酒店
市林业局
市地震局
市中心医院
市第二人民医院
市铁佛寺文保所
龙溪大桥
市第三人民医院
苕溪大桥
天煜大酒店
市劳动监察支队
陈英士故居
孤城画廊
人民公园
湖州宾馆
市第一人民医院
市东西苕溪管理所
拇指大厦
衣裳街历史文化街区
浙北大酒店
市妇幼保健院
市烟草专卖局
中国湖笔博物馆
二轻大厦
经协大厦
潮音大厦
市农业局
西南科技大学湖州教学中心
湖州交通医院
长沙理工大学湖州教学站
湖州粮食管理所
吴兴区劳动监察大队
汽车东站
吴兴区
双龙大厦
湖州福鹏工业园
三里桥
市盐务管理局
大东吴大厦
潘家廊
湖州师范学院西区
熙培专家楼
湖州师范学院女子学院
华丰楼
湖州广播电视大学
湖州师范学院求真学院
市国家税务局吴兴税务分局
福来福
和章亭
毗山
唯唯亭

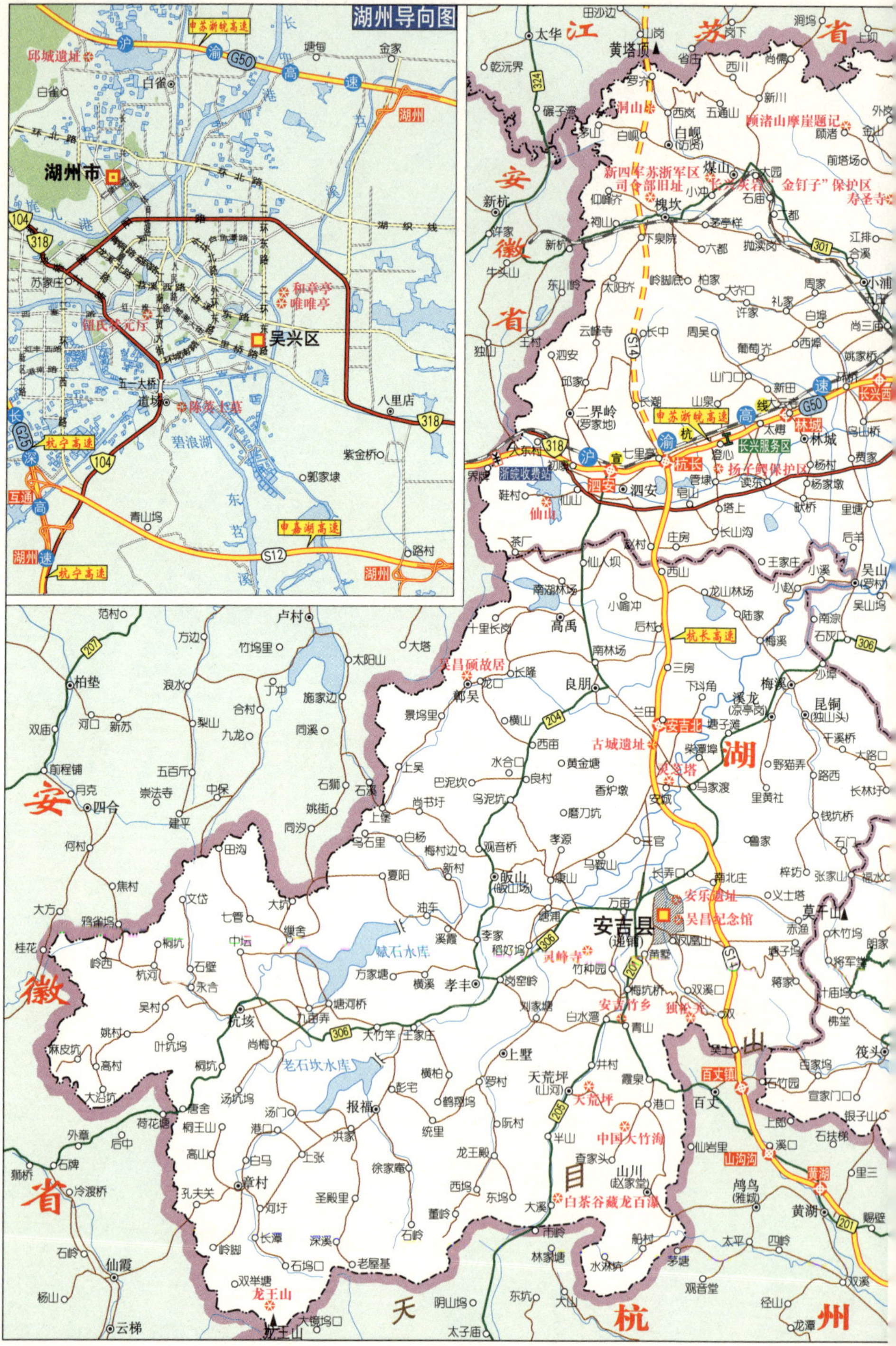

湖州市交通旅游图

湖州导向图

申苏浙皖高速
邱城遗址
沪 渝 G50 高速
塘甸 金家
白雀 白雀
长 港 苕 湖州
环北路
湖州市
东北路
湖 织 线
104 318
苏家庄
和孝亭
唯唯亭
钮氏状元厅
吴兴区
五一大桥
道场
陈英士墓
八里店
318
长 G25 深
杭宁高速
104
碧浪湖
紫金桥
郭家埭
互通 高
东 苕
青山坞
申嘉湖高速
湖州 速
杭宁高速
S12
路村
湖州

安吉县地图

田沙边 太华 江 苏 省
黄塔顶 山岗 岗下 省庄 涧沟 上坝
乾沅界 324 西川 尚儒 罗亦
碾子滩 洞山县 西岗 五通山 新川 外坡
多山 白岘 白岘（方贤） 顾渚山摩崖题记 顾渚 金山
前塔场
安 新杭 新四军苏浙军区司令部旧址 煤山 长兴灰岩"金钉子"保护区 大园
仰峰芥 小冲 石庙 寿圣寺
槐坎 二都
徽 许家 河山 茅亭岗
新杭 下泉院 六都 抛渎岗 301 江排 合溪
牛头山 东川岭 太阳芥 岭脚底 柏家 大岕口 周家 小浦
省 礼家 许家 白埠 尚三亩
云峰寺 长中 周吴
独山 S14 葡萄芥 西埠
王村 泗安 姚家桥
邱家 山门口 新田 速
二界岭（罗家地） 长湖 山泉 线 大云寺 G50 长兴西
申苏浙皖高速 高 林城
界牌 318 沪 渝 杭 宣 七里亭 太傅 林城 吕山桥
七东村 浙皖收费站 杭长 长兴服务区 费家
初康 泗安 泗安 管埭 扬子鳄保护区 杨村
鞋村 仙山 仙山 皂山 读书 杨家墩
仙山 塔上 畎桥 里塘
茶厂 赵村 庄房 长山沟 后羊
仙人坝 西山 王家庄
南湖林场 龙山林场 小溪 吴山 吴山（罗村）
小赵
小嵘冲 陆家 南宗 吴山坞
十里长岗 高禹 后村 杭长高速 石灰口 306
南林场 梅溪
吴昌硕故居 长隆 三房 沙埠
鄣吴 龙口 良朋 下斗角 梅溪
景坞里 横山 溪龙（凉亭岗） 昆铜（独山头）
204 兰田 安吉北 塘子滩 干溪桥
西亩 古城遗址 柴潭埠 湖 大路口
上吴 水合口 黄金塘 野猫弄 路西
巴泥坎 良村 香炉墩 灵芝塔 马家渡 长林村
尚书圩 乌泥坑 里黄社 钱坑桥
上墅 磨刀坑 安城 石门
乌石里 白杨 孝源 王官 鲁家
梅村边 观音桥 长弄口 梓坊 张家山 福水
新村 马鞍山 递北庄
夏阳 皈山（皈山场） 康山 安乐遗址 义士塔
油车 万亩 莫干山
李家 塘浦 安吉县（递铺） 吴昌硕纪念馆 赤渔 朗家
溪霞 稻好坞 306 凤凰山 木竹坞
灵峰寺 董墅 塘子坞 将军堂
方家塘 横溪 孝丰 岗窑岭 竹种园 201 S13 蒋家
刘家塘 梅坑桥 双溪口 计庙坞
白水湾 安吉竹乡 独松关 双
306 天竹竿 王家庄 青山 佛堂
上墅 井村 吴山 山 筏头
横柏 天荒坪（山河） 霞泉 百丈镇 西家坞
彭宅 罗村 天荒坪 石竹园
报福 鹤鸡坞 205 港口 百丈 宣家门口
统里 阮村 中国大竹海 上郎 银子山
龙王殿 半山 香家头 溪口 石拔梯
徐家庵 山川（赵家堂） 仙岩里 山沟沟 黄湖
西坞 东坞 目 鸬鸟（雅城） 里三
圣殿里 大溪 白茶谷藏龙百瀑 黄湖
董岭 201 赐壁
石岭 市岭 船村 太平 四岭
林家塘 水淋坑 茅塘 双溪
东坑 大山 观音堂
阴山坞 天 杭 径山 州
太子庙 龙潭

范村 卢村
方边 大塔
207 竹坞里 太阳山
柏垫 浪水 丁冲
合村 施家边
双亩 河口 新苏 梨山 九龙 同溪
前程铺
五百斤 石狮 石溪
安 月亮 崇法寺 中保
四合 姚街
建平 同汐
何村 田沟
焦村
大方 文岱 大坑
鸦雀坞 七管 缫舍
桂花 桐坑 中坛
岭西 石壁 赋石水库
徽 杭河 永合
吴村 塘河桥
姚村 杭垓 九亩弄
叶坑坞 尚梅
麻皮坑 高村 桐坑 老石坎水库
大沿坑 汤坑坞
荷花塘 唐舍
外章 桐王山 汤门
后中 港口 洪家
石牌 高山 白马
狮桥 上张
省 冷渡桥 孔夫关 章村
河圩
岭脚 长潭 深溪
石岭 仙霞 石坞口 老屋基
双举塘
龙王山
杨山 大镜坞口
云梯 龙王山

太湖

横山岛
西洞庭山
西山
叶山岛
余山岛
东山
东洞庭山
大沙山
大山
三山岛
小雷山
大雷山
长沙岛
竹山
阴山

丁山 汏东
宜兴太湖服务区
省界收费站
杭宁高速
太湖服务区
夹浦
长兴县
长兴
李家巷枢纽
云峰顶
碧岩
黄龙宫
邱城遗址
法华寺
太子湾
仙山墓群
湖州北
湖州市
吴兴区
杨家埠
铁佛寺
飞英塔
慈云寺
钱山漾遗址
陈英士墓
南郊
八里店
湖州
G50
申苏浙皖高速
织里
利济寺
大港镇
南浔
苏浙收费站
南浔区
嘉业堂
七都
江苏省
318
S12
南浔服务区
双林
洪城遗址
申嘉湖高速
花城遗址
太君庙
南浔南
茅盾故居
乌镇
互通
练市
S13
含山
含山圣地
菱湖
潮音庙
千金
钟管
湖州服务区
青山
霞幕山
元明观
黄梅山窑址
城山
州
市
G25
104
莫干山
德清县
新市
新安
桐乡西
嘉
兴
申嘉杭高速
德清
浙北第一漂
对河口水库
寿昌桥
防风祠
下渚湖
云岫寺
西施故迹
塘栖
仁和
余杭区
(临平)
超山
320
长安
G60
沪杭高速
互通
海宁
盐仓
杭浦高速
G92
杭州市
崇贤
东西大道
杭州绕城高速
南庄兜
半山
余杭
瓶窑
南山造像
径山

杭州市

杭州素以美丽的西湖山水著称于世，历史悠久，曾是五代吴越国和南宋王朝两代建都地，南宋建都期间，耽乐湖山，凤凰山宫殿嵯峨，西湖畔屋宇如云；市区店铺林立，商贾如云；百戏杂呈，通宵达旦，使杭州的繁荣达到极点。

自四五千年前新石器时代的良渚文化起至现在的文化艺术，浙江文化历数千年而传承不衰，既具有浓郁的江南韵味，又洋溢着江南水乡的灵秀，建筑、雕塑、碑刻、书法、绘画、小说、诗歌、戏曲等，无不实现出可与西湖山色相媲美的意韵，孕育了一代又一代的文化名流。

行政区类别：省会
电话区号：0571
面积：16596 平方千米
人口：695 万
邮政编码：310026
行政区划：辖 8 个区、3 个县级市、2 个县

交通资讯

汽车南站
地址：秋涛路 407 号。
电话：0571-86075352。
汽车西站
地址：天目山路 357 号。
电话：0571-85222237。

杭州西湖

西湖风光

气候与游季

杭州地处亚热带湿润地区的北缘，属亚热带季风性湿润气候，气候温暖湿润，四季分明，年平均气温为 16.2℃，夏季平均气温 28.6℃，冬季平均气温 3.8℃。年平均降水量 1500 毫米，平均相对湿度也比较高，为 76%。这是一个四季皆宜的城市，春品龙井，夏赏荷莲，秋闻桂香，冬观残雪。最佳旅游时间：春、夏、秋三季。

交通

航空 ■ 杭州几乎已与全国各大城市建立了直飞的联系，杭州萧山国际机场位于萧山区瓜沥镇，距市中心约 30 千米，时间都在 40 分钟左右。如果打的前往费用约 120 元。

铁路 ■ 杭州是华东地区重要的铁路枢纽，沪杭、浙赣、萧甬、宣杭四条铁路在此交会。杭州站，当地人俗称城站，有直达北京、上海、南京、济南、太原、广州、重庆、汉口、郑州等地的旅客列车。

公路 ■ 杭州是浙江省公路网的中心，有东、西、南、北四个方向的长途汽车客运站。从杭州到上海走沪杭高速的班车约需 2 个半小时，到宁波走杭甬高速公路的班车约需 1 小时 50 分钟，到温州走杭甬、上（虞）三（门）、甬台温（台州段已通车）高速公路，约 5 个半小时。

水运 ■ 杭州为鱼米之乡，水域面积广大，著名的京杭大运河的终点就是杭州。京杭大运河杭州到苏州、无锡有客运航线往返，在武林门码头上船。

杭州西湖花港观鱼

风景名胜

主要景点推荐

到西湖风景名胜区 是以湖光山色与文物古迹交融一体的国家级风景名胜区。西湖面积60平方千米，有90多处各具特色的公园。开放的景区包括西湖老十景和新十景。好似一个将近6平方千米的“盆景”。西湖是中国人心中的一个文化符号，是中国式审美趣味的集中体现。被列入《世界遗产名录》。西湖老十景：断桥残雪、平湖秋月、柳浪闻莺、苏堤春晓、三潭印月、花港观鱼、曲院风荷、雷峰夕照、南屏晚钟、双峰插云。西湖新十景：黄龙吐翠、宝石流霞、龙井问茶、满陇桂雨、九溪十八涧、云栖竹径、虎跑梦泉、玉皇飞云、阮墩环碧、吴山天风。

西湖音乐喷泉 位于湖滨三公园附近湖面上，是众多旅游团队及散客必到的景点之一。音乐喷泉长约100公尺，宽约2公尺，形状呈弧形，整个音乐喷泉有近400个喷头，其中224个能360度旋转，做出600多种水形变换。音乐喷泉就是通过其千变万化的造型，再加上五颜六色的彩光照明，来反映音乐的主题和内涵。音乐喷泉不仅在夜晚，也在白天向游人展露迷人的风姿，为西湖景区平添了无穷魅力。

西湖音乐喷泉

千岛湖 位于中国杭州西郊的淳安县境内，距杭州市区129千米。湖面面积573平方千米。千岛湖以“千岛、碧水、金腰带”的独特景观闻名于世。得天独厚的千岛湖拥有漫长曲折的湖岸线，1078个翡翠一样的岛屿将湖面分割成千姿百态、极富变化的港湾，船行湖中，如入迷宫。堪称“高峡出平湖”的人间奇迹。

千岛湖

门票：215元。

交通：杭州汽车西站、民航大酒店、金海宾馆等处均有直达千岛湖的车。

天目山 雄踞黄山与东海之间。东西两峰遥相对峙。东峰大仙顶海拔1480米，西峰仙人顶海拔1506米。两峰之巅各天成一池。宛若双眸仰望苍穹，因而得名。是江南宗教名山，世界级自然保护区。

天目山

门票：140元。

交通：杭州汽车西站有直接到天目山景区的专线车，发车时间是14：10，两个半小时可到达；或者从杭州汽车西站坐快客到临安，临安汽车西站有直接到天目山景区的车，发车时间是15：20；如果以上两班车都错过了，可从临安坐车到於潜，再转乘至天目山的公交车，即可到达西天目山景区。

浙西大峡谷、千顷塘梅花鹿栖息地（浙西天池） 位于临安清凉峰国家森林自然保护区内，距杭州只有107千米。大峡谷全长83千米，共分3个景段，现在可供游客游赏的为第一景段，取名“龙井峡”。从大峡谷往东北方向走，可到浙西天池。千顷塘一带有野生梅花鹿活动踪迹，且数量较大，并呈上升趋势。这里有大片的高山草甸，还有吴越国的古关隘和古城墙。

门票：大峡谷130元，白马崖50元，浙西天池38元。

交通：从杭州西站乘车到临安或昌化，临安或昌化至大峡谷镇均有较多班车，从大峡谷镇坐面的可至浙西天池景区。

大明山风景名胜区 距杭州110千米。景区有32奇峰、13幽涧、8条飞瀑、高山草原、高山湖泊，横贯六座山体的万米岩洞，大小景点96个。大明山有丰富的地形地貌，适合开展各类山地休闲运动，景区常年开设有溯溪、桥降、攀岩、洞穴探奇、山顶野营、

大明山风光

野外生存等山地运动项目。

门票：110元。

交通：从临安或昌化转车至清凉峰镇里仁村或顺溪村。

未来世界游乐公园 是目前亚洲最大的室内室外组合型主题公园，说到底就是一个大型游乐场。

门票：80元。

杭州乐园 是中国最大的集旅游、休闲、娱乐、度假、居住为一体的大型旅游度假区之一，五一"寻宝"，十一"狂欢"。

门票：160元。

瑶琳仙境 位于西湖风景区西南面80千米处，离桐庐县城23千米，是华东沿海中亚热带湿润区喀斯特洞穴的典型代表，属国家级风景名胜区。

门票：100元。

交通：瑶琳仙境在桐庐县城转中巴即至。

垂云通天河 位于桐庐县，全长4500米，号称"地下十里长河"，总面积8万平方米，典型的地下大峡谷。河道曲折幽深，水质清澄，地下景观宏伟壮观，通天河景区游览分地下河千米荡舟和地下大峡谷探秘揽胜。

垂云通天河牌楼

门票：84元。

交通：垂云通天河在桐庐县城转中巴即至。

东方文化园 熔儒、释、道于一炉，以周易八卦布局。

门票：128元。

瑶琳仙境

九溪十八涧

九溪十八涧 在龙井南面以“溪水”为主题，以山和树为依托的一处优雅宁静的山涧美景。九溪之美，在于自然、平常、野趣、天籁。“九溪十八涧”是新西湖十景之一。

交通：可以坐27路公交车到“龙井村”下，然后一路沿“十八涧”步行，至钱塘江边的4路车始发站，坐4路等公交车返回市区。

龙井 龙井又名龙泓、龙湫，位于西湖西南的风篁岭上，为西湖群山南、北两大支的交接点，是杭州极适合骑行的线路之一。去龙井不仅可以问茶，还可以呼吸山林之清气。

交通：乘27/K27路公交车至“龙井寺”站下，从这里到龙井村还要走两站路。

满觉陇 满觉陇是南高峰南麓的一个小山谷，那里家家户户都植桂。每年九、十月间在那里举办的“西湖金秋桂花节”是杭州的一场盛世，南山一带车为之阻。“满陇桂雨”是新西湖十景之一。

交通：乘K4路等公交车在“赤山埠”或“动物园”站下，或乘Y3路公交车至“石屋洞”站下。

烟霞三洞 从满觉陇到南高峰有“烟霞三洞”，从低到高依次是石屋洞、水乐洞、烟霞洞。三洞中烟霞洞最出色，其内的石窟造像则是西湖石窟艺术的代表。

交通：Y3路公交车在烟霞三洞都有站，但车较少。

梅家坞、云栖竹径 西湖周边遍布茶园，以梅家坞的茶园最美；湖山之间有很多喝茶吃农家饭的地方，以梅家坞最成气候。梅家坞有“云栖竹径”，是新西湖十景之一。

门票：8元。

交通：九溪有324/K324路公交车通梅家坞，Y4路公交车可到梅灵路的任何一段，这两路公交车都在“云栖竹径”设站。

云栖竹径

杭州西溪湿地

西溪国家湿地公园 西溪在杭州西北留下镇，南宋时和西湖齐名。是杭州最后的一片江南水乡。

门票：80 元。

交通：Y3 路从灵隐直达西溪湿地，中间不设停靠站。

三天竺 三天竺背靠着西湖周围最高的天竺山，在灵隐和梅家坞之间，又称“三竺”，是上天竺、中天竺、下天竺的合称。天竺，杭州历史的佛国。

门票：10 元。

交通：7/K7 路等公交车至灵隐下，由灵隐寺的山门向南直上即至。

西湖群山 杭州市是一个多山的城市，山间植被保存良好，62.8% 的森林覆盖率，完全得益于山间的良好生态。山上石径纵横，再安静的山上也有前人铺就的石径和设立的路标，同时，杭州的山间藏着许多名胜古迹。

京杭运河杭州段 杭州段是京杭大运河的最南端，拱墅区是运河区，古运河留下的码头、船坞、桥梁和民居散落其间。优美的拱宸桥是古运河杭州的终点标志。

门票：“天堂号”游船双人间 130 元 / 人。

交通：“夜航船”分别于 18:30、19:30、20:30 从武林门巴士码头和拱辰桥巴士码头双向出发，再回到各自出发的码头，全程约 60 分钟左右。

杭州的名人故居 杭州有 100 多处名人故居或旧居，大多位于西湖边、湖山间，少部分位于老城区内。凭吊曾经“住在杭州”的名人们的去处。

胡雪岩故居

杭州的博物馆 作为一个文物荟萃的城市，杭州的博物馆很有看头，尤其是那些专题博物馆。杭州的博物馆基本上都是免票的。是一次免费享用的人文盛宴。主要有浙江博物馆、中国丝绸博物馆、中国茶叶博物馆、南宋官窑博物馆等等。

杭州的观潮处 萧山美女坝赭山湾位于钱塘江南岸，是观赏钱江涌潮的最佳地点，不仅能看到"一线潮"，还能看到"回头潮"、"船斗潮"和"潮中潮"，其中以在美女坝看"兜潮"最为著名。不一定要到海宁盐官去观钱江潮，杭州也有几处不错的观潮点。

河坊街和胡庆余堂 河坊街是一条仿古街，上有形形色色的民俗与"伪"民俗展示，但因为有"江南药王"胡庆余堂，河坊街就不是一条纯粹的仿古街。

交通：乘Y7路、Y8路、8/K8路等公交车至"吴山广场"站下，河坊街位于吴山广场东侧。

凤凰寺 凤凰寺位于中山中路羊坝头附近，这一带原来曾是阿拉伯人和其他外国人的聚居地，周围有很多西式建筑，杭州几大绸布庄都集中在这附近。是中式建筑与阿拉伯建筑的完美结合。

交通：乘K274路、151/K151路、290路、846路、814/K814路、270/K270路公交车"羊坝头"站下。

凤凰寺

闸口白塔 西湖有雷锋、保俶二塔，其实钱塘江边也有两座塔：六和塔和白塔。白塔位于钱塘江边闸口的白塔岭上，建于五代吴越国晚期，是国家重点文物保护单位。杭州第四塔，汇集五代造像艺术珍品。

交通：杭州市区乘39路、308路等公交车在"闸口"或"白塔岭"站下车均可。

径山寺 径山位于杭州西北的余杭长乐镇，距杭州市区54千米，是天目山脉的东北峰，风景优美，同时又是佛教胜地。日本茶道的发源地，懒人休假的好地方。

径山寺

门票：5元。

交通：武林门地下停车场有到径山寺的中巴车。

超山"香雪海"及吴昌硕墓 超山位于余杭临平，距杭州市区30千米。吴昌硕归葬超山梅花之中，现超山有吴昌硕墓和吴昌硕先生纪念馆。

门票：60元。

超山梅花

交通：乘 309 路或 K509 路公交车到终点，再转 319 路到超山，步行 400 米左右即到。

宋城景区 位于西湖风景区西南面的杭州之江国家旅游度假区内，北依五云山，南濒钱塘江，是中国最大的宋文化主题公园，依据宋代杰出画家张择端的《清明上河图》画卷，再现了宋代都市的繁华景象。

清河坊 杭州历史上最著名的街区，也是杭州目前唯一保存较完整的旧街区，是杭州悠久历史的一个缩影。保护了清河坊的历史建筑群，保留了区内著名的老字号。

杭州山沟沟风景名胜区 地处杭州西北40千米的“浙江省蜜梨之乡”余杭区鸬鸟镇，风景区拥有杭城第一峰——窑头山和红桃山，是太湖的重要源头之一。风景区内资源丰富，生态环境优良，动植物种类丰富，有国家珍稀植物千年红豆杉群，有国家一级保护动物黑麂等。四周峰峦叠嶂，群山苍翠，植被覆盖率 95%。杭州山沟沟风景名胜区是国家级的生物圈保护区，国家森林公园，浙江省农家乐特色示范村。山沟沟风景区由“汤坑”、“茅塘”和“花果山”三大景区组成。

大慈岩 位于中国优秀旅游城市建德大慈岩镇境内，以江南第一悬空寺、长谷溪流、中华最大天然立佛和浓郁的佛教文化名闻遐迩。大慈岩山水相依相存，湖泊、溪水、瀑布、涧流随处可见，从山顶蜿蜒曲折而下，形成了一条长达 880 米的独特的长谷溪景观。

灵栖洞天、瑞晶石花洞 浙西是看喀斯特地貌岩溶景观的地方，几个洞都非常瑰丽多姿。灵栖洞天由灵泉、清风、蔼云和灵栖

瑞晶石花洞

龙门古镇

石林组成，水清、风凉、云雾多，是《西游记》等多部影视片的外景地；瑞晶石花洞是一座罕见的天然地下花园。

门票：灵栖洞天85元，瑞晶石花洞68元。

交通：灵栖洞天在建德石屏乡，坐车至建德新安江街道转中巴；瑞晶石花洞在临安昌化，杭州汽车西站有直达的车。

新安江 新安江是钱塘江的上游，越到上游水越清。白沙奇雾和民俗婚礼让理想避暑之地多了些别的情趣。

钱江源国家森林公园 钱江源国家森林公园在衢州开化县的北部，浙、皖、赣三省交界处，这是黄山、千岛湖、婺源中间的一片纯净地带，生态环境良好，千米以上的山峰有25座。钱塘江发源于这里的清流山涧。

门票：公园内分景区收票，共有5个景区，其中，枫楼（含船票）50元，莲花塘60元。

交通：千岛湖或衢州至开化，转到齐溪的车。

龙门古镇 位于浙江省杭州市近郊的富阳市境内，离杭州市区38千米，地处秀丽的富春江南岸，环境优美，历史悠久。至今完好地保存着宏大的明清古建筑群，包括祠堂、厅堂、民宅、古塔、 石桥、牌楼等。

富春江 富春江是钱塘江的中游，从杭州的闻家堰经富阳、桐庐一直到建德的梅城。沿着富春江，比较值得一游的有富阳境内的鹳山、中国古代造纸印刷文化村，桐庐境内的严子陵钓台、桐君山，桐庐、建德之间的七里泷。备受人文侵染的江南山水自有一番

富春江

风情。

门票：鹳山免费，中国古代造纸印刷文化村38元，严子陵钓台100元，桐君山40元，七里泷45元。

交通：杭州市区514路公交车或到望江门坐中巴直富阳，鹳山离县城只有两千米，可步行前往，转中巴车可至中国古代造纸印刷文化村。

深澳古村落 由荻浦、深澳、徐畈和环溪4个传统村落组成，距今已有1000余年历史，保存着100多座清代、民国初期的古建筑，最有特色的是明代水系，至今仍保存得较为完整。

交通：位于桐庐和富阳交界的深澳镇，目前交通不是很方便，附近有320国道经过，上海的自助旅游爱好者曾骑车前往深澳。有心寻访者可先到桐庐县城汽车站乘中巴车前往。

新叶村 新叶村位于建德大慈岩镇，是一个偏僻而封闭的山乡村落，附近的里叶村出上等的莲子。是按道家五行九宫原理布局的封闭村落。

门票：68元。

交通：从建德新安江街道到新叶有中巴，如果租车，往返需200多元。自驾车走320国道至大慈岩镇，即可看到通往新叶村的指示牌，再沿着村道行驶约3千米，就能到村口了。

芹川村 淳安已是地道的“山里”，芹川村这个四面环山的封闭山村位于淳安县姜家镇浪川乡，是王姓聚居地，村里有60%的建筑是明清时期的古民居，且基本保存完好，庞大的古建筑群是芹川村的最大看点。融合了新派、徽派建筑精华的庞大明清古民居群。

交通：芹川村适合自驾车前往，从杭州出发，走320国道，经富阳、桐庐、建德进入淳安，走淳开线，经汾口至浪川再到新桥左拐就能到达芹川。

霞山古民居 霞山乡是钱江源头第一乡，距离钱江源国家森林公园12千米，古称九都，曾是皖南通往浙西的古道驿站，境内有一条10华里长、用青石板铺成的唐代古栈道，古街300余米，古埠头2座。

交通：杭州或衢州坐巴士到开化，转车到霞山乡。

徽杭古道 徽杭古道位于浙皖两省交界的清凉峰国家自然保护区北侧，是古时徽商入浙的要道，华东徒步穿越十大精品线路之一。

清凉峰 位于浙皖交界处的清凉峰也是户外爱好者喜欢去的地方，天目山的主峰，海拔1787.2米。是浙西第一高峰，享有“浙西屋脊”、“天堂之巅”的美誉。

交通：可以在杭州或临安乘公共汽车至昌化，再转车至清凉峰自然保护区。

吴越国王陵、功臣塔 一般人到了临安，都会去拜谒钱王陵，这是五代时创建吴越国的那个钱王的寝陵，位于临安锦城镇太庙山南坡，是浙江唯一保存完好的王陵。功臣塔位于锦城功臣山顶，塔因山而得名，时间于五代后梁贞明元年，是浙江省最早的古塔之一，也是浙江乃至江南一带现存最早的砖木混合结构仿楼阁式塔，其体例一直为后期同类塔所沿用。吴越国历史文化的重要遗址。

门票：钱王陵16元。

其他景点推荐

双溪漂流景区、
杭州东方文化园旅游文化景区、
杭州野生动物世界、富春桃源风景区、
保俶塔（应天塔）、西泠印社、岳王庙•岳飞墓、
黄龙洞、飞来峰、九溪十八涧、玉皇山、
富阳市天钟山旅游景区、东明山森林公园、
大涤山、梅城古镇。

◎ 美味佳肴 ◎

西湖醋鱼

由于此菜是用西湖鱼和醋糖调味制成，因而得名。以西湖鲜活草鱼烹制，融合鲜、甜、酸三味，鱼肉鲜嫩带有蟹肉味道。

宋嫂鱼羹

用肉嫩刺少的鳜鱼做主料，蒸熟后剔去皮、骨，再配上火腿、竹笋、香菇、鸡汤等烹制而成。配料讲究，色泽黄亮，鲜嫩滑润，味似蟹羹，故有"宝蟹羹"之称。

西湖莼菜汤

这道菜被列入杭州36种名菜之中。又名鸡火莼菜汤，它是用鸡脯肉、火腿丝和名贵的莼菜烧汤而制成的佳肴，此汤莼菜翠绿，鸡白火红，色彩鲜嫩，味醇清香。

龙井虾仁

白嫩的虾仁，碧绿的清茶，闻着清香，看着雅丽，滋味独特。特别适合龙井茶采摘的时节品尝。

东坡肉

以薄皮嫩肉用名酒焖制此菜，色泽红亮，味醇汁浓，酥烂而形不碎，香糯而不腻口，是杭州传统名菜。

杭州酱鸭

是杭州传统的风味名菜，选用当年饲养成熟的肥壮鸭子，经过先腌后用酱精心制作而成，鸭子肉色枣红，芳香油润，咸中带鲜，富有回味，是一道佐酒佳肴。

吃喝玩乐购

杭州美食

宋代大文豪苏东坡曾赞誉"天下酒宴之盛，未有如杭城也"，杭州菜的味道果然不凡，味香鲜，色雅致，菜肴味道独特，"清爽别致"正是杭菜的最大特点。

杭州菜一向讲究鲜嫩软滑，绵糯香醇，清爽不腻。既保持主料的本色与风味，同时还造就菜肴别致、精美的造型。久负盛名的杭州菜肴有芥菜鱼肚、东坡肉、西湖醋鱼等。

这里的小吃也不可小觑。千年的杭州城凝聚了风味众多的特色小吃，葱包桧、猫耳朵、片儿川面、酥油饼等，口味独到，颇受欢迎。

美食街

杭州是个美食地，从保俶路、河坊街、高银巷等美食街里走出了不少口味、声誉俱佳的名店，生意热闹非凡，如丁哥黑鱼馆、皇饭儿、扁龙饭店……吃完这家还有那家，美食琳琅满目。

高银巷

与清河坊平行，且相距不远。那里饭菜好吃的饭店很多，让游客真不知道选什么好，一到晚餐时间，狭窄的街道两边就停满了私家车。这边的口味涉及整个浙江的美食，想吃什么都有。

交通：Y6、Y8、K8、K60、K208、K216路公交车。

竞舟路

位于杭州市的西区，是近年新兴起的美食街。街道两边有不少小饭馆，装修得都很有特点，味道也各有特色。只是地理位置偏远一些。

交通：K66、K70、K215、K310、899路公交车。

河坊街

一条宋明仿古步行街，除了有胡庆余堂、王星记扇厂、万隆火腿庄等老字号可以参观外，很多游客前去游玩的主要理由还是美食。不长的街道上有很多传统小吃摊，比如定胜糕、葱包桧、

河坊街

臭豆腐、油酥饼等都值得一尝。

交通：8、Y8、25、35、60、K187、K216、K404、K801、K850路公交车。

美食老号

杭州天香楼的东坡肉、楼外楼的西湖醋鱼名扬中外。风味小吃品种极多，吴山酥油饼、金华醺饼、杭州奎元馆的虾爆鳝面，知味观的幸福双点心、湖州丁莲芳千张包子等都家喻户晓。

1．楼外楼

西湖区孤山路30号

创建于1848年，名源于南宋林升的名句“山外青山楼外楼”，是一家正宗的杭菜馆。负山拥水，独擅湖山之胜，建筑古朴端庄，很有民族特色。烹制的菜肴大都有美丽动人的民间传说，尤以名菜西湖醋鱼、宋嫂鱼羹等独树一帜。

电话：0571-87969023、87965463

交通：81、7路公交车，游1线葛岭站下。

2．知味观味庄

仁和路83号

坐落在西湖中间的杨公堤上，创建于1913年，是一家经营杭州名点名菜的著名老店。环境自不必说了，去过西湖的人都知道，在西湖中间吃饭是什么感觉。抬眼即是湖光山色，亭台楼榭。菜品很精致，量也比较大。

电话：0571-87076120

交通：56、151路公交车湖滨下。

3．奎元面馆

解放路154号

简称奎元馆，创办于1867年。经营的面食品种达百种之多，但最负盛名的要数片儿川面和爆鳝面。面馆的“坐面”烧而不糊，韧而滑口，吃起来有“筋骨”。

鱼头豆腐

是杭州名馔之一，它以色泽素雅、汤鲜味醇、肥嫩适口、芳香四溢而久享盛誉。大凡来“人间天堂”杭州游览者，不可不尝。

◎ 风味小吃 ◎

燕皮馄饨

燕皮是用猪瘦肉为原料制成的色泽洁白、薄如纸张的肉食擀制品，滑爽口，据说还有燕窝的风味，所以叫燕皮，用这样的皮来包馄饨，味道相当不错。

大华酥饼

以面粉、鸡蛋、脱壳芝麻等为配料，色泽艳丽，黄中带红，尝起来外面酥、脆、软，芝麻香味醇厚，油而不腻，松而不散。曾受到党和国家领导人的一致好评，是一道百吃不厌的精致点心。

葱包桧

说起葱包桧，杭州人一定是无人不知无人不晓了，这是一道杭州大街小巷都很普遍的点心。它的历史竟可以一直追溯到宋朝，老百姓为了永远唾弃秦桧，将春饼和“油炸桧”制成了点心，以此永远铭记岳飞，唾骂秦桧。

南宋定胜糕

始于宋代，千百年来一直为杭城人民所喜爱。外层是精制的香米和糯米粉，里面是豆沙馅，中间混有少量白糖和桂花，定胜糕的颜色绯红，象征战争的凯旋，味道香糯可口，甜而不腻，是物美价廉的特色小吃。

电话：0571-87028626

交通：K56、151、K305路公交车均可到达。

4. 山外山菜馆

玉泉路8号

店名出自宋诗"山外青山楼外楼"之句，开创至今已有近百年的历史。与"楼外楼"、"天外天"为西湖三大名菜馆。酒楼以烹调杭州名菜为其特色，名师掌勺，其中尤以"叫花童子鸡"、"西湖醋鱼"、"东坡肉"、"宋嫂鱼羹"等闻名遐迩。

电话：0571-87995866、87986621

交通：28、15、82、527路公交车。

东坡肉

5. 王润兴酒楼

河坊街101–103号

有百年历史的本帮老店。原开设于城站，在20世纪30年代迁到清河坊。楼上供应杭菜，尤以鱼头豆腐和盐件儿为名菜。

电话：0571-87800111

交通：801、K801路公交车。

盐件儿

6. 多益处酒家

高银街8号

创办于1920年，装修雅致，园林式的建筑风格在河坊街独树一帜。1楼大厅传统的江南格调；2楼的园林式风格新颖别致，3楼以中外名酒命名的包厢豪华气派。在老店传统特色菜肴的基础上不断推出新菜式，如异香老鸭、一品南乳肉、益膳小炒等。

交通：71、834、155路公交车。

7. 天香楼菜馆

延安路447号

创办于1927年，为杭州餐饮界百年老店，取唐代诗人宋之问"桂子月中落，天香云外飘"而得名，是一家闻名中外的正宗杭菜馆。可制作近400个品种菜肴，尤以烹制鱼虾蔬笋、鸡鸭肉蛋而著称。

交通：151、155、K56路公交车孩儿巷下。

8. 天外天菜馆

天竺路2号

始建于1910年，菜馆坐落在灵隐寺飞来峰下，俯览杭州西湖，周围古木参天。有格调各异的风味厅、宴会厅。杭派菜做得很不错，一般人们游完灵隐寺，就来天外天。

交通：Y1、Y2、Y3、Y4、7、807、837路公交车灵隐站下。

■ 饕餮食肆

会享受的杭州人，自然不会让杭州少了让人一品美食的食肆。经济实惠又环境幽雅的杭帮菜餐馆，最受家庭、团队游客的欢迎，坐在赏心悦目的环境中品尝传统的杭帮美味，物美价廉，性价比高。新开元、外婆家都是这类餐馆的热门之选。在杭州还有一类食肆，不仅能在其中品味到美食，还能愉悦身心，人们叫这类食肆为小资饭馆。小资饭馆的环境都很时尚，菜色比较新颖，在杭帮菜的味道上带入了不少新意，有众多值得一试的美味带给喜欢休闲、时尚的年轻人。价格也是有高有低。

9. 皇饭儿酒楼

上城区清河坊高银街53–57号

是想吃杭州菜的人值得一去的地方，装潢得古色古香、幽雅。招牌菜是红烧鱼头，味道很地道，而且富有营养。慕名前来的客人很多，所以环境比较拥挤。

电话：0571-87807768

交通：8、60、K216路公交车。

10. 红泥大酒店

学士路48号

环境别具风格，装修豪华。菜肴以杭帮菜为主体，并且改进和创新出了自己的特色"红泥"，获得过很多奖项。特色菜有"红泥手撕鸡"、"红泥酱鸭"、"虾排鱼丝"等。

电话：0571-87918385

交通：游1线、游8线，10、12、49、K55、59、151、155、K251、K555，K12、K206、K208、K251、K270、K284、290、801、K900路公交车至胜利剧院下车或者乘25.60路至东坡路平海路口下车。

酱鸭

11. 张生记大酒店

江干区双菱路77号

这里就餐环境也很宽敞明亮，是个请客的好地方。最出名的特色菜是笋干老鸭煲，味道多年不变，汤浓味鲜，其他的杭派菜也都做得不错。

电话：0571-86026666

交通：K34、K80、864路公交车。

12. 老白鹿餐厅

耶稣堂弄15号

生意很好，但上菜速度不会因为人多而慢下来，价格经济实惠，很适合老百姓。这里的蛋黄鸭卷、田螺肉煲、雾都烤虾值得一尝。就餐环境也比较舒适。

电话：0571-85151554

交通：24、38、72、78、207、219、846路公交车。

13. 太子楼大酒家

杭州市延安路205号

是档次较高的饭店，地理环境得天独厚，毗邻风景美丽的西湖。大厅很宽敞，包厢的装潢也是尽显排场。杭派菜做得也正宗，不过价格比较贵。这里的烤鸭很有名。

电话：0571-87087122

交通：K315、K504、K514路公交车。

14. 隐楼私房菜

杭州市杨公堤23号3号楼

地处西湖旁一座二层独立洋房，据说，菜馆的厨师和原料都是从香港和广东两地"空运"过来。虽然价位略显偏高，但环境和服务都很不错，而自家磨制的豆腐和大海螺肉更是让人回味无穷。

电话：0571-87889103

交通：K7、K27路公交车。

15. 沸腾鱼乡

杭州市延安路18号

爱吃水煮鱼的食客很多都对"沸腾鱼乡"情有独钟，最重要的原因当然是口味正宗，其次是名气虽然大，但价格合理。沸腾鱼做得很够味，又鲜又嫩，吃得人一边辣出汗、抽着嘴，一边却放不下筷子。

电话：0571-87918777

交通：Y3、K305、K504、K515、K520路公交车。

水煮鱼

沸腾鱼

◎ 地方曲艺 ◎

越剧

发源于嵊县农村，早期称“小歌班”、“绍兴文戏”，1937年以后改称越剧。题材大多是才子佳人的故事，以抒情为长，深婉清丽，悠然纯美，仿佛雨霁月出，又如清风徐来，恰似

梅之清绝，暗香疏影。聆听越剧，你会有绕梁三日、不知今夕是何夕之感。

睦剧

原名“三脚戏”，流传于浙江淳安一带，和越剧相比，是更正宗的杭州本土地方戏。大部分是民歌小调，唱腔粗犷、朴素、活泼，富有表现力。共有100余首曲调，有浓厚的生活气息和乡土风味。

滑稽戏

由隔壁戏、小热昏、独角戏演变而成，是流行于浙江、上海、江苏部分地区的地方剧种。主要演喜剧、闹剧、讽刺剧，讲究情节，以引人笑乐为艺术特色；表演幽默、诙谐、夸张。剧中人物根据不同身份采用不同方言。

杭州娱乐

至少从隋唐朝代起，杭州就以它的明山秀水著称于世。直到今天，杭州的魅力也丝毫没有消退，人们依然不吝以西子之美来形容西湖，甚至将“天堂”美誉赠与杭州。

杭州人的娱乐生活是丰富而带点矛盾色彩的：在梅家坞、龙井村喝茶打牌优哉游哉者有之；南山路酒吧一条街疯狂泡吧不醉不归者有之；在西湖天地悠喝咖啡醉于湖景者有之；在湖滨路步行街纸醉金迷夜夜笙歌者更是有之。

各种娱乐场所如雨后春笋般冒出地面，新兴娱乐活动层出不穷。每当到了夜晚，城内一片灯红酒绿，众多专业的夜总会、娱乐总会等综合设施也竞相开放。

休闲街

南山路酒吧街

到了晚上，西湖是属于酒吧的，酒吧又多位于南山路。在此，你总能找到长夜漫漫浮生若梦的感觉。这里没有一家雷同的酒吧：人声喧嚣、充满摇滚味的无所谓酒吧；小巧精致、小资味道十足的卡卡酒吧；古朴内敛、环境讲究的老枪酒吧等。霓虹灯闪烁的各色酒吧，在黑暗中浓香四溢，散发独有的魅惑气息。

交通：Y2、K102、K321、K338路公交车。

茶馆

杭州人的娱乐生活是丰富而带点矛盾色彩的，在梅家坞、龙井村喝茶打牌优哉游哉。看着西湖景，品着西湖龙井，其中之妙可能只有久居杭州的当地人才能向你讲述一二。

1. 青藤茶馆

南山路278号元华广场

是杭城最早的茶艺馆，聚名茶、名壶、名画于一馆。去茶馆不需要考虑天气，那里宜晴宜雨，所有的窗子都开向西湖。一色老老实实的木圈椅，搭着大红缎面的棉椅垫，一派温柔敦厚的样子。围廊上挂着几盆吊兰，墙上装饰着几个古朴的瓷器，在灯光下幽幽地闪着光。

电话：0571-87022777

交通：K12、12、K25、25路公交车。

2. 心源茶馆

当场四路40号

以中华茶为主题进行布局，古朴雅致，朱漆木雕窗栏，点缀着清丽古典的茶联，沿袭了江南茶楼的精髓。整个茶馆笼罩在柔和、清晰的光线中，悠扬的古筝、牙曲声，碧螺龙井，细口慢啜，让人享受“茶香山水景中人”的意境。

电话：0571-85106983

交通：11、28、155、K599、K555路公交车武林门下。

3. 茗馨阁茶楼

将军路59-61号

跟市内其他的茶楼风格迥异，通体玻璃，在动听的音乐中感受高雅时尚的格调。不分早晚场，从入座起8个小时为一茶位费收取方式，每个人都可以灵活运用时间享受喝茶、聊天、发呆的生活。

电话：0571-87078779

交通：K4、12、K12、12（区间）、K12（区间）、12/K12（区间）、25、K25、30、K30、60、K60、315、K504、514、809路公交车，游9线。

4. 世外茶园

曙光路白沙泉93号

这里的茶不错，红茶、龙井都是特色茶。设施布置比较有格调，有一种典雅的气息，仿佛置身世外，对于爱喝茶的人的心情来说，显得十分协调。

电话：0571-87963633

交通：Y5、28、81路公交车。

5. 吴山茶楼

华光路1号

位于吴山广场上花鸟城的楼上，风景、位置均宜人，茶品较齐全，茶点种类也不少。旁边就是河坊仿古街，吃得太饱的时候，不妨下来去街上走走，一来消化，二来逛逛小摊，很是惬意。

交通：109、149路公交车。

6. 清茶馆

潮王路57号东方豪园文豪阁2楼

正像这家茶馆的名字一样，茶馆是一个清雅的地方。服务员端上来一杯清淡的茶水，一个人独坐，或者是几个人慢慢地聊、慢慢地喝，无比惬意。杭州人挺喜欢这样一种悠闲的生活方式。

交通：K12、K57、K58、K86、K101、K218、K316、K826路公交车

◎ 不可错过的景点 ◎

苏堤春晓

寒冬一过，苏堤犹如一位翩翩而来的报春使者，杨柳夹岸，艳桃灼灼，更有波平如镜，映照倩影，最动人心的，莫过于晨曦出露，月沉西山之时，清风徐徐吹来，置身堤上，勾魂摄魄。

平湖秋月

背靠孤山，三面临水，在此眺望湖光山色，无论春夏秋冬、晴雨阴晦，都别有一番景象。西湖秋月之夜，自古被公认为良辰美景，充满了诗情画意。历史悠久的“平湖秋月”，可称得上是风水宝地。每年农历8月14～16日，平湖秋月都将举办“月是西湖明”中秋赏月会。

断桥残雪

位于白堤东端，是西湖三大情人桥之一。白娘子和许仙就是从断桥相会、借伞定情开始的。缠绵悲怆的爱情故事给每个游览断桥的游客以无尽追思。

交通：游1、2路到断桥站下。可乘7、16、27路公交车，在少年宫广场下车。

曲院风荷

游曲院风荷，夏季最佳，公园建有幢幢架空的桦木结构小屋，以及木板平房，游人可以租用，同时还出租吊床、营帐和炊具，供游人野餐。既可以欣赏江南园林，又可以领略野炊情趣。

交通：7、27、28路公交车可到达。

虎跑梦泉

"虎跑"之名因"梦泉"而来，"龙井茶叶虎跑水"是闻名遐迩的西湖双绝。虎跑泉周围还有着迷人的自然景色与人文景观，既能够遍赏名山，赏观名泉，又可踏访名寺。山间的虎跑寺如今已成为具有江南特色的园林，叠叠石山，金桂满院。

门票：20元。

交通：308、324路公交车均可到达。

三潭印月

位于西湖中部偏南，与湖心亭、阮公墩鼎足而立，犹如古代传说中的蓬莱三岛，故又称小

咖啡屋

7．龙舍咖啡馆

上城区西湖大道171–1号

三位龙鱼的爱好者，在杭州打造了一座龙鱼的地下龙宫——龙舍咖啡馆。沿木质楼梯走入地下，龙鱼和各种热带鱼类在呈一片墙之势的长廊鱼缸中自在游动，顿时感觉别有洞天。咖啡师最拿手的两款咖啡是牙买加纯蓝山和夏威夷可纳，商务套餐三十几元的价格不会让人感觉荷包有压力。

电话：0571–87813188

交通：Y1、Y2、K4、J5、J9、K12、K38、K60、K822路公交车。

8．欧陆风情咖啡馆

北山路33号

是一家以欧式格调为经营特色的综合性咖啡馆，围绕着西湖分湖滨店和北山店两家，它将欧洲文化的精髓融入东方秀美的湖光山色之中。咖啡的浓香在欧洲的情调中悠悠荡荡。在这里，尽可述情、论道、冥思、遐想。

电话：0571–87995188

交通：K346、K707、K709、K710、K727、K748路公交车。

酒吧

9．Park1999园林式酒吧

上城区南山路87号林霭漫步景区

园林跟酒吧的结合体，西湖边如此好风景才能孕育出如此好的酒吧。喝酒就该这样随性、通气。杭城的演艺吧迪吧已经发展到极致，这样的园林酒吧着实少见。听说白天是西餐咖啡吧，有机会来尝尝这里的菜品。

电话：0571–86711133

10．旅行者酒吧

曙光路176号

典型的欧式风格酒吧，最醒目的是那幅描绘“旅行者”的壁画，在壁画下演出的是杭州有名的乐队，音乐以爵士乐为主。听着音乐，不经意地喝着啤酒，那氛围有种脱离世俗的气息，很清淡平静。

电话：0571-87968846

交通：Y5、28路公交车。

11．火知了酒吧

南山路102号

出色的音乐演绎阵容和热闹的气氛烘托出热烈的酒吧环境，爱好音乐的人可以上台和乐队一起演唱，还有专门的录音棚为人们灌制自己的唱片。酒吧的啤酒应有尽有，价格方面是杭城中较低的。酒吧还专门为球迷准备了舒适的看球点。“炸知了”是这里的一种特色小吃。

交通：K321、K338路公交车。

迪厅、夜总会

12．天堂人间娱乐超市

西湖区曙光路15号

是天堂与人间的巧妙结合，风情万种的自由空间。华美的装饰，顶级的音响，清醇的美酒，一起缔造出快乐的空间。紧张了需要放松，无聊了需要热闹，寂寞了需要沟通，烦恼了需要宣泄，娱乐超市就是一个能满足这些需求的地方。

交通：K15、K28、K81、K527、K850路公交车。

瀛洲。岛南湖中建有三座石塔，相传为苏东坡在杭为官，疏浚西湖时所创设。有趣的是塔腹中空，球面体上排列着五个圆洞，若在月明之夜，洞口糊上薄纸，塔中点燃灯光，湖面会呈现许多月亮，真月和假月其影难分。

灵隐寺

又名云林寺，创建于东晋咸和元年（326），当时印度僧人惠理来到杭州，看到这里山峰奇秀，认为这里是“仙灵所隐”之地，所以就在这里建寺，取名灵隐。位于西湖西北部的飞来峰旁，是中国佛教著名的“十刹”之一。

门票：灵隐寺30元，飞来峰45元。

交通：7、807路公交车，游1、2、4路到灵隐站下。

梅家坞

是龙井茶的四大产地之一，自然山水环境幽雅，茶文化底蕴丰厚。穿过梅灵隧道，便见山上、田里处处是茶，路边茶社连着茶社，漂亮的房子在青山的衬托下，美得像一幅画。这里还有可口的农家菜、新鲜的空气，

喝一杯最好的坞梅龙井，看看满山茶园的新绿，度过悠闲安逸的一天。

交通：游4、5路公交车梅家坞站下。

岳王庙

坐落在西湖栖霞岭南麓，分为墓园、忠烈祠、启忠祠三部分。岳王庙大门，正对西湖五大水面之一的岳湖，墓庙与岳湖之间，高耸着“碧血丹心”石坊，寄托炎黄子孙对爱国英雄的敬仰之情。

交通：杭州市内乘坐游1、2、3、4路均可抵达。

门票：25元。

西湖十景

西湖自古便是天下闻名的游览胜地，旖旎的风光之间最负盛名的当属“西湖旧十景”和“西湖新十景”。“旧十景”源于南宋西湖山水画的题名，“断桥残雪”、“雷峰夕照”、“三潭印月”、“苏堤春晓”、“平湖秋月”等景点一直流传至今。

20世纪80年代，好美知景的杭州人又评出了“西湖新十景”，让这位江南秀女更添风姿。“龙井问茶”、“虎跑梦泉”、“满陇桂雨”等景点也深受人们喜爱。如今的西湖风景如诗如画，令人心醉神驰，一着不慎疑似闯入了人间仙境。

◎ 工艺品 ◎

仿南宋官窑青瓷

南宋官窑青瓷曾以薄胎厚釉，完美的造型给人以视觉上的美感，穿越漫长历史时空后，陈列在博物馆的橱窗里。杭州的爱瓷之人不愿看到官窑的落寞，于是仿制的官窑青瓷应运而生。它并未因其仿制而有丝毫逊色，在传统制作的技艺上，又融合了现代人的创意，更别具意趣。

13．梦苑歌舞厅

西湖区莫干山路220号

拥有豪华的舞池，很好的高档音响和灯光。几十张木质圆桌凳，内部装饰华丽高雅，音乐很有节奏感。里面服务也比较周到，是年轻人放松心情的好去处。

电话：0571-88833299

交通：K75、K76、K516路公交车。

■ 剧院、影楼

14．杭歌影剧院

下城区朝晖八区

剧院设有大厅一个，录像厅一个，客容量比较大，是观看各种文艺表演、电影的理想去处，新旧影片、中外影片都比较齐全。

电话：0571-88847042、88084797

交通：19、12、6、58路公交车朝晖八区下。

15．庆春电影大世界

庆春路60号东清大厦E座

是一家很有特色的影院，数码技术让人领略惊天动地、排山倒海的震撼以及细微如致的变化。每天有不低于6部不同类型、不同国家的电影节目，并每隔15分钟就有一场电影，使人不必为看电影而匆忙赶时间。

电话：0571-87219585

交通：18、45、60路等浙一医院站下。

■ 游乐园

16．杭州未来世界

之江大道186号

位于之江国家旅游度假区内，是亚洲目前最大的室外主题公园，拥有全球最大屏幕的全息电影。全园由6个区块组成：欢乐天地、浪漫竞技、辉煌庆典、花影大道、缤纷广场和梦幻中心。多姿多彩的娱乐项目令人目不暇接。

电话：0571-87093333

交通：游5，308、504路公交车假日5线可达。

17．杭州乐园

萧山区湘湖路92号

是华东地区最大的旅游休闲度假区，包括生态乐园、荷兰村主题公园、马可·波罗之旅主题公园、湘湖绿园、网球俱乐部等。不仅在其中能够欣赏到精彩的节目演出，还能够亲身体验“太空蹦极”、“太空秋千”、“冲浪滑水”等活动，惊险刺激。

交通：K315杭州乐园旅游专线。

杭州购物

杭州历史悠久，物产丰富，自古商贾云集，人称“购物天堂”。今天，大部分人来杭州已经不满足于购买一些藕粉、绸伞、茶叶之类的土特产。杭州以越来越时尚的姿态吸引更多的时尚中人前往购物。这里既有做工精良、闻名遐迩的传统工艺品，又有紧随潮流、品质卓越的现代精品。

商场主要集中在武林商圈和湖滨商圈。武林路的杭派女装、四季青服装市场、杭州丝绸城等等，都会让爱美女孩流连忘返。商店鳞次栉比，满足上至奢侈族、下至百姓的各级消费需求。

■ 商业街

都说去香港要“血拼”，到杭州则是“扫货”，因为杭州众多百货商店和品牌店的折扣都要比其他地方大，价格自然就要低许多。杭州特色购物街：河坊街、武林路女装街、延安路商业街、信义坊步行街、文三路电子信息街、湖滨路国际名品街。

杭州丝绸

武林路

聚集了众多特色小店，风格多元，时尚人士常出没于此。也被人们称为“杭派女装的聚集地”，因为声名远播的杭派女装就是从这里走向全国的，其中就包括江南布衣、秋水伊人、西门町等品牌。

交通：Y1、J1、Y5、K11、K22、K26、K28、K57、K67、K151、K202、K207、K218、K220 、K316、K516、K535、K900路公交车。

解放路、官巷口

沿路有天工艺苑、新侨饭店、解放路百货商店，特别是解放路与中山路交接处的官巷口是杭州市区商业中心之一。附近有杭州食品商店、奎元馆、杭州供销大厦等。人流涌动，是逛街购物的好去处。

交通：K49、K55、K71、K92、K95、K106、K195、K251、K290、K308、K501、K515、K520、K591、K617、K801路公交车。

■ 商铺老号

作为六朝古都，杭州的商铺老号保留的比较多，都锦生、张小泉剪刀、王星记扇庄、荣宝斋、边福茂鞋店、翁隆盛茶号、邵芝岩笔庄、益元参号、景阳观酱菜店等便是其中的代表。

王星记扇子

与丝绸、茶叶并称为“杭州三绝”。王星记扇庄，创建于1875年，其制作的扇子以选材优异、做工考究而闻名于世。尤以香味清雅的檀香扇和牢可挡雨蔽日的黑纸扇著称，具有十足的中国情趣。

西湖绸伞

伞骨取材于浙江特产的淡竹，以绸为面，质地轻柔，竹身挺直，撑开如色彩绚丽的鲜花，任凭烈日暴晒亦不弯曲变形。设想在西湖桃红柳绿的春季，湖水波平如镜，伞影满堤，是一幅何等迷人的流动风景。而流传民间的《白蛇传》中“湖畔赠伞”的故事为西湖绸伞更增添了一份神话色彩。

杭州刺绣

起源于汉代，在刺绣技艺上，吸收并融合苏、湘、蜀、粤四大名绣之长，形成了自己的独特风格。图案内容大多取材于民间喜闻乐见的龙、凤、麒麟、蝙蝠等传统图案。在装饰上运用夸张和变形，是杭绣一大特色。

◎土特产◎

西湖龙井茶

位居中国名茶之首，以主要产地在西湖龙井山而得名，茶叶形扁平，叶光滑、翠绿。因其色泽翠绿，香气清郁，形似雀舌，历来受人们称誉。品尝龙井茶时，只见杯中浮起朵朵状如莲心的叶芽，后又缓缓下沉，然后细啜缓品，令人感到其味无穷。

杭州丝绸

质地轻软，色彩绮丽，早在汉代，就已通过“丝绸之路”远销国外。现代已发展到绸、缎、绫、罗、锦等十几类品种，花色富丽堂皇，雍容华贵，被国际友人誉为“东方艺术之花”。

杭白菊

又名小汤黄、小白菊，有着悠久的栽培历史，“杭白贡菊”素与“龙井名茶”并提。用杭白菊泡茶，微甘而香，更是佳品。亦可制菜，清香可口。

1. 翁隆盛茶号

西湖区南山路262–8号

创设于1729年，至今已有280余年历史。茶号的名声之所以历久不衰、驰名中外，主要因为：所制的龙井茶品质优良，专供“三前摘翠”的富春茶，精工焙制，色、香、味俱全，以此脍炙人口。龙井极品狮峰茶，曾获巴拿马博览会奖状。

2. 张允升百货商店

中山中路70号

至今已有数百年历史，是杭城最早开设的百货商店，原设于杭州清河坊四拐角，原名“张允升线帽百货店”，商店设有制线、制帽两个工场，自制的丝线曾获西湖博览会奖。新中国成立后，随着人们消费习惯的改变，经营商品改为以日用百货为主。

交通：8、35、40、155路公交车清河坊下。

3. 边福茂鞋店

庆春路209号

1845年，诸暨人边福豪创建。杭州俗称“头顶天，脚踏边”，指的是“天章”的帽子，“边福茂”的鞋子。新中国成立后，毛泽东、周恩来、谭震林等国家领导人及梅兰芳、盖叫天等艺苑名流，均曾在该店定制布鞋。随着时代的变迁，边福茂除经营具有传统特色的布鞋外，还经营其他鞋类。

电话：0571–87029189、87026584

交通：K12、K25、K56、K60、K102路公交车。

4. 邵芝岩笔庄

中山中路298号

为杭州富有书卷气息和专业特色的百年老店，创建于1862年，制作的毛笔以“尖、齐、圆、健”四绝为特色，清代征为贡品。笔庄的芝兰图牌毛笔以书写挥洒自如、得心应手而多次获得国际博览会金奖。此外，还供应各种砚台、宣纸、徽墨、笔架等书房用品。

电话：0571–87026626、87026608、87062245

交通：29、34、39、105路公交车。

5. 颐香斋食品店

莫干山路490号

创建于1875年，创始人葛景山。传统糕点有条头糕、方糕、绿豆糕、麻酥糕等。糕点配方注重“三重”，重色，色深不焦，香味浓郁；重油，油而不腻，入口酥松；重糖，甜味适中，绵软柔糯，其中潮糕和月饼最负盛名。

交通：K75、K76、K516路公交车。

6. 九芝斋食品店

中山中路230号

始创于1925年，初址在中山中路羊坝头，是杭城著名的“三斋二和”（九芝斋、采芝斋、颐香斋、叶受和、五味和）食品商店之一，杭州无人不知。主要生产苏式蜜饯、糕点，品种齐全，口味正宗。

电话：0571–87029792

交通：29、34、39、105路公交车。

■ 购物中心

杭州的商场主要集中在武林商圈和湖滨商圈。武林广场的大型商场主要有杭州大厦，杭州百货大楼、银泰百货。

7．百货大楼

延安路546号

位于杭州市内最繁华的商业区，地下一层，地上四层。多少年了，百货留给杭州人的印象是不会改变的，同一件东西在这里买就是实在。适合年轻人逛的地方，认真淘的话会淘到不少好东西。搞活动的时候力度不小，是和朋友结伴而行的好去处。

电话： 0571–85177868

交通： 13、48、55、56、151、155、517、555、900路公交车延安新村下。

8．杭州大厦

武林广场1号

一家以经营国内外中高档精品而著称的现代化百货商场，设十三个商品部。也是杭州比较具有标志性的购物商场，东西还是很正宗的，很多国际性的大品牌都会聚在这里。

电话： 0571–85153911

交通： Y1、J1、Y5、K11、K22、K151、K202、K207、K218、K220、K316、K516、K535、K900路公交车。

9．银泰百货

延安路530号

质量有保证，都是知名品牌的。在年末岁初打折的时候去比较划算，它会在报纸上做打折广告。总的说来，这里的东西定价比较高，最好在打折的时候去血拼一下，否则会心疼。

电话： 0571–85069888

交通： Y3、K305、K315、K514、K515、K520路公交车。

电话： 0571–87800888

交通： K12、K59、K216、809路公交车。

张小泉剪刀

明朝晚期，由安徽人张思家在杭州吴山开设，所制的剪刀质量上乘，清代被征为贡品。以镶钢均匀，磨工精细，锋利异常，式样精美，经久耐用而著称，名扬海内外。

西湖藕粉

杭州的名产，以余杭县沾桥乡三家村所产的藕粉最为出名，故又称“三家村藕粉”。藕粉经冲泡后，晶莹透明，香气四溢，清香可口，不仅能充饥，而且是一种上好的滋补品。

天竺筷

由西湖天竺山一带的细竹制成，熨上字、画，有山水、花鸟和西湖风景等花版。因筷身饰有云头雕有佛像，每逢香节，灵隐寺的香客游人云集，都争相购买天竺筷，据说从佛地带回的筷子，既能为全家人“增口福”，又可时时保留一份“佛祖心中留”的虔诚。

10．天工艺苑

解放路77号

地处繁华的解放路东段，是目前中国华东地区最大的工艺品销售中心，荟萃了数千种国内各地各具特色的工艺品，其中景泰蓝、鸡血石、玉雕、牛角雕、陶瓷、丝绸、龙泉剑等，都具有很高的艺术价值和收藏价值。

电话： 0571–87800888

交通： K12、K59、K216、809路公交车。

11．中国丝绸城

下城区新华路253号

创办于1987年，经营各种真丝面料、丝绸服装、丝织工艺品等各类纺织品，是目前全国唯一的丝绸专业批发、零售市场。来杭州不可不买丝绸，这里的丝巾款式随季节更换，款式很新，还有值得一提的绣花鞋，买来送人、自用都很好。

电话： 0571–85100192

交通： 68、K30、K68、K607路公交车。

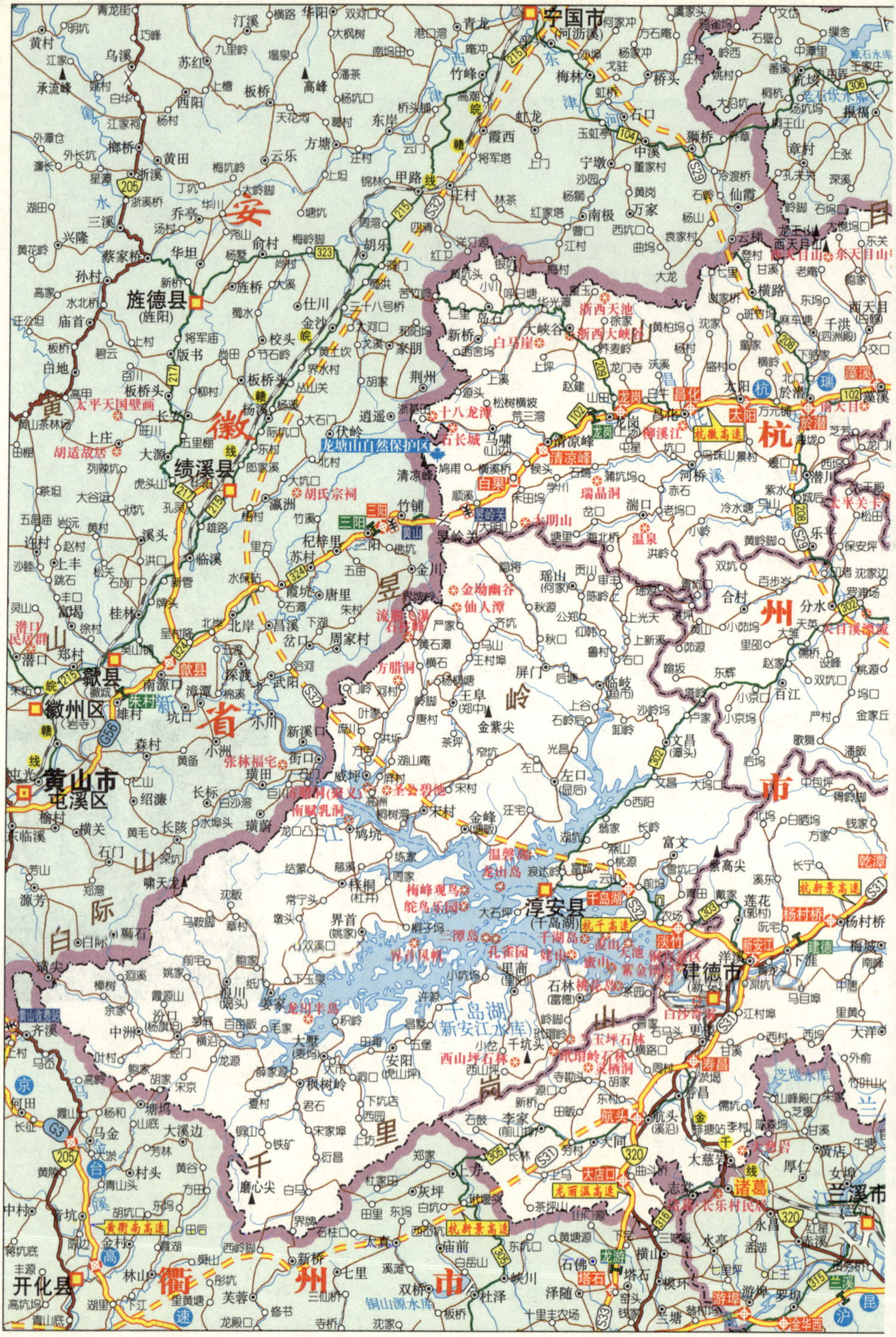

宁国市
旌德县
绩溪县
歙县
徽州区
黄山市
屯溪区
淳安县
建德市
兰溪市
开化县
安徽省
杭州市
衢州市
千岛湖
(新安江水库)
龙塘山自然保护区
浙西天池
浙西大峡谷
白马崖
十八龙潭
石长城
清凉峰
瑞晶洞
太阳山
温泉
柳溪江
大明山
金竹幽谷
仙人潭
方腊洞
胡氏宗祠
胡适故居
太平天国壁画
张林福宅
圣公碧池
南赋乳洞
梅峰观岛
鸵鸟乐园
三潭岛
孔雀园
龙川半岛
西山坪石林
玉坪石林
灵栖洞
大慈岩
诸葛
昱岭关
杭徽高速
杭新景高速
杭千高速
黄衢南高速
龙丽温高速

杭州导向图

杭州

宁波市

宁波展现在人们面前的是一幅底蕴丰富、色彩斑斓的长篇画卷。“二十里松行欲尽，青山捧出梵王宫”，是天下禅宗五刹之一天童寺的写照；而“西子风韵，太湖气魄”则展示了东钱湖的风采，还有英气勃勃的海防遗址招宝山、长江以南最古老的木结构建筑保国寺、珍藏着释迦牟尼真身舍利的阿育王寺……无不在宁波这片美丽富饶的土地上闪烁着熠熠的光彩。

行政区类别：地级市
电话区号：0574
面积：9672 平方千米
人口：575 万
邮政编码：315000
行政区划：辖 6 个区、3 个县级市、2 个县

交通资讯

宁波栎社机场
电话：0574-87427888、87427222。
宁波客运中心站
电话：0574-87091212、87091313。
宁波港客运总站
电话：0574-87356332

宁波三江口景观

五龙潭风景区

气候与游季

宁波属于亚热带季风气候，气候温和湿润、雨量充沛、冬夏季风交替明显。宁波四季分明，夏冬较长、春秋较短；一年之中，由于季风交替显著，因此春、秋两季常呈现为低温阴雨天气，夏、冬两季则偶有干旱、台风甚至冰雹。总体上来说，宁波气候宜人，四季皆宜出游，只是6～7月上旬会出现梅雨天气、8～9月则台风暴雨较为集中，前往旅游时注意提前关注当地的天气预报即可。

交通

航空 由于宁波地方不大，所以航班还不是太多，想要买到折扣较多的机票，最好预订。栎社机场位于宁波西南部，距市区约13千米，有机场班车从兴宁路91号民航售票处发出前往。

铁路 宁波火车站因位于南门外而俗称“南站”，过往的大部分车次都是新型空调车，车况不错。宁波和附近的不少城市之间还有城际特快往返，其中宁波到杭州不到2小时车程，到上海约为3个多小时。

公路 宁波的长途客运中心是段塘客运站，从宁波开往省内外各地的长途客车多由此站始发；汽车南站则主要保留了一些省内快客和去往上海的快客；南站边上有个中巴车站，主要运营宁波市区范围内的中巴业务。

水运 位于东海之滨的宁波具有得天独厚的港口优势。宁波港是由北仑港区、镇海港区、宁波港区组成，内河港、河口港、海峡港并存，大、中、小泊位配套的多功能、多层次的综合性港口。

天一阁

风景名胜

天一阁 在宁波市城西。建于明代，为明兵部右侍郎范钦的藏书处，阁为木构六开间二层楼房，现藏书约8万卷。是我国现存历史最久的藏书楼，亚洲最古老的图书馆。全国重点文物保护单位。

门票：30元。

交通：位于宁波市区天一街10号，乘9、512、371、26路公交车可达。

河姆渡遗址博物馆 河姆渡遗址位于距宁波市区约20千米的余姚市河姆渡镇，遗址总面积达4万平方米，是新中国成立以来最重要的考古发现之一。

门票：30元。

交通：宁波汽车南站有直达河姆渡的中巴。如果从杭州绍兴方向出发，到余姚后转乘到宁波的中巴，中途在河姆渡下车，然后摆渡过姚江。

象山石浦 象山石浦是全国四大重要渔港基地之一，电影《渔光曲》便是在这里拍摄的。这是一个在东门、对面山、南田、高塘等诸岛环抱中的弯月形渔港，其外风啸浪涌，其内风平浪静，是一个天然的避风良港。是东边渔文化看点最多的鱼港。

门票：石浦60元，中国渔村60元。

交通：宁波汽车南站坐快客至石浦，再乘城区1路或2路公交车在老街下车；宁波汽车南站坐快客至象山。

象山石浦

五龙潭风景名胜区 分五龙潭飞瀑景区和青云梯景区。青云梯石阶共2008级，垂直高差400多米，登梯如青云直上，有“天下第一梯”之称。

梁祝文化园 梁祝文化园有宋代所建的梁山伯庙和梁祝合葬墓，现在是一座大型的主题公园，每两年会举办一次“中国梁祝婚俗节”。

梁祝文化园

天童禅寺 始建于西晋年间，位于鄞东的太白山麓天童森林公园内，距宁波市区26

天童禅寺

千米。是一座有“东南佛国”之称的千年古刹。

门票：10元。

交通：乘162、173路公交车可达。

阿育王寺 阿育王寺始建于西晋年间，位于宁波市区东20千米处，是“中华五山”之一，因内藏佛祖舍利宝塔而享誉中外佛教界，唐朝的鉴真在东渡日本之前曾多次在这里讲经说法。

门票：10元。

交通：乘759、155路公交车直达，阿育王寺和天童禅寺相距5千米，可乘162路公交车前去。

七塔寺 七塔寺因寺前建有七座石塔而得名。七塔寺始建于唐朝，与天童禅寺有极深的渊源，同时，它与普陀山也渊源非浅，被称为“小普陀”。浙东佛教四大丛林之一，高僧辈出的唐朝古寺。

交通：位于宁波市江东区忠介街，乘516、15、111路公交可达。

保国寺 大雄宝殿是寺内主建筑，是江南最古老、保存最完整的木结构建筑，全国重点文物保护单位。是一座存有唐以来不同时期古建筑的寺庙。

雪窦寺 天下禅宗十刹之一，供奉弥勒佛的晋代禅寺。宁波的奉化是布袋和尚的故乡，传说这是五代的一位高僧，法名契此，又号长汀子，以神异著称，常用杖背负一只布袋入世，故称为布袋和尚。

交通：可在游奉化溪口雪窦山风景名胜区时前往，溪口汽车站内有开往雪窦山游客中心的旅游公交车。

雪窦寺

五磊寺 位于慈溪的五磊山象王峰南麓、杜湖东侧。是浙江最古老的佛教讲寺。

交通：从杭州绍兴方向过来的游客可先到慈

溪市政府所在的浒山镇，换乘到桥头镇或鸣鹤镇的车，宁波汽车北站发往慈溪的车过桥头镇和鸣鹤镇，到桥头镇后再坐船去荷花芯窑址。桥头、鸣鹤、匡堰三地相距很近，交通非常方便。

天封塔、庆安会馆 宁波港古称明州港，是海上丝绸之路始发港之一。天封塔位于宁波市中心海曙区大沙泥街，与城隍庙咫尺相望，始建于唐代，当时是明州港的航标，直到今天依然是宁波古城的标志。

庆安会馆即天后宫，位于宁波市区三江口东岸，故名“甬东天后宫”。是我国八大天后宫和七大会馆之一，又是江南现存唯一融天后宫与会馆于一体的古建筑群，全国重点文物保护单位，现改建为全国首家海事民俗博物馆。

门票：10元。

交通：庆安会馆位于江东北路156号，宁波市区乘2路、3路、12路、14路、15路、19路等多路公交车可达，交通非常方便。

月湖、宁波服装博物馆 月湖是一个精致的人工湖，位于宁波市区天一阁旁，历史上是浙东名人荟萃之地。月湖风景区里的宁波服装博物馆，是我国首家以服装发展史为主题的博物馆，有宁波“红帮裁缝”的形成与发展，值得一看。

交通：可乘坐12、14、15、19、812、819、820、238路公交车直达。

东钱湖风景区、南宋墓道石刻群 在宁波市东南约10多千米、鄞州区东钱湖镇。始拓于唐天宝三年，现为浙江最大的天然淡水湖。景区内有岳王庙、小普陀、乘游船等。南宋墓道石刻群是我国南宋时期规模最大、数量最多、雕刻最精的墓道石刻遗存，为全国重点文物保护单位。

门票：湖心景区30元；墓道石刻公园55元。

交通：宁波汽车东站乘901路公交车直达。

上林湖越窑遗址 上林湖越窑遗址散布在

东钱湖风景区

越窑青瓷

慈溪市东南的桥头镇、鸣鹤镇、匡堰镇境内，经多年的考古调查，上林湖区内已发现了120余处青瓷窑址。是湖光山色中举世罕见的露天青瓷博物馆。

交通：从杭州绍兴方向过来的游客可先到慈溪市政府所在的浒山镇，换乘到桥头镇或鸣鹤镇的车，宁波汽车北站发往慈溪的车过桥头镇和鸣鹤镇，到桥头镇后再坐船去荷花芯窑址。

龙山虞氏旧宅建筑群 在慈溪市龙山镇山下村。建于1916年至1929年，为近代中国民营资本家虞洽卿的私宅。旧宅为西洋式建筑，由相对独立的两部分、共五进建筑组成，仍体现了中国传统建筑的文脉，是中西合璧在近代建筑中的成功范例，具有很高的建筑、文物、艺术价值。全国重点文物保护单位。宁波北站乘车前往。

它山堰 始建于唐代，与郑国渠、灵渠、都江堰并称为我国古代四大水利工程，是全国重点文物保护单位。

招宝山、镇海口海防遗址、后海塘 招宝山距镇海城区1.5千米，距宁波市区15千米，濒甬江、临东海，有壮观而瑰丽的山海风光，又有全国重点文物保护单位镇海口海防遗址、镇海口海防历史遗迹纪念馆、山下集珍区、宝陀寺、观音阁、招宝山大桥、

招宝山

走马塘古村落

古海塘、望海楼等人文景点，是宁波重要的风景名胜区。

镇海是东南沿海军民抗倭、抗英、抗法、抗日的主战场之一，留下了丰富的海防历史遗迹。

后海塘位于镇海城北，原为一道挡风、堵水的护城屏障，始建于唐代，共火层石塘设计精良，工程浩大，是宁波海上丝绸之路始发港的重要遗产。

门票：招宝山 60 元。

交通：乘 341 路、371 路公交车直达。

慈城古县城 慈城位于宁波市江北区西北部。慈城有浓厚的儒家文化氛围，千年历史中出的大儒、显宦与巨商分量之重令人瞠目。是江南地区保存最完整的千年古县城。

门票：慈城古城联票 75 元。

交通：从宁波市区坐 331 路、333 路、335 路、337 路、339 路公交车可至慈城，从宁波汽车北站至余姚的中巴车均路过慈城。

走马塘古村落 在宁波市南约 20 千米。村中现存 70 余幢古建筑，水路四通八达。一村曾出了 76 名进士，也留下了众多的明清建筑。

溪口镇、雪窦山 今天的奉化因蒋介石闻名，去奉化的人，大多是奔了溪口去的。溪口镇是一个四面环山的山乡古镇，这里有太多记录往昔蒋家生活的历史遗存。

雪窦山海拔 800 多米，素有“四明第一山”之誉，山顶有蒋介石和宋美龄的别墅妙高台。一挂瀑布从千丈岩飞流而下，是少数让人看了不会失望的瀑布之一。

门票：溪口景区 280 元，雪窦山 200 元。

交通：宁波汽车南站有去奉化溪口的专线车。

前童古镇 前童古镇位于宁波市宁海县南的白溪平原中心，始建于宋末，盛于明清，

“家家有雕梁，户户有活水”，至今仍保存有1300多间各式古民居。按回字九宫八卦式布局的古村落。

门票：70元。

交通：从宁波汽车南站坐车到宁海汽车总站，乘102路、108路公交车到宁海汽车西站，再乘2路公交车至前童。

十里红妆民俗馆、江南民间艺术馆 在江南的戏曲中，新娘“十里红妆”，一路吹吹打打地送到夫家去的场景是江南民俗的重要成分。十里红妆民俗馆位于宁海城区徐霞客大道，江南民间艺术馆位于宁海大佳何镇，共收集珍藏了1000多件“十里红妆”器具，为我国江南民间同类收藏之最。既可赏器物之美，又可观民俗之风。

门票：30元。

十里红妆民俗馆

江南民俗

交通：宁海汽车总站乘101路、107路公交车可达宁海十里红妆民俗馆。

中国博古红木馆 晚清时期典型的江南民居风格建筑，馆内集中展示了众多古典红木精品家具和古旧家具。其中“百床馆”陈列了65张大床、15张罗汉床以及各类日常家居。

交通：从慈溪客运西站乘223路车可达。

宁海水上乐园 宁波最大的水上乐园。以水为主题，集度假、娱乐、体育运动于一体的大型综合休闲场所。园内有标准游泳池、儿童戏水池、海浪池、水疗池、雪橇滑梯、炮筒滑梯、皮筏滑梯、三彩滑梯等游乐项目。

门票：周六、周日90元；周一至周五70元。

交通：宁波南站坐宁波—宁海的中巴车，在西店大路下车，就能看见水上乐园的指示牌。

宁波帮文化旅游区 位于庄市古镇，“宁波帮”泛指旧宁波府属的鄞县、镇海、慈溪、奉化、象山、定海六县在外地的商人、企业家以及旅居外地的宁波人。宁波帮文化旅游区素有“商帮故里、院士之乡”的美誉，区内有“江南第一学堂”——叶氏中兴学校、宁波帮博物馆、宁波帮文化公园、邵逸夫旧居、包玉刚故居、江南渔家乐园、明星湾现代生态农庄等景点。寻根宁波帮，回归田园居。

交通：乘342路、343路、373路、376路、380路、386路、547路车可达。

浙东大峡谷 在宁海县双峰乡白溪村附近。发源于天台山北麓，全长约20千米，九曲十八湾。两岸峭壁林立，垂直落差达900多米，山势雄伟。景区内可漂流、攀岩、露宿扎寨，为近年新发现的大自然奇观。

其他景点推荐

秦氏支祠、丽盛玫瑰庄园、象山影视城、南溪温泉、松兰山海滨旅游、九龙湖、野鹤湫、四明山、龙泉山、半边山、绿野谷、宁波海洋世界。

◎ 特色名菜 ◎

冰糖甲鱼

另一别称为“独占鳌头”，宁波十大名菜之首，口感软糯润滑、香甜酸咸、滋味鲜美，并由于烹制时用芡汁热油裹紧甲鱼，能保持较长时间的热度。此菜是一种滋补品，具有滋阴、调中、补虚、益气等功能。

苔菜拖黄鱼

苔菜，又名干苔、海苔，为翠绿细管状植物，形似丝绵，产于浅海岩石上，以宁波附近海面所产最为有名。当地居民都喜欢用黄鱼肉条蘸裹苔菜面

吃喝玩乐购

宁波美食

宁波菜又叫“甬帮菜”，擅长烹制海鲜，口味鲜咸合一，色泽较浓，以蒸、烤、炖等技法为主，讲究鲜嫩软滑、原汁原味。代表菜品有腐皮包黄鱼、苔菜小方烤、雪菜炒鲜笋等，既便宜又好吃。

此地小吃无论是点心、糕饼还是菜肴都有独特的风味，比如宁式糕点已跻身全国糕点食品十二大派系之列。吃小吃则要到城隍庙，那里热闹又有特色，蟹粉小笼包、锅贴米线、酒酿圆子……数不胜数，让人无法抵制美食的诱惑，边走边吃，直把肚子撑破。来到宁波美食街，叫几盘海瓜子、拖黄鱼，来两碗猪油汤团，再摆上几笼水晶油包，慢慢品尝，不失为人生一大享受。

美食街

城隍庙步行街

城隍庙又称宁波郡庙，位于市中心繁华地带。该庙始建于明代，如今已经成为宁波最大的购物中心和美食一条街，这里商店林立、小吃遍布，有缸鸭狗、百味楼、烧鹅子、老庙风味小吃等。

糊入油锅炸熟食用，故名“苔菜拖黄鱼”。此菜形如枇杷，色泽金黄，软松鲜嫩，且有苔菜的清香味。

惊驾路

宁波市有名的餐饮一条街，各种南北风味美食聚集于此，可品尝各种美食，同时价格比较大众化，是新崛起的消夜好地方，也是了解宁波美食风情的一大好去处。

新河路

这里主要指的是新河路、华严街一带高档住宅下的店铺，其实比较综合，是集美食、休闲、娱乐、购物为一体的社区商业中心，当然，美食占了主导地位。夜景超漂亮，店铺也别具风格。

美食老号

1．石浦饭店

宁波市海曙区偃月街60号

宁波最知名的饭店之一，创立于1989年。装修气派豪华。打造了如“红膏咸蟹”、“大汤黄鱼”、“红闷网潮”、“雪菜豆瓣白虾汤”等众多招牌菜。这些以海鲜类为主菜肴的做得口味十分地道，且价钱适中，丰俭随意。

电话：0574-87326777

缸鸭狗汤团店

2．缸鸭狗汤团店

宁波海曙区县学街7号

城隍庙地区一家百年老店，始建于1926年。经营各种甜食点心，以其精细的制作工艺和考究的用料，为食者所赞赏，尤以猪油汤团最为突出，咬开皮子，油香四溢，糯而不黏，鲜爽可口，令人称绝。其他点心、炒菜、冷菜、铁板、煲等也很齐全，价钱实惠。

交通：乘坐12、305、364、503、809路到解放南路下车即到。

饕餮食肆

3．向阳渔港

宁波市彩虹南路236号

以典型的宁波菜及海鲜闻名，做的菜味道好，海鲜很新鲜，而且品种也很丰富，服务态度也好，价格比较公道，去的话建议提前订座。

电话：0574-87871111

辣炒海瓜子

4．汉通美食

宁波市中山东路742号

宁波有名的饭店，主营以东海海鲜为主的宁波美馔。海鲜是在底楼自己挑选的，多而新鲜，最具人气的是海瓜子和虾。菜的味道很不错，创新菜也不少。环境很有气氛，包房特别多，是个适宜请客吃饭的地儿。

交通：乘10、138、205、515路公交车到一一三医院下车即到。

腐皮包黄鱼

是富有宁波地方特色的名菜之一。此菜具有腐皮酥脆、鱼肉鲜嫩、外酥内嫩、营养丰富的

特点。老幼皆宜，佐酒下饭皆妙，食时蘸醋更佳。

干烤蛏子

蛏子，是宁波特产，尤以宁海长街一带所产最佳，具有个大、壳薄、肉肥、肉质鲜嫩的特点。此菜具有蛏肉鲜嫩、雪汁清香、鲜咸适口、风味独特之美。

奉化摇蚶

清代袁枚在《随园食单》中说：“蚶出奉化县，品在蚌螯，蛤蜊之上”，奉化摇蚶的肉质极为鲜嫩，含水分较多。其成品肉嫩润滑，清鲜味美，是春季前后时令佳肴。

◎ 风味小吃 ◎

宁波汤团

与北方人春节吃饺子不同，宁波人在春节早晨都有合家聚坐共进汤团的传统习俗。汤团

以精白水磨糯米粉为皮，用猪油、白糖、黑芝麻粉为馅，皮薄而滑、白如羊脂、油光发亮、糯而不黏。

龙凤金团

浙东一带城乡妇孺皆知的传统名点，也是宁波十大名点之一。馅是用豇豆或黄豆，如加入适量橙丁、红绿丝、桂花则更加香甜。其形圆似月，面印龙凤浮雕，显示吉祥团圆，口味甜糯、清香适口。

豆沙八宝饭

糯米补中益气，豇豆有"补肾豆"之称；枣泥有调和百药之功效，对人的健康长寿

极有裨益；米仁有健脾补肺的功效；桂圆则具有补中益气作用。由8种原料制成饭，不仅营养丰富，延年益寿，且醇香甜蜜，绵糯油润。

红膏炝蟹

炝蟹是拿生的蟹用饱和盐水腌几小时到一天光景，捞起就能食用。尤其生膏季节，红膏蟹极肥美。炝蟹装盘很好看，又有俗称的十八斩。吃起来鲜咸适中，膏红味美。

水晶油包

是具有宁波地方特色的风味小吃。用上等面粉为皮，以肥厚的纯板油为馅。蒸熟后晶莹剔透，一咬便有又香又热的油馅往外溢，香甜可口。

5. 柴扉园

大来街49号(亚细亚商城B座)

诗情画意的店名很吸引人，整个大厅的风格很不错，装修挺好的，沙发蛮舒服。这里的京都片皮鸭、金牌蒜香骨、榴莲酥、西兰花、培根卷，还有西瓜汁，都很好吃。

金牌蒜香骨

交通：12路公交车。

6. 金师傅馄饨(镇海店)

宁波市鼓楼西路62号

金师傅馄饨的品种特别多，如纯肉馄饨、板栗猪肉馄饨等，里面的馄饨以大馄饨为主，皮很薄，里面的馅又足。当然也可以要小馄饨，还有馄饨面也很好吃。金师傅馄饨以小店面为主，虽然店面不大，但很亲切。

金师傅馄饨

7. 一品老汤面

天一广场水晶街68号

虽然不是在天一广场最中心的商铺，不过这里的生意非常好。服务生态度很亲切。红烧牛肉大锅煮得很多，烧得又嫩又入味。另外套餐还有卷心菜、榨菜、花生米和一份汤，饭不够还可以添。这里的面汤很鲜，面细细的却很筋道。

老汤面

交通：乘12、205、302、331、357路公交车。

8. 新石浦大酒店（天一店）

宁波市天鹰广场内

菜色都是宁波的传统做法。传统的吃法无非"腌"：腌泥螺、腌香螺、炝蟹；"清煮"：大汤黄鱼、清蒸带鱼、白灼虾、蛤皮汤；"生吃"：生牡蛎、生银蚶。

电话：0574-87281818

烤虾

白灼虾

交通：乘12、205、302、331、357路等公交车。

9. 香辣居(鼓楼店)

宁波市公园路5号

酒店虽然不大，但厨师的厨艺很精湛，龙虾、干锅鸡、水煮肉片味道不错，挺正宗的川菜，尤其是那个辣，在寒冷季节去再好不过了。

交通：乘2、12、380、515、801路等公交车。

10. 沈家门海鲜面馆

宁波市狮子街104号

店面相当的不错，特别是汤，很新鲜，海鲜味也特别好，喝着又香又舒服。服务还不错，价格比较便宜。特别是这里的野生螃蟹比别处海里捕的要好吃多了，既天然又营养，推荐去试试。

宁波娱乐

宁波是历史文化名城，同时也是著名的旅游城市。溪口—雪窦山风景名胜区为国家级风景名胜区，浙江省第一大湖东钱湖为省级风景名胜区，天童森林公园为国家森林公园。宁波还有天童寺、阿育王寺和雪窦寺等著名寺庙。

现代的宁波市内娱乐场所着实不少，休闲娱乐场所遍及城市的各个角落。天一广场和世纪广场的酒吧较为集中，而城隍庙附近的开明街也集中几间饶有特色的酒吧，其中火知了最负盛名。夜晚，宁波用绚丽的灯光将自己装扮一新。信步于天一广场，观赏天主教堂、水晶街、音乐喷泉以及各个沿江公园，能够让人在喧嚣的城市中找到一份久违的平静。

宁波之夜

茶馆

1. 闲云堂

宁波市海曙区开明街329号

是目前宁波规模最大、档次最高的茶馆之一，全部复古装修体现江南一代的宋明建筑风格。在茶馆全方面领略美茶器的同时，尽能体味古风古艺的精彩。茶馆在提供全国各地名茶的基础上，还供应多种中西茶点，品种丰富，口味多样。

◎ 地方曲艺 ◎

甬剧

又称“宁波滩簧”。流行在宁波，舟山一带以及上海等地。用宁波地区方言演唱。因宁波地处甬江之滨，简称甬，故定名为甬剧。该剧由曲艺滩簧演变而来，是由民间“田头山歌”、“马灯调”等发展而成，最初被称为“串客”。1950年改今称。

四明南词

俗称“宁波文书”，可考的时间300余年。唱词多是七字句，有的间隔衬字流畅动听，有的还有大段起板、间奏、尾奏等器乐段。演奏时，演奏员们根据自己所奏乐器特色，围绕主旋律，自由发挥，形成支声复调，十分优雅。主要书目有《珍珠塔》等。

宁波走书

至今已有百余年历史。有说有唱，说唱并重，用宁波地方语言说唱，辅以形体动作。常用的基本曲调有四平调、马头调、赋调等。四弦胡琴是主奏乐器，伴奏者有时为主唱者帮腔，是具有独特风格的曲艺走唱形式。

◎不可错过的景点◎

天一阁

素有“南国书城”之称的天一阁，为明代兵部右侍郎范钦的藏书楼。虽然历经洗劫，天一阁仍然拥有30万卷藏书，其中大部分是明代刻本和抄本，还有不少是海内孤本。

门票：30元。

交通：可乘9、26、371、512路公交车到天一阁站下车。

东钱湖

位于市区东南部，由谷子湖、北湖、南湖组成，面积达22平方千米，是杭州西湖的4倍。东钱湖主要景点有陶公钓矶、余相书楼、百步耸翠、霞屿锁岚、双虹落彩、二灵夕照、上林晓钟等。

门票：岳王庙10元，小普陀30元，陶公岛30元，船票20元。

交通：可搭乘901路公交车前往；汽车东站也有中巴车去东钱湖。

宁波鼓楼

宁波唯一仅存的古城楼遗址，也是国家重点文物保护的古建筑之一。游人登楼，便可一

2. 南郁茶楼

宁波市江东区南镇安街15号

地方宁静、环境幽雅，令人心旷神怡。供应茶酒饮料、小吃。普通大众的消费。24小时没有路灯，24小时没有过路车，只有小桥一座，是繁华的市中心的幽静谷。

■ 咖啡屋

3. 阿露玛咖啡馆

解放路与浣纱路的交叉口

以专业咖啡的独特风味成为杭城名人会聚的场所。咖啡馆取名于英文Aroma(香气)，是一家服务一流，环境幽雅的咖啡馆，是同学聚会、老友见面等的一个休闲好去处。

■ 酒吧

桃源路酒吧街

主要是以酒店形式为主的，这里的酒吧真的很多，每到晚上这里灯火辉煌，如果你想来酒吧玩的话，就可以选这条街。

4. A8酒吧

宁波市开明街158号

坐落于亚细亚广场，宁波酒吧业时尚的引领者，是酷和炫美的体验空间，酒吧人气极旺，它的互动性最受客人们欢迎，大家可以通过它的互动短信平台交流点歌，感受到特有的酒吧氛围。

电话：0574-87296777

宁波外滩夜景

5. 据地酒吧

宁波市四眼碶街95号

年轻一派爱去的好地方，气氛很有活力，音响效果不错，酒价很适合大众消费水平。虽然环境没什么改变，但那立体感的效果，让人百看不厌，有种在自家酒吧玩的感觉。

电话：0574-87842513

■ 娱乐会所

6. 浪漫贵族KTV夜总会

永丰路175号

格局挺漂亮，而且这里的灯光设计比较新潮。包厢不是很大，但音响质量好，声音相当的悦耳，歌曲也蛮多的，可以一目了然，也很容易选择。相比同类的KTV，价格比较贵。

电话：0574-87267711

7. 春天夜总会

宁波市兴宁路37号

每晚都有歌舞、时装表演等节目，节目形式主要有：乐队奏曲、独唱、主持人表演、舞蹈表演、特邀嘉宾演出等。演出队来自全国各地，很有意思。夜总会演歌厅经常有很多人，所以特别热闹。

剧院、影楼

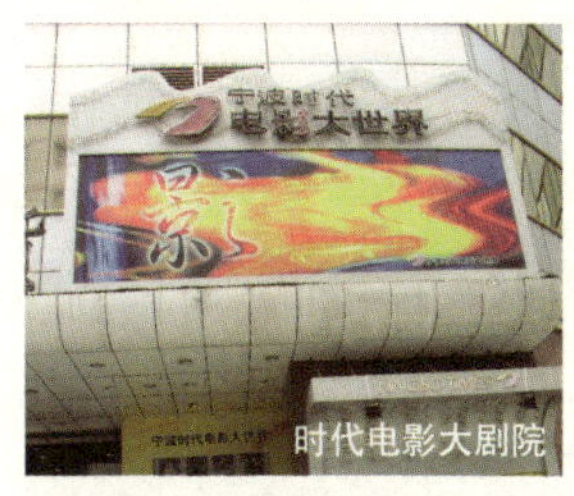

时代电影大剧院

8. 时代电影大剧院

东渡路55号(银泰百货8楼)

生意比较火爆，买票都要排很久的队。电影院内部比较大，而且这里的屏幕很大很爽，视觉上能享受到强大的冲击，音响也很不错，空气也很流通。

电话：0574—87661342

9. 宁波影都

宁波市战船街2号

服务还行，播放量堪称一绝，特别是这里的屏幕是超大的，看起来很爽，而且音响也挺动感的，环境上蛮好，装修得体，美观大方，还是价格比较公道的一家大型电影院。

电话：0574—87363000

10. 宁波大剧院

宁波市大闸路1号

是宁波比较早建立的大剧院，座位很多，所以上座人数也相当的可观。剧院的节目也相当的精彩，很有文化底蕴，会经常举行大型的戏剧表演，邀请大牌的花旦。有空来这里欣赏地方戏很不错。

电话：0574—87661331

游乐园

11. 宁波雅戈尔动物园

东钱湖镇梅湖村

坐落在具有“西子风韵、太湖气魄”的东钱湖旅游度假区内，可以看到200余种、近万头珍禽异兽。金丝猴、金毛羚羊等我国的珍稀动物已经纷纷来此。游客可以乘上橹划的游船，漂游在清澈的湖面上别有一番情趣。

12. 凤凰山主题乐园

宁波北仑辽河路728号

览宁波城之全貌。“谯楼鼓角晓连营”，体现了鼓楼在我国历史上的特殊地位。如今，鼓楼及附近的公园路一带已成为宁波主要文化活动的集散地，整个地区的建筑充分体现出宁波江南水乡的特色。

梁祝文化公园

梁祝故事是中国四大民间传说之一，被誉为“东方的罗密欧与朱丽叶”。以梁祝爱情故事为主题的梁祝文化公园，是全国

第一座大型的爱情主题公园，为晋代梁祝墓、庙古遗址所在地。将古老的传统民俗与时代风貌和谐结合，别具一格。

交通：238、156、33路公交车可到。

河姆渡遗址博物馆

由文物陈列馆和遗址公园两大部分组成。由6幢建筑组成，单体之间用连廊相接。遗址中出土的大量动物骨骼，从陈列的鸟类、鱼类、爬行类及哺乳类的骨骼残片，展示了昔日的河姆渡是古木参天，水草茂密，虎吼象吟，鱼跃雁飞，一派生机盎然的动物世界，堪称7000年前的古动物王国。

它山堰

中国古代四大水利工程之一，是全国重点文物保护单位，它山堰面全部用条石砌筑而成，历经千年仍基本完好。周围有回沙闸、测水尺、它山庙等遗迹。

◎ 工艺品 ◎

金银绣

也称宁绣、仿古绣，始于唐宋，曾与苏绣、湘绣、蜀绣、

粤绣并驾齐驱。金银绣典雅古朴、色泽悦目、做工精细，富有高雅的装饰韵味。

骨木镶嵌

是一项传统的古代工艺，它与朱金木雕、泥金彩漆、金银彩绣同称为宁波传统工艺品的“四大瑰宝”。骨木镶嵌与建筑、家具结合既可做装饰，又具有实用价值。现北京颐和园的乐寿堂内，尚有宁波制作的骨木镶嵌产品。

泥金彩漆

传统的宁波漆器，以被漆物的花纹凹凸之别，分为沿花、平花和浮花。泥金彩漆主要是在木质物件上，也有以竹片、竹编为胎的。泥金彩漆早在明代就享有盛名，当时遗留下来的描金漆器，至今仍金光闪闪。

宁波翻簧竹刻

用当地特有的大毛竹去掉青皮，再分层开剥，翻出竹簧，

新一代大型的国际级主题乐园，分为“世界广场”、“魔幻村庄”、“凤凰城堡”、“探险旅程”四个主题园区。其中“激流探险”为目前国内唯一的双轨道冲水项目；“急流泛舟”为目前世界上落差最大的漂流项目。乐园不光是年轻人的娱乐天下，也是中年人的休闲乐园。

交通：乘783、789路等公交车。

宁波购物

宁波有悠久的历史，这里自古以来就是中国的鱼米之乡，在悠久的历史长河中，这里的人们创造了许多精美绝伦的工艺品，有光彩四溢的刺绣，精致小巧的篾制品，朴中带巧的布贴画，各式各样的砖雕等。

中山路、解放南路、东门口一带是宁波最繁华的街区。宁波的“雅戈尔”、“杉杉”都是响当当的西服名牌。需要高档的服饰，可以去国际购物中心、金光中心、新世界等。如果想在便宜一些的卖场发掘淘宝的乐趣，则推荐去轻纺城、望湖、灵桥等大型市场。喜欢古玩的游客可以去月湖北面的范宅转转，它靠近中山西路，曾是范大夫的宅地，现为古玩市场。范氏故居与鼓楼步行街的古建筑相隔仅一条马路，可以顺道游览。

宁波外滩大桥

商业街

外滩历史街区

老外滩是中国大陆开埠最早的对外通商口岸，浓缩了宁波的历史人文，较好地保留了传统甬城特色的文脉和人脉。在保留沿江地段有着300年历史的建筑及街区风貌的基础上，注入新的时尚元素。这里的商品比较高档，不过沿街的一些店还是比较实惠的，豪华但是不贵，又有些外国的情调，喜欢浪漫的朋友可以到这条街来逛逛。

购物广场

天一广场

目前，国内最大的“一站式”购物商业广场，分为超市区、百货区、精品区、服装区、儿童区、数码区等，有亚洲最大的音乐喷泉和超大水幕电影。在广场的东侧美食区和乐购超市之间，

有一条长180米的水晶街。

交通：15、12、19、515路公交车等直达。

万达广场

鄞州区四明中路999号，宁波最大的购物广场。有很多大型的超市，数码店，还有许多娱乐美食场所，种类繁多，设计挺现代化的，什么东西在这里都买得到，喜欢逛街的朋友来了宁波千万不可错过。

再经手工造型、彩绘、雕刻、油漆等加工的手工艺品。花色品种繁多，有花瓶、镜框、提篮、台灯、笔筒、棋盘等，实用美观，风格独特，产品畅销国际市场。

宁波草席

鄞县黄古林一带所产席草色泽青白而带绿，粗细均匀而挺直，拉力强而不易断，加上编织技术悠久而精湛，故织成的草席，质地精良，挺括硬实，柔软光滑。不用时卷席成筒，不占地方；使用时，一经温水拭抹，不但更加光滑，且能散发一股沁人的幽香。

■ 购物中心

1. 第二百货商店

宁波市中山东路218–220号

创建于1950年，是宁波市最大的百货零售商店之一。下设6个专业商场。是适合工薪阶层的购物好去处，双休日经常有打折活动，服装类别也较多，但商场整体设计老了点。

电话：0574–87269837

2. 宁波长城百货礼品销售中心

中山西路11号(海曙大厦4楼)

店面整洁，东西摆得也很讲究，装修得很到位，里面逛久了也许能发现几件称心的东西，不过这里的价格老百姓有些接受不了，店员接待也比较热情。

电话：0574–87296555

3. 宁波麒麟百货有限公司

宁波市中山东路220号

尤其是店内的一些小商品，作为礼物送人，男女适宜，特别方便。比如里面的打火机，造型很别致，让人爱不释手，还有这里的钥匙扣、车模等，都非常漂亮。

交通：2、503、515、528路等公交车。

4. 东方商厦

宁波市中山东路151号

原名长发商厦，五层营业大厅，主要适合30～50岁的成熟消费群体，以经营高、中档服饰、鞋包、饰品类商品为主。商场中间是透明顶，很亮堂，有椅子可以坐，杂志可以看，这个很人性化。

东方商厦

电话：0574–87253776

■ 特色店

5. 文物商店

宁波市马园路72号

前身是宁波珠宝古玩商店，成立于1962年，是现在中国经营资历最老的文物商店之一。经营品种有陶瓷器具、铜锡景泰、竹木牙雕、刺绣烟壶、印章砚台、字画碑帖等，尤以经营具有宁波地方特色的各类旧家具、朱金花板、骨木镶嵌、竹藤制品而驰名海内外。

6. 东鹰宾馆军品店

宁波市人民路485号

主要经营飞机、舰艇等军事模型、飞机文具座和军表、望远镜、腰带等军用品。价格便宜，质量也很可靠，是军事爱好者淘宝的好地方。

电话：0574–87558888

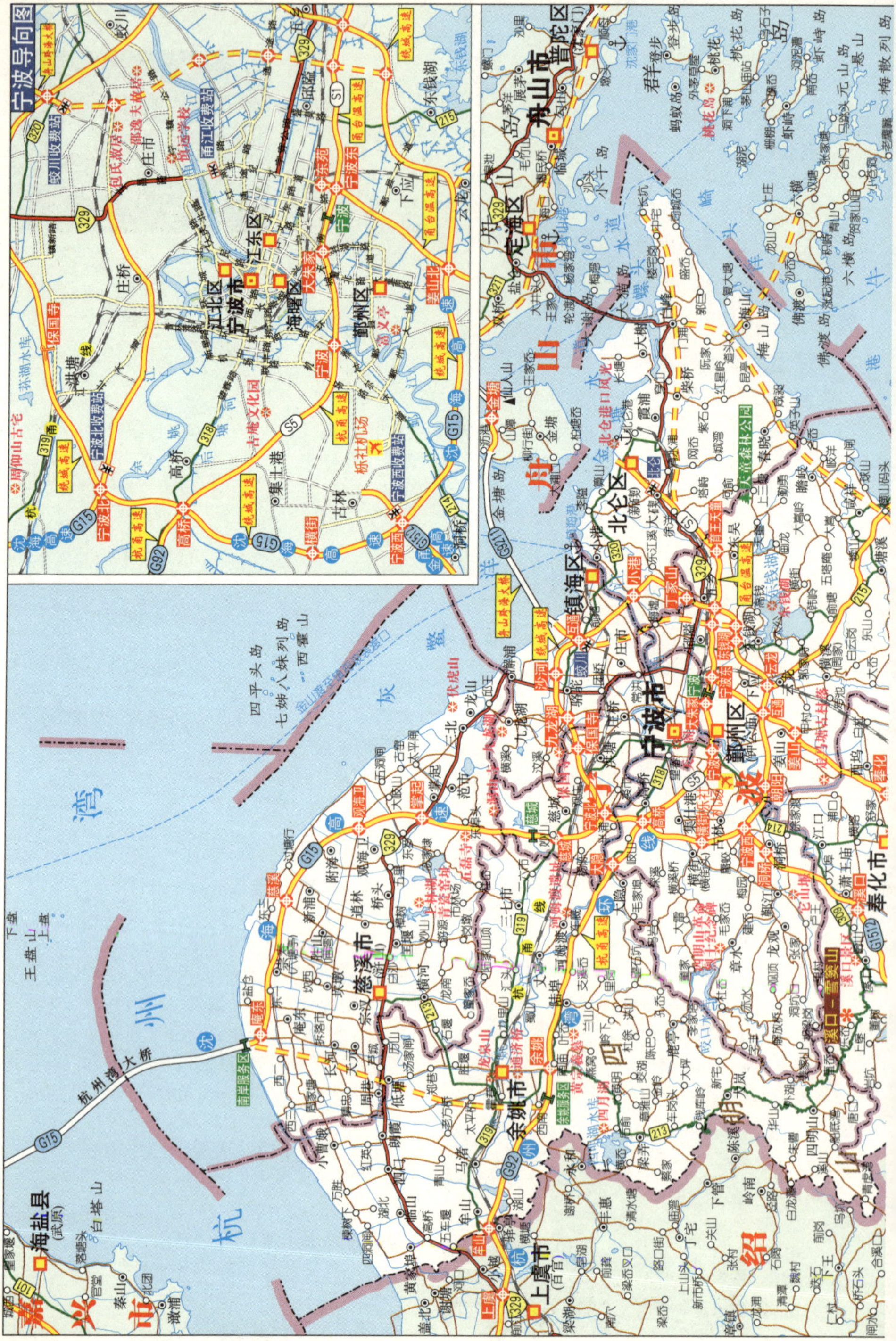

宁波市交通旅游图

宁波导向图

象山县
宁海县
三门县
天台县
新昌县
临海市
东海
大目洋
猫头洋
磨盘洋
三门湾
南田岛
花岙岛
石坦岛
雀儿岙岛

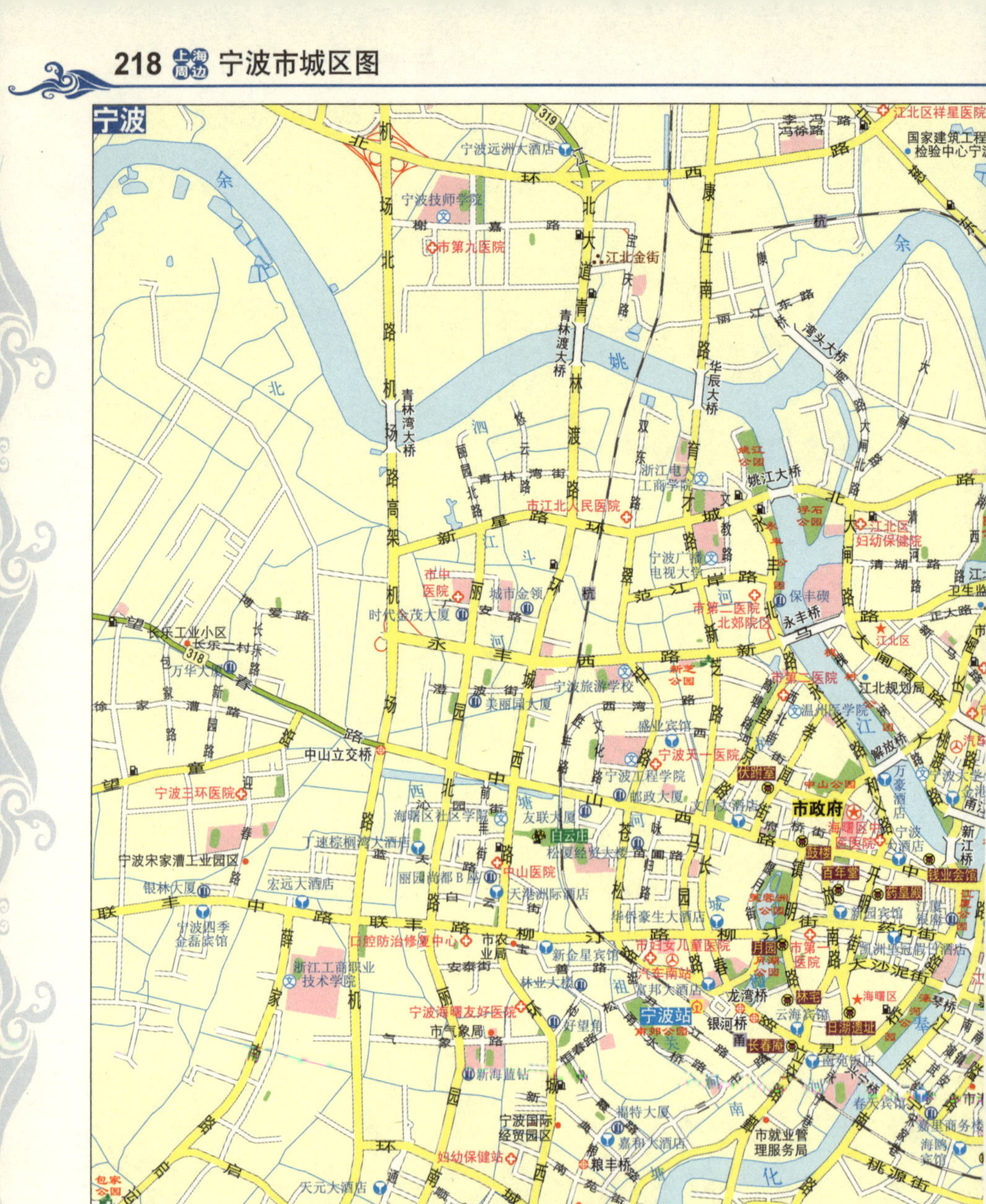
宁波
市政府
宁波站
中山公园
月湖公园
姚江公园
南塘公园
宁波技师学院
市第九医院
江北金街
青林渡大桥
青林湾大桥
华辰大桥
姚江大桥
永丰桥
解放桥
新江桥
灵桥
甬江
余姚江
奉化江
杭甬高速
宁波互通
中山立交桥
段梅立交桥
南苑立交桥
市江北人民医院
市第二医院
宁波天一医院
中山医院
宁波三环医院
市妇女儿童医院
宁波海曙友好医院
南苑医院
钟公庙医院长丰门诊楼
鄞州妇幼保健院
江北区祥星医院
江北区妇幼保健院
浙江工商职业技术学院
宁波工程学院
宁波广播电视大学
温州医学院
汽车南站
鼓楼
天一阁
城隍庙
江北区
海曙区
宁波旅游学校
宁波宋家漕工业园区
长乐工业小区
迪灵工业区
海联工业园
藕池工业区
嘉乐企业工业园
宋诏桥工业区
市网络产业创业园
鄞州区价格认证中心
市就业管理服务局
市海洋预报台
市气象局
宁波国际经贸园区
天元大酒店
宁波远洲大酒店
南苑饭店
新金星宾馆
开元大酒店
丽园尚都B座
美丽园大厦
时代金茂大厦
城市金领
新海蓝钻
福特大厦
嘉和大酒店
华盛商住楼
钟公庙镇商住楼
宁兴汇业国际
319
318
214
S5

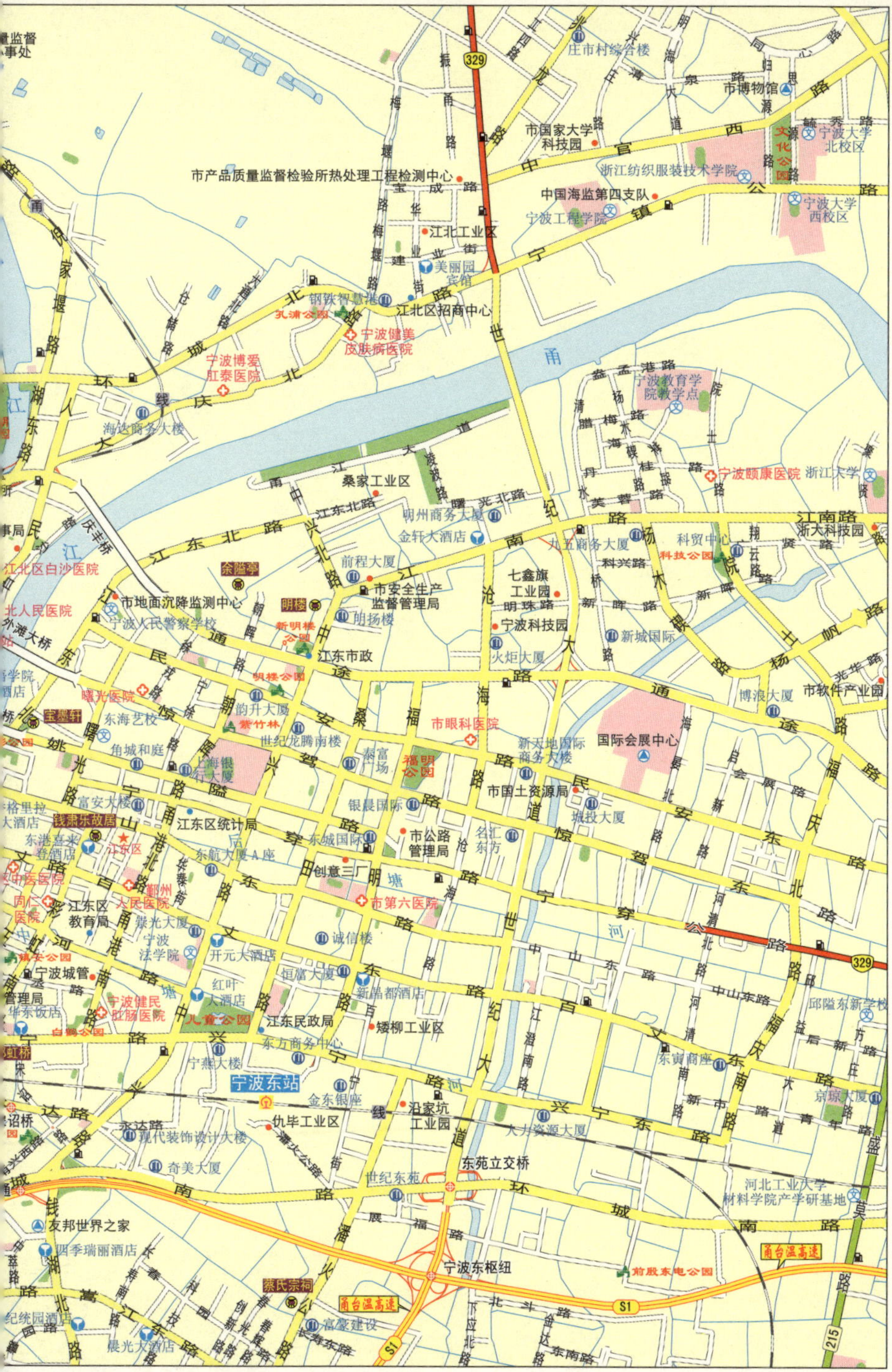

市产品质量监督检验所热处理工程检测中心
庄市村综合楼
市博物馆
市国家大学科技园
浙江纺织服装技术学院
宁波大学北校区
文化公园
中国海监第四支队
宁波工程学院
宁波大学西校区
江北工业区
美丽园宾馆
钢铁智慧港
孔浦公园
江北区招商中心
宁波健美皮肤病医院
宁波博爱肛泰医院
海达商务大楼
宁波教育学院教学点
宁波颐康医院
浙江大学
桑家工业区
明州商务大厦
金轩大酒店
九五商务大厦
科贸中心
科技公园
浙大科技园
江南路
江东北路
前程大厦
余隘亭
市地面沉降监测中心
市安全生产监督管理局
七鑫旗工业园
宁波人民警察学校
明楼
明扬楼
新明楼公园
宁波科技园
新城国际
江东市政
火炬大厦
明楼公园
博浪大厦
市软件产业园
曙光医院
韵升大厦
宝墨轩
东海艺校
紫竹林
世纪龙腾南楼
市眼科医院
国际会展中心
新天地国际商务大楼
角城和庭
泰富广场
福明公园
上海银行大厦
富安大楼
市国土资源局
城投大厦
银晨国际
钱肃乐故居
江东区统计局
东城国际
市公路管理局
名汇东方
东港喜来登酒店
江东区
东航大厦A座
创意三厂
中医医院
鄞州人民医院
市第六医院
周仁医院
江东区教育局
紫光大厦
宁波法学院
开元大酒店
诚信楼
镇安公园
宁波城管管理局
恒富大厦
新晶都酒店
中山东路
邱隘东新学校
华东饭店
宁波健民肛肠医院
红叶大酒店
儿童公园
江东民政局
矮柳工业区
白鹤公园
东方商务中心
宁波东站
宁燕大楼
东寅商座
京琼大厦
金东银座
沿家坑工业园
仇毕工业区
永达路
现代装饰设计大楼
大力资源大厦
奇美大厦
东苑立交桥
世纪东苑
河北工业大学材料学院产学研基地
友邦世界之家
四季瑞丽酒店
宁波东枢纽
前殷东电公园
甬台温高速
蔡氏宗祠
富豪建设
纪统园酒店
晨光大酒店
329
S1
215